本书为教育部人文社会科学研究基金项目
"少数民族大学生社会主义核心价值体系认同与行为倾向研究"
（项目批准号：12YJC710009）

国家社会科学基金项目
"少数民族大学生社会主义核心价值观认同机制与培育路径研究"
（项目批准号：15BKS115）

湖北省教育厅人文社会科学研究重大项目
"思想政治教育品牌建设视域下的社会主义核心价值观培育研究"
（项目批准号：17ZD051）

湖北省人文社科重点研究基地"少数民族大学生思想教育研究中心"文库
研究成果

Shaoshu Minzu Daxuesheng Shehuizhuyi
Hexin Jiazhi Tixi Rentong Yanjiu

少数民族大学生
社会主义核心价值体系认同研究

董 杰 著

中国社会科学出版社

图书在版编目（CIP）数据

少数民族大学生社会主义核心价值体系认同研究 / 董杰著. —北京：中国社会科学出版社，2019.12
ISBN 978 – 7 – 5203 – 5396 – 0

Ⅰ.①少… Ⅱ.①董… Ⅲ.①少数民族—大学生—思想政治教育—研究—中国 Ⅳ.①G641

中国版本图书馆 CIP 数据核字（2019）第 244543 号

出 版 人	赵剑英
责任编辑	田　文
责任校对	张爱华
责任印制	王　超

出　　版	中国社会科学出版社
社　　址	北京鼓楼西大街甲 158 号
邮　　编	100720
网　　址	http://www.csspw.cn
发 行 部	010 – 84083685
门 市 部	010 – 84029450
经　　销	新华书店及其他书店
印　　刷	北京君升印刷有限公司
装　　订	廊坊市广阳区广增装订厂
版　　次	2019 年 12 月第 1 版
印　　次	2019 年 12 月第 1 次印刷
开　　本	710×1000　1/16
印　　张	22.5
插　　页	2
字　　数	346 千字
定　　价	99.00 元

凡购买中国社会科学出版社图书，如有质量问题请与本社营销中心联系调换
电话：010 – 84083683
版权所有　侵权必究

目 录

导 论 ……………………………………………………… (1)
    一　问题缘起 ……………………………………………… (2)
    二　研究意义 ……………………………………………… (11)
    三　研究述评 ……………………………………………… (12)
    四　研究内容 ……………………………………………… (23)
    五　基本思路与研究方法 ………………………………… (24)
    六　创新与不足之处 ……………………………………… (33)

第一章　少数民族大学生社会主义核心价值体系认同概况 …… (34)
    一　少数民族大学生对马克思主义指导思想认同的
       调查与分析 …………………………………………… (34)
    二　少数民族大学生对中国特色社会主义共同理想
       认同的调查与分析 …………………………………… (37)
    三　少数民族大学生对民族精神与时代精神认同的
       调查与分析 …………………………………………… (39)
    四　少数民族大学生对社会主义荣辱观认同的调查
       与分析 ………………………………………………… (43)
    五　少数民族大学生对社会主义核心价值体系的
       整体认同状况 ………………………………………… (46)

**第二章　少数民族大学生对马克思主义指导思想认同的
        差异分析** ……………………………………………… (53)
    一　不同性别少数民族大学生对马克思主义指导
       思想认同的比较 ……………………………………… (53)

二　不同专业少数民族大学生对马克思主义指导
　　　　思想认同的比较 …………………………………………（57）
　　三　不同年级少数民族大学生对马克思主义指导
　　　　思想认同的比较 …………………………………………（61）
　　四　不同地域少数民族大学生对马克思主义指导
　　　　思想认同的比较 …………………………………………（64）
　　五　不同民族少数民族大学生对马克思主义指导
　　　　思想认同的比较 …………………………………………（69）
　　六　不同院校少数民族大学生对马克思主义指导
　　　　思想认同的比较 …………………………………………（77）
　　七　不同政治面貌少数民族大学生对马克思主义
　　　　指导思想认同的比较 ……………………………………（81）
　　八　不同毕业中学少数民族大学生对马克思主义
　　　　指导思想认同的比较 ……………………………………（85）
　　九　不同经济状况少数民族大学生对马克思主义
　　　　指导思想认同的比较 ……………………………………（90）

第三章　少数民族大学生对中国特色社会主义共同理想
　　　　认同的差异分析 ………………………………………（98）
　　一　不同性别少数民族大学生对中国特色社会主义共同
　　　　理想认同的比较 …………………………………………（98）
　　二　不同专业少数民族大学生对中国特色社会主义共同
　　　　理想认同的比较 ………………………………………（103）
　　三　不同年级少数民族大学生对中国特色社会主义共同
　　　　理想认同的比较 ………………………………………（107）
　　四　不同地域少数民族大学生对中国特色社会主义共同
　　　　理想认同的比较 ………………………………………（112）
　　五　不同民族少数民族大学生对中国特色社会主义共同
　　　　理想认同的比较 ………………………………………（117）
　　六　不同院校少数民族大学生对中国特色社会主义共同
　　　　理想认同的比较 ………………………………………（126）

七　不同政治面貌少数民族大学生对中国特色社会主义
　　　　共同理想认同的比较 …………………………………（130）
　　八　不同毕业中学少数民族大学生对中国特色社会主义
　　　　共同理想认同的比较 …………………………………（134）
　　九　不同经济状况少数民族大学生对中国特色社会主义
　　　　共同理想认同的比较 …………………………………（139）

**第四章　少数民族大学生对民族精神与时代精神认同的
　　　　差异分析** ……………………………………………（146）
　　一　不同性别少数民族大学生对民族精神与时代精神
　　　　认同的比较 ……………………………………………（146）
　　二　不同专业少数民族大学生对民族精神与时代精神
　　　　认同的比较 ……………………………………………（152）
　　三　不同年级少数民族大学生对民族精神与时代精神
　　　　认同的比较 ……………………………………………（157）
　　四　不同地域少数民族大学生对民族精神与时代精神
　　　　认同的比较 ……………………………………………（163）
　　五　不同民族少数民族大学生对民族精神与时代精神
　　　　认同的比较 ……………………………………………（169）
　　六　不同院校少数民族大学生对民族精神与时代精神
　　　　认同的比较 ……………………………………………（179）
　　七　不同政治面貌少数民族大学生对民族精神与时代
　　　　精神认同的比较 ………………………………………（185）
　　八　不同毕业中学少数民族大学生对民族精神与时代
　　　　精神认同的比较 ………………………………………（190）
　　九　不同经济状况少数民族大学生对民族精神与时代
　　　　精神认同的比较 ………………………………………（195）

**第五章　少数民族大学生对社会主义荣辱观认同的
　　　　差异分析** ……………………………………………（203）
　　一　不同性别少数民族大学生对社会主义荣辱观
　　　　认同的比较 ……………………………………………（203）

二　不同专业少数民族大学生对社会主义荣辱观
　　　　认同的比较 …………………………………………（207）
　　三　不同年级少数民族大学生对社会主义荣辱观
　　　　认同的比较 …………………………………………（212）
　　四　不同地域少数民族大学生对社会主义荣辱观
　　　　认同的比较 …………………………………………（218）
　　五　不同民族少数民族大学生对社会主义荣辱观
　　　　认同的比较 …………………………………………（224）
　　六　不同院校少数民族大学生对社会主义荣辱观
　　　　认同的比较 …………………………………………（234）
　　七　不同政治面貌少数民族大学生对社会主义荣辱观
　　　　认同的比较 …………………………………………（240）
　　八　不同毕业中学少数民族大学生对社会主义荣辱观
　　　　认同的比较 …………………………………………（245）
　　九　不同经济状况少数民族大学生对社会主义荣辱观
　　　　认同的比较 …………………………………………（250）

第六章　少数民族大学生社会主义核心价值体系认同与
　　　　行为倾向的关系分析 ……………………………（258）
　　一　行为倾向因素分析 ……………………………………（258）
　　二　价值体系认同冲突情境下少数民族大学生行为
　　　　倾向的频率分析 ……………………………………（260）
　　三　价值体系认同冲突情境下少数民族大学生行为
　　　　倾向的比较分析 ……………………………………（265）

第七章　少数民族大学生社会主义核心价值体系认同
　　　　与践行的对策 ……………………………………（300）
　　一　影响少数民族大学生社会主义核心价值体系
　　　　认同与行为倾向的因素 ……………………………（300）
　　二　加强少数民族大学生社会主义核心价值体系
　　　　认同的教育对策 ……………………………………（305）

三　推进少数民族大学生社会主义核心价值体系
　　　　认同行为卷入的实践对策 …………………………（325）

**附　录　少数民族大学生社会主义核心价值体系认同与
　　　　行为倾向调查问卷** …………………………………（341）

参考文献 ……………………………………………………（347）

后　记 ………………………………………………………（353）

导　论

少数民族大学生是我国大学生群体中的一个重要而又特殊的群体，是本民族优秀文化的继承者和开拓者，是推动本民族社会经济发展的骨干力量。少数民族大学生既有当代大学生共有的时代特点，同时又有本民族独特的心理特征与行为方式，这决定了少数民族大学生社会主义核心价值体系教育的特殊性与复杂性。加强和改进少数民族大学生社会主义核心价值体系认知认同的教育，使其形成符合社会主义价值体系所要求的思想与行为，是我国高等院校思想政治工作的重要内容和任务之一。党的十七大报告指出，社会主义核心价值体系是社会主义意识形态的本质体现，要"建设社会主义核心价值体系，增强社会主义意识形态的吸引力和凝聚力"，"切实把社会主义核心价值体系融入国民教育和精神文明建设全过程，转化为人民的自觉追求"。少数民族大学生群体对社会主义核心价值体系是否认同及认同程度如何，社会主义核心价值体系能否转化为少数民族大学生的自觉追求和践行原则，是高校顺利推进社会主义核心价值体系教育的重大战略问题。但由于受到地域、经济、文化、习俗等方面的影响，少数民族大学生对社会主义核心价值体系的认知认同存在着一定的差异。因此，如何分析掌握少数民族大学生社会主义核心价值体系认知的现状、认同的特点和规律，以及少数民族大学生社会主义核心价值体系认知认同与行为倾向之间的相关性，并构建相应的价值体系认同冲突情境下的社会预警机制，对于筑牢高校意识形态安全阵地，增强少数民族大学生的"五个认同"，巩固和发展平等、团结、互助、和谐的社会主义民族关系，增强中华民族凝聚力具有十分重要的理论与实践意义。

一 问题缘起

(一) 全球化背景下如何坚守和加强中华民族的共同价值认同: 少数民族大学生社会主义核心价值体系认同与行为倾向研究的背景缘起

所谓全球化,就是人类从以往各个地域、民族和国家之间彼此分隔的原始闭关自守状态走向全球性社会的变迁过程。全球化是一个不以人的意志为转移的客观历史进程,这个进程是统一和多样并存的过程,也是一个不断互动与冲突的过程。它的最大特征就是"让远距离的社会事件和社会关系与地方性场景交织在一起"①,使"过去那种地方的和民族的自给自足和闭关自守状态,被各民族的各方面的互相往来和各方面的互相依赖所代替了……民族的片面性和局限性日益成为不可能"②。全球化打破了地域和空间的界限,使原本处于不同时期不同背景下的价值观念蜕去了隐秘性而混杂在一起,不同价值观念在碰撞中互动着,在互动中碰撞着。全球化本身就是包含着一种普遍化、同质化和一体化的趋向,同时也呈现出一种鲜明的特殊化、异质化和多样化的特征。这种一体化中体现出的差异性,从本质上看,是价值观的差异与冲突,折射出不同国家与民族对价值认同的要求。

全球化一方面促成了全球范围内引人注目的价值认同,另一方面也在世界上引起了普遍而激烈的价值观冲突。在这样一个进程中,全球化运动一直是由西方发达资本主义国家主导,并凭借其经济、军事、科技和文化方面的强大优势,通过"强制认同"与"引诱认同"向非西方国家和不发达国家输送本国价值观,力图把西方价值观念普遍化和全球化,从而使"非西方国家的人们投入其价值体系的怀抱","一些落后国家……则在西方价值观普遍化扩张的重压下又不

---

① [英] 安东尼·吉登斯:《现代性与自我认同》,生活·读书·新知三联书店 1998 年版,第 23 页。
② 《马克思恩格斯选集》第 1 卷,人民出版社 1995 年版,第 276 页。

断出现民族文化的认同危机和认同追求"。① 全球化过程中普遍而激烈的价值冲突引起了人们对普世价值、主流价值的关注。而在这个过程中，国内某些论者借人们对于"普遍价值"、"普遍伦理"的探寻，不停推销和贩卖的却是带有西方价值烙印的"普遍价值"、"普遍伦理"。总之，"全球化的文化景观中，民族的、地域的、本土的文化价值扬弃了自身僵硬、封闭与保守的状态，积极参与到全球性的文化交流与对话中……使本国的、外国的、传统的、现代的、后现代的、计划的、市场的等文化价值观互相交织，相互碰撞，混杂在一起"②。价值观的流变性和短暂性，正如"东西用完就扔的文化扩展了，临时性建筑越盖越多了，模式化部件日见普及了；这些情况都产生同样的心理效果：人和周围事物的联系越来越短暂了"③。在全球化浪潮的冲击和影响下，处于社会转型期的中国社会各种矛盾与利益交织交锋，使得社会整体呈现出价值认同的无序与冲突。诸种价值的碎片化、多元价值的冲突、现代文化模式下价值认同方式的嬗变构成了当代中国主流价值认同的困境，主流价值的重构与认同成为社会的焦点性问题之一。④"对于现代中国社会来说，建立现代价值认同意味着建立自己的国家理想和社会理想，对于生活于中国社会的人来说，现代价值认同就是建构现代中国社会的民族精神和民族品格"⑤，"社会主义基本制度和市场经济结合的必然性已获解决，但两者'应当'结合的问题尚未得到解决，需要作进一步考察。所谓'应当'问题乃是社会主义和市场经济在价值上的认同问题，没有社会主义和市场经济在价值上的融合贯通，社会主义市场经济的建立是不可能的，更谈不上健康发展"⑥。在尊重差异、包容多样，求同存异、和而不同

---

① 汪信砚：《全球化中的价值认同和价值观冲突》，《哲学研究》2002年第11期。
② 刘怀光、刘雅琪：《主流价值认同的现代价值困境》，《吉首大学学报》（社会科学版）2012年第1期。
③ [美] 阿尔文·托夫勒：《未来的冲击》，孟广均译，新华出版社1996年版，第51页。
④ 刘怀光、刘雅琪：《主流价值认同的现代价值困境》，《吉首大学学报》（社会科学版）2012年第1期。
⑤ 王葎：《建构现代中国社会的价值认同》，《探索》2006年第1期。
⑥ 皮家胜：《价值认同与社会主义市场经济的建立和发展》，《武汉大学学报》（社会科学版）2003年第2期。

的同时,社会现实生活中的多元价值必须得到有效整合,以形成广泛的价值共识,也即使人们普遍地认同社会主义核心价值体系及其核心价值观,从而构建起强大的民族凝聚力和向心力。

伴随着现代化、全球化、市场化和信息化的进程,人们出现认同危机乃至"价值颠覆"是一个全球性的问题。正如马克斯·舍勒在《资本主义的未来》中所言:"历史上从来没有一个时代像当前这样,人人对于自身这样的困惑。"另外,传统文化与现代文化、主流文化与亚文化之间的断裂,使人们深陷价值认同的危机之中。价值取向的个人中心主义、多元主义、利益主义,使得当代大学生出现诸如以政治认同危机、民族认同危机、文化认同危机和自我认同危机为表现形式的价值认同危机。少数民族大学生作为大学生群体中的一个特殊群体,价值认同的危机同样不可避免。在某种意义上,由于少数民族大学生独特的文化心理背景,加之近年来境内外敌对势力不断加强对少数民族大学生青年的渗透与西化,社会主义核心价值体系的认同面临更大的困境。

我国是一个统一的多民族的国家,共同生活着 56 个民族。社会主义核心价值体系既是中华民族在当代的共同利益的集中反映,也是社会主义和谐社会内在的本质体现。没有各民族对社会主义核心价值体系及其核心价值观的普遍认同,各民族社会成员就会缺乏团结奋斗的共同思想基础和理想信念,中华民族的伟大复兴梦也会迷失正确的方向。少数民族大学生既是本民族优秀文化的继承者和开拓者,同时也是中国特色社会主义事业的建设者和接班人,在全球化背景下,面对多元文化、多元价值观的影响和冲击,他们对社会主义核心价值体系及其核心价值观的认知、认同程度如何,践行的动力如何,关涉到健康和谐的民族交往、民族关系和"四个自信"的树立。因此,加强少数民族大学生社会主义核心价值体系认同与践行的研究,无疑具有重要的理论价值与现实意义。

(二)认同是否能有效预测行为倾向:少数民族大学生社会主义核心价值体系认同与行为倾向研究的理论缘起

"认同"(Identity)一词起源于拉丁文的 idem(即相同,the

same)。在西方哲学和逻辑学中，idem 就被译成"同一性"，它既表示两者之间的相同或同一，也表示同一事物在时空跨度中所体现出来的一致性和连贯性。现代心理学意义上的"认同"（identity 或 identification）最早由弗洛伊德提出，指个体潜意识地模仿某一对象的过程，是"个人与他人、群体或模仿人物在感情上、心理上趋同的过程，并指出这是一种个体与他人有情感联系的最早的表现形式"①，后来在埃里克森的同一性理论中得到发展。随着认同范畴内涵的多学科研究，不同学者从不同角度对这一概念进行界定。从社会学角度看，它有个体和社会两个不同层面的含义。Tajfel 和 Turner (1986) 区分了个体认同与社会认同，认为个体认同是指对个人的认同作用，或通常说明个体具体特点的自我描述，是个人特有的自我参照；而社会认同是指社会的认同作用，或是由一个社会类别全体成员得出的自我描述。② 前者正如英国社会学家安东尼·吉登斯的"自我认同"概念，它是指"个体依据个人的经历所反思性地理解到的自我"③，而后者正如法国社会学家埃米尔·涂尔干的"集体意识"或"共同意识"概念，"社会成员平均具有的信仰和感情的总和，构成了他们自身明确的生活体系，我们可以称之为集体意识或共同意识"④。安东尼·吉登斯则将对认同概念的理解进一步拓展到社会哲学的层面。在他看来，认同是社会连续发展的历史性产物，它不仅指涉一个社会在时间上的某种连续性，同时也是该社会在反思活动中惯例性地创造和维系的某种东西。⑤ 安德森认为，认同是可以多种共存的，是在行动者之间互动的过程中、在一定情景中构建的，而不是预先给定的，认同也不可能完全以自我为中心，

---

① 车文博：《弗洛伊德主义原理选辑》，辽宁人民出版社 1988 年版，第 375 页。
② Tajfel H., Turner J. C., "The Social Identity Theory of Intergroup Behavior", In: Worchel S., Austin W. (eds), *Psychology of Intergroup Relations*, Chicago: Nelson Hall, 1986. 7–24.
③ [英] 安东尼·吉登斯：《现代性与自我认同》，生活·读书·新知三联书店 1998 年版，第 275 页。
④ [法] 涂尔干·埃米尔：《社会分工论》，生活·读书·新知三联书店 2000 年版，第 42 页。
⑤ [英] 安东尼·吉登斯：《现代性与自我认同》，生活·读书·新知三联书店 1998 年版，第 57—60 页。

必然受到共同规则的制约和引导。①

国内诸多学者也从不同学科视角对"认同"进行了解析。如汪信砚认为:"在个体层面上,认同是指个人对自我的社会角色或身份的理性确认,它是个人社会行为的持久动力。在社会层面上,认同则是指社会共同体成员对一定信仰和情感的共有和分享,它是维系社会共同体的内在凝聚力。"② 沙莲香认为认同是心理学中用来解释人格结合机制的概念,即人格与社会文化之间怎样互动而维系人格的统一性和一贯性。③ 认同,即行动者对自身独特品质或特征积极的认知评价、情感体验和行动承诺。④ 也有学者将认同概念运用于社会学领域,把其界定为"社会群体中的成员产生一致的看法以及感情"⑤。"认同概念有三个基本的特点:社会性、可塑造性和可共存性。"⑥ 也有研究者将认同概念放到马克思主义哲学的视野中来考察,认为"认同是人们在交往活动中彼此从自我出发而寻求共同性的过程和结果,它表征着人与人之间的共性关系,其核心是价值认同"⑦。

可见,研究者们从认同的机制特征、功能、内化的观点、行为特征上进行了解析。那么,什么是认同呢?一般而言,认同是指个人对自我及其自我的社会角色或身份的理性确认,它是个人行为和社会行为的持久动力。认同虽然包含了行为倾向(行为意向)的成分,但它不等同于行为倾向(行为意向)。行为倾向虽然也具有人的认知和情感成分,但这种认知和情感是不稳定的,具有极强的情境性。基于以上理解和分析,我们认为认同不是一种行为倾向,更不是一种行为卷入,而是一种较为稳定的态度,即个体基于过去认知与情感的经验对其周围的人、事、物持有的比较持久而一致的心理准备状态和人格

---

① [美]安德森:《想象的共同体》,上海人民出版社2003年版,第187页。
② 汪信砚:《全球化中的价值认同和价值冲突》,《哲学研究》2002年第11期。
③ 沙莲香:《社会心理学》,中国人民大学出版社2002年版,第2页。
④ 方文:《学科制度和社会认同》,中国人民大学出版社2008年版,第148页。
⑤ 黄平:《当代西方社会学·人类学新词典》,吉林人民出版社2003年版,第133页。
⑥ 杨筱:《认同与国际关系:一种文化理论》,博士学位论文,中国社会科学院,2000年,第16页。
⑦ 贾英健:《认同的哲学意蕴与价值认同的本质》,《山东师范大学学报》(人文社会科学版)2006年第1期。

倾向。

以往有关认同或态度与行为关系的研究较多。Sherif 基于其在 1961 年进行的儿童夏令营实地实验，提出了现实冲突理论（realistic conflict theory），认为群体间态度和行为反映了一个群体和其他群体之间的客观利益。群体目标不一致，群体间就倾向于有歧视的态度和相互的敌意。如果群体目标一致，群体间更易于建立共同的、友好的、合作的关系。Tajfel（1970，1971）采用最简群体实验（Minimail-Group paradigm）揭示，对群体成员身份的意识是产生群体行为的最低条件。Kelly 和 Breinlinger 从女权主义者的研究发现，"对于有强烈认同感的女性活动家来说，参加集体活动，做一些有利的事情，是她们社会认同感的核心"[①]，Liss 等人（2004）也发现对女权主义的认同，对女权激进主义行为具有预测作用。[②] Hirose 等（2005）的研究发现次级地位群体的集体行为与内群体偏好呈正相关。[③] 新近的研究也都证明当个体强烈地认同他们的群体时，会产生内群体偏好和外群体偏见甚至参加集体行为。[④] Greene（2004）对党派偏见的研究发现，对党派的认同水平可以预测党派偏见。[⑤] 另外，对于社会认同与组织行为的研究发现，社会认同与组织行为也有高度的相关。积极地实现组织目标、为组织贡献的意愿以及低的旷工和离职动机都表现出与对组织的高度认同相关。[⑥] 诸多研究发现，当个体强烈地认同他们的群体时，会产生内群体偏好和外群体偏见甚至参加集体行为（Smithetal，1994；Alniotetal，2005）。

---

① Kelly C., Breinlinger S., *The Social Psychology of Collective Action: Identity, Injustice and Gender*, London: Taylor & Francis, 1996.
② Liss M., Crawford M, Popp D., "Predictors and Correlates of Collective Action", *Sex Roles*, 2004, 50 (11–12): 771–779.
③ Hirose Y., Taresawa Y., Okuda T., "Collective Action and Subordinate Group Identity in a Simulated Society Game", *Japanese Psychological Research*, 2005, 47 (1): 12–22.
④ Amiot Catherine E., Bourhis, Richard Y., "Reconceptualizing Team Identification: New Dimensions and Their Relationship to Intergroup Bias", *Group Dynamics: Theory, Research, & Practice*, 2005, 9 (2): 75–86.
⑤ Greene S., "Social Identity Theory and Party Identification", *Social Science Quarterly*, 2004, 85 (1): 137–150.
⑥ 张莹瑞、佐斌：《社会认同理论及其发展》，《心理科学进展》2006 年第 3 期。

相关研究者对态度（态度是指对某事物认知和情感倾向或者喜欢不喜欢的心理倾向，即是一种心理的准备状态。同样，认同也包含了认知和情感的成分，因此，在一定意义上可以看作态度）与行为之间的关系进行了大量研究，认为关于态度与行为关系的研究存在以下几种模式：态度和行为直接相关；态度和行为通过其他的中介、调节变量共同作用于行为；态度的不同构成对行为起不同的作用。[①] 目前，在消费领域和政治领域有许多态度与行为模式的研究。Gibb 等人（2006）的研究表明对自杀的态度直接导致行为的预想以及行为的发生。[②] 有些人认为态度与行为并不是毫无相关的，而是因为方法上的问题，早期的很多研究没有区分普遍的态度和特殊态度以及多重行为标准和单一行为标准，如果测量态度和行为的标准匹配的话，则预测力会强很多。[③] 关于态度对行为的影响，有研究者认为，态度可能与行为直接相关，但态度也可能与别的中介调节变量共同作用与行为。[④] 如 Fishbein 和 Adzen 的理性行为理论（Theory of Reasoned Action，TRA）提出对特定行为的态度（AB）和主观基准（SN）两者结合起来决定行为意图（BI），而行为意图导致有意志力的行为（B）。[⑤] Ajzen 的计划行为理论（Theory of Planed Behavior，TPB）提出人的"行为控制感知"（PCB）这个影响态度与行为关系的中介变量因素，为根据态度预测行为提供了强有力的指导。关于态度对行为的预测力度，研究者观点不一。Cooper 等人（1984）认为态度与行为的直接相关程度很低，并认为心理学家遇到了前所未有的挑战。王二平认为，虽然态度难以有效预测个体的具体行为，但对群体（cohorts）行

[①] 张红涛、王二平：《态度与行为关系研究现状及发展趋势》，《心理科学进展》2007 年第 1 期。

[②] Gibb B. E., Andover M. S., Beach S. R. H., "Suicidal Ideation and Attitudes Toward Suicide", *Suicide & Life-Threatening Behavior*, 2006, 36 (1): 12 – 19.

[③] Berkowitz L., *A Survey of Social Psychology*, 3th ed./CBS College Publishing, 1986. 169 – 173.

[④] 张红涛、王二平：《态度与行为关系研究现状及发展趋势》，《心理科学进展》2007 年第 1 期。

[⑤] Elliott M. A., Armitage C. J., Baughan C. J., "Drivers' Compliance With Speed Limits: An Application of the Theory of Planned Behavior", *Journal of Applied Psychology*, 2003, 88 (5): 964 – 972.

为的预测远优于对个体行为的预测,对群体总的行为趋势的预测优于对具体行为的预测。由此可见,可以通过社会态度对社会问题情境下的群体行为倾向(行为意向)的预测来间接对群体行为进行有效预测。①

Warshaw 和 Davis(1985)将行为倾向定义为一个人所形成的进行或不进行某种未来行为的意识程度。大量研究证明,如果正确测量,那么相应的行为倾向能够精确地预测大部分的社会行为(Fishbein & Manfredo, 1992)。根据文献查阅,专家和学者关于社会主义核心价值体系认知、认同的研究成果较多,但关于社会主义核心价值体系认同或态度与行为倾向关系的研究较少。少数民族大学生社会主义核心价值体系认同或态度是否与其行为倾向(行为意向)相关?相关的程度多大?这正是本课题要探索的重要问题。

(三) 如何进一步增强践行的实效性:少数民族大学生社会主义核心价值体系认同与行为倾向研究的实践缘起

党和国家高度重视全社会的社会主义核心价值体系教育和社会主义核心价值观的培育与践行。2006 年 10 月,党的十六届六中全会第一次明确提出由马克思主义指导思想、中国特色社会主义共同理想、以爱国主义为核心的民族精神和以改革创新为核心的时代精神、社会主义荣辱观四个方面所构成的"社会主义核心价值体系"。2007 年 10 月,党的十七大报告中指出,社会主义核心价值体系是社会主义意识形态的本质体现,要"切实把社会主义核心价值体系融入国民教育和精神文明建设全过程,转化为人民的自觉追求"。2011 年 10 月,党的十七届六中全会提出建设社会主义核心价值体系是推动文化大发展大繁荣的根本任务。2012 年 11 月,党的十八大报告指出,社会主义核心价值体系是兴国之魂,决定着中国特色社会主义发展方向。要深入开展社会主义核心价值体系学习教育,用社会主义核心价值体系引领社会思潮、凝聚社会共识。2013 年 12 月,中共中央办公厅印发

---

① 王二平:《基于公众态度调查的社会预警系统》,《中国科学院院刊》2006 年第 2 期。

《关于培育和践行社会主义核心价值观的意见》，提出把培育和践行社会主义核心价值观融入国民教育全过程，加强社会主义核心价值观的宣传教育，开展涵养社会主义核心价值观的实践活动，加强对培育和践行社会主义核心价值观的组织领导。2014 年 11 月，教育部党组、共青团中央联合印发了《关于在各级各类学校推动培育和践行社会主义核心价值观长效机制建设的意见》，提出运用课堂教学、实践养成、文化熏陶、制度保障、研究宣传等方式，将培育和践行社会主义核心价值观工作落实到教育教学和管理服务各环节。2017 年 10 月，在党的十九大报告中，社会主义核心价值体系被列为构成新时代坚持和发展中国特色社会主义的基本方略之一。

少数民族大学生是一个特殊的群体，与一般汉族学生比较而言，对其进行社会主义核心价值体系认同教育时面临着教育的特殊性问题。这主要表现为：一是地域经济的影响。由于历史、自然地理等因素的作用，民族地区经济较为落后，人们的科学文化素质偏低。不断拉大的经济文化差距，使少数民族大学生在客观上容易成为分裂主义势力拉拢、侵蚀的对象，主观上容易产生对社会主义核心价值体系的不认同。二是地缘特征的影响。如我国边疆地区与许多国家接壤，这些国家中有不少民族与边疆地区的一些民族是同一个民族，他们在语言、风俗习惯、传统文化、民族心理等方面有着许多共同点，联系比较密切。因此，他们容易受到境外敌对势力的煽动与破坏，而少数民族大学生尤易受到思想渗透和政治分化。三是宗教问题的影响。许多少数民族信仰宗教，宗教的很多教义内容已内化成他们基本的生活方式和礼仪规矩，成为民族风俗，起着潜移默化的作用。宗教极端势力正是利用信教群众朴素的宗教感情煽动宗教狂热，为其分裂中国的阴谋创造民众基础，而学校往往成为其培植分裂势力的重点，尤其是培养少数民族人才的高校。四是民族问题的影响。各少数民族大学生在语言、风俗习惯、思维方式、思想观念、行为方式、文化传统等方面存在明显差异，从而导致各族学生在共同学习生活的过程中，不可避免地出现这样或那样的矛盾和问题，容易被境内外民族分裂势力所利用，这也是影响社会主义核心价值体系认同及其教育的重要因素。针对这些特殊性，怎样增强少数民族大学生社会主义核心价值体系认同的实效性与主动性？社会各界专家学者以及实际工作者在社会主义核心价值体系认同与践行的研究过程中，探讨了少数民族大学生社会主义核心价值体系认同的意义、功能、目标、阶段、层次、路径、动力机制等方面的问题，提出了一系列行之有效的教育方法、路径与模式。尤其是较多地从实证的角度对少数民族大学生社会主义核心价值体系认同的状况、困境、路径、心理机制、特点、影响因素进行研究，并着重研究了新疆地区和边疆地区少数民族大学生对社会主义核心价值体系、核心价值观认知、认同以及教育与践行问题。但总体来讲，社会主义核心价值体系的认同教育与践行，在实效性上同理论研究还存在一定的差距。

总之，积极推进少数民族地区社会主义核心价值体系建设不仅影响着中国社会主义现代化事业的进程，关系到民族地区的社会安定与团结，更关系到各民族之间的和谐发展。少数民族大学生大多来自于少数民族地区，是少数民族地区的优秀分子，如何对他们开展社会主义核心价值体系教育和社会主义核心价值观的培育，实现从民族认同到国家认同，不仅关系少数民族地区经济发展和少数民族大学生健康成长，更关系到民族团结和国家稳定。因此，加强少数民族大学生社会主义核心价值体系认同与行为倾向研究，有利于进一步把握少数民族大学生社会主义核心价值体系的认知、认同的特点与规律，有利于构建少数民族大学生在价值观冲突情境下的社会行为预测预警机制，并在民族交往过程中，推动少数民族大学生自觉践行社会主义核心价值体系的本质要求。

二　研究意义

价值认同是当今国内外社会变迁、文化演进以及东西方文明冲突研究中的一个备受人们关注的热点问题。在我国社会转型的关键时期，在构建和谐社会的进程中，如何增强我国大学生群体对社会主义核心价值体系的认同是社会主义意识形态建设的重大战略问题。因此，开展少数民族大学生社会主义核心价值体系认同及其行为倾向的研究，是对现实的积极回应，意义十分重大。

从理论意义来看，本课题研究有利于进一步丰富和发展社会主义核心价值体系和核心价值观认同的理论探讨，把握研究的本土路线，避免简单移植国外理论对国内现象进行解释分析发生的研究路线的偏差；对少数民族大学生社会主义核心价值体系认同与行为倾向的关系进行探索，有利于为构建少数民族大学生社会行为的预测预警指标体系提供参考；有利于了解和把握少数民族大学生社会主义核心价值体系认同的人口变量因素的特点及其规律，从而为增强少数民族大学生社会主义核心价值体系认同感，培养其良好的人格、文化适应能力、社会行为能力提供理论依据。

从实践意义来看，本课题研究有利于为国家制定少数民族大学生社会主义核心价值体系认同教育政策提供针对性参考；有利于唤起少数民族大学生民族自豪感和爱国主义情感，增强民族和国家凝聚力，巩固和发展平等、团结、互助、和谐的社会主义民族关系，维护民族地区和边疆地区的稳定和繁荣；对于有效回击敌对势力对中国及其青年的"西化"、"分化"图谋，排除思想理论领域不时出现的干扰主旋律的杂音，巩固和加强马克思主义在意识形态领域的指导地位，用社会主义核心价值体系引领和整合多样化的社会思潮，提高与巩固党和各族人民团结奋斗的共同思想基础具有重要实践价值。

三 研究述评

社会主义核心价值体系认同是哲学、社会学、心理学、政治学、教育学以及民族学等多个学科共同关注的一个交叉研究领域，它与民族认同、国家认同、文化适应、人格发展、行为倾向等研究领域存在着密切关系。我国对于社会主义核心价值体系认同的系统研究还较少，对少数民族大学生社会主义核心价值体系认同的系统研究就更少。基于此，本课题对认同理论、价值认同理论的发展、社会主义核心价值体系认同研究、少数民族大学生社会主义核心价值体系认同与行为倾向研究等方面的最新研究进展做了一个系统的梳理。

(一) 认同理论的多学科研究

认同本身是一个多学科研究的领域，不同学科基于不同视角进行了相关研究，如民族学的民族认同、族群认同，社会学的社会认同，心理学的自我认同、身份认同，组织行为学的组织认同，文化学的文化认同，历史学的历史认同等等。基于本课题的研究视角，这里主要介绍心理学和社会学学科关于认同理论的研究进展。

围绕认同或社会认同，在社会学的社会心理学和心理学的社会心理学中形成了多种相应的理论，其中最为著名的是以美国微观社会学或符号互动论为基础的认同理论（identity theory）和欧洲社会心理学所倡导的社会认同理论（social identity theory）。

社会学取向的认同理论。认同理论是根据自我和社会之间的交互关系来解释社会行为，它和美国微观社会学中的源自德国的历史主义的符号互动论（Symbolic Interactionism）传统有着密切的传承关系。在符号互动论的形成过程中，美国早期社会学家库利和米德的贡献尤为重要。20世纪初，在科学界内外均盛行的观点是人类特性是由生物性决定的。美国机能派心理学家威廉·詹姆士提出的自我（self）概念正是此意。查尔斯·库利则主张人们在参与社会互动的过程中改造他们自己的世界。库利尤其强调的是我们的意识产生于社会情境之中，每个他人都是自我的一面镜子，而每种社会关系也都反映着自我，这种反映进而构成了自我的身份。依此而言，库利的"镜中自我"（the look-ing glass self）概念，已经触及自我认同概念的核心。乔治·米德继续阐释了库利的"镜中自我"概念，并且对于自我及社会化的发展过程提出了许多独到的看法。米德认为，在单个的个人组成社会的过程中，精神和自我发挥了巨大的作用：首先是人类运用符号确定环境中包括自我在内的客体的能力，其次是理解常规姿势，并运用这些姿势去扮演他人角色的能力（taking the role of the other）；而自我则由作为主体的自我"I"和作为客体的自我"me"构成，它们一样是在和他人的互动过程中形成的。库利和米德的观点就是这样构成了符号互动论的基础，他们认为社会是通过影响自我来影响人们的社会行为的，而其中的核心机制就是"扮演他人角色"。① 在认同理论者看来,角色认同是各种自我知觉、自我参照认知或自我界定,人们能够将其作为他们所占据的结构性角色位置的结果加以运用;作为特定社会范畴的成员,人们的角色认同经历了标定或自我界定的过程。

认同理论家们还尝试使用了认同突显(identities salience)和承诺(commitment)这两个概念,来探讨认同对社会行为的影响,"具有相同的角色认同的人,因为认同突显上的差异,在一个既定的环境中行为方式就可能迥然相异"。而承诺是对认同突显的补充说明,一种特定认同的突显程度是由一个人对某一角色的承诺程度决定的。两者的关系是:一个人对一种认同的承诺越强,无论是根据互动承诺还是情感承诺,认同突显的水平也就越高。认同理论拒绝将社会视为"相对无分化的、协同的整体"的符号互动论的观点,他们认为社会是"充分分化的但依然有组织的整体"②。正是在这种社会观的基础上,认同理论形成了阐释自己观点的中心命题——作为社会的一种反映,自我应该被视为一种多维的和组织化的结构③。

心理学取向的社会认同理论。社会认同理论的起源可以追溯到亨利·泰费尔就知觉的社会因素、种族主义的认知和社会信念、偏见与歧视等方面所做的早期研究,但它的发展和最后成型却晚于20世纪70年代中期。进入80年代,随着研究者数量的不断增长,社会认同研究取得了显著的理论和经验方面的进步,如约翰·特纳又在社会认同理论的基础上发展出了自我分类理论(Self-categorization Theory)。

社会认同理论的建立同泰费尔进行的一系列设计精当的实验室实验有关,其中最为著名的是"微群体实验范式"(minimal-group paradigm)。在这一实验范式中,实验者通过微型的群体世界,可以有效

---

① 周晓虹:《认同理论:社会学与心理学的分析路径》,《社会科学》2008年第4期。
② Sheldon Stryker, Richard T. Serpe, "Commitment, Identity Salience, and Role Behavior", in W. Ickes, E. S. Knowles (eds.), *Personality, Roles, and Social Behavior*, New York: Springer-Verlag, 1982, p. 206.
③ Michael A. Hogg, Deborah J. Terry, Katherine M. White, "A Tale of Two Theories: A Critical Comparison of Identity Theory with Social Identity Theory", *Social Psychology Quarterly*, Vol. 58, No. 4, 1995, pp. 255–269.

地观察到群体内部的运作方式。① 社会认同理论的基本含义是，一个人所落入的或感到其所属的社会类别（如民族、政治团体、运动团队），提供给此人根据这一类别描述的自身特点来界定自己的倾向，这种自我界定是自我概念的组成部分。在这样的理论背景下，社会认同的内涵十分清楚，它是"一个人对其所属的社会类别或群体的意识"。因此，社会认同理论的基本观点可以概括为：认为个体通过社会分类，对自己的群体产生认同，并产生内群体偏好和外群体偏见。个体通过实现或维持积极的社会认同（social identity）来提高自尊，积极的自尊来源于在内群体与相关的外群体的有利比较。当社会认同受到威胁时个体会采用各种策略来提高自尊。个体过分热衷于自己的群体，认为自己的群体比其他群体好，并在寻求积极的社会认同和自尊中体会团体间差异，就容易引起群体间偏见和群体间冲突。② 在《群际关系的社会心理学》一文中，泰费尔提出社会认同的产生是由这样三个基本的心理过程建立的③：

社会分类（social categorization）。泰费尔和特纳认为，"所有的实验研究都表明，仅仅是对两个不同群体隶属的感知，或者说仅仅是社会范畴化，就足以激发偏好内群的群际歧视。换言之，仅仅对外群在场的觉知，就足以在内群中激发群际竞争或歧视反应。"④

社会比较（social comparison）。泰费尔认为，群体间的比较是群体成员获得认同的重要手段之一。人们倾向于以积极的特征来标定内群体，同时用消极的特征来标定外群体。通过对内群体和外群体差别化的比较和评价，一个人的自我评估能够获得提升（enhancement）；反之，如果评估下来一个人的社会认同令其不满时，他就可能离开其

---

① Henri Tajfel et al., "Social Categorization and Intergroup Behavior", *European Journal of Social Psychology*, Vol.1, 1971, pp.149 – 178.

② 张莹瑞、佐斌：《社会认同理论及其发展》，《心理科学进展》2006 年第 14 卷第 3 期。

③ Henri Tajfel, "Social Psychology of Intergroup Relations", *Annual Review of Psychology*, 1982, 33: 1 – 39.

④ Henri Tajfel, John C. Turner, "The Social Identity Theory of Intergroup Behavior", In S. Worchel et al. (eds.), *Psychology of Intergroup Relations* (Second edition), Chicago: Nelson-Hall Publishers, 1986.

所属群体,并另外"择木而栖",或力图使隶属群体变得更好。

积极区分原则(positive distinctiveness)。社会认同理论一直强调"所有的行为不论是人际的还是群际的,都是由自我激励和自尊这一基本需要决定的"这样一种假设。为此,个体为了满足自尊或自我激励的需要会突出自己某方面的特长,使自己在群体比较的相关维度上表现得比外群体成员更为出色,这就是所谓积极区分原则。

另外,社会认同理论还提出了一个十分重要的概念:心理群体的独特性。心理群体的独特性就是指在群体间互动情景中,人们都希望获得不同于其他群体的独特性,而不是与其他群体趋同或变得更加相似。社会认同理论假定群体成员在与其他群体进行比较的时候希望能够获得既独特而又正面的认同。当然,由于现代社会的多元性,在具体的情景之下,某一个群体身份认同会凸显出来,但也不排斥群体认同存在情景性。后来社会认同理论越来越注重情景的影响,很多实证研究证明,认同确实存在情景凸显性。

尽管这两种理论重点不同,对认同概念的使用也不尽一致,甚至学科取向也大相径庭——认同理论是社会学取向的,而社会认同理论则是心理学取向的,但它们在某些方面是一致或相似的:"这两种理论都强调作为社会建构的自我的社会属性,并且都回避将自我视为独立于或前在于社会的观点。它们都认为这个自我分化成了属于特定实践活动(如规范或角色)的多重认同,并且它们使用相似的术语和相似的语言,尽管这些术语或语言常常具有不同的含义(如认同、认同突显、承诺等等)。"[1] 正如伍锡洪(Ng Sik-hung)等人所言,这些理论都意识到,要了解人的社会行为,就必须了解人们是如何建构自己和他人的认同的[2]。认同理论和社会认同理论在某种程度上具有一定的契合性,具备了"(1)共同使用的概念体系;(2)能够打通不

---

[1] Michael A. Hogg, Deborah J. Terry, Katherine M. White, "A Tale of Two Theories: A Critical Comparison of Identity Theory with Social Identity Theory", *Social Psychology Quarterly*, Vol. 58, No. 4, 1995, pp. 255 – 269.

[2] Ng Sik-hung, Chiu Cy, Cn Candlin, 2004, "Communication, Culture and Identity: Overview and Synthesis", in Ng Sik-hung, Chiu Cy, Cn Candlin et al. (eds.), *Language Matters: Communication, Culture and Identity*, Hong Kong: City University of Hong Kong Press, 2004.

同概念间壁垒的中介概念;(3)那些虽然形式不同但获得了相同或相似的理论诉求结果的概念。"① 这就为这两种理论的整合提供了可能性。

(二) 价值认同的内涵、本质与方式

我国学界对价值认同的研究始于20世纪末21世纪之初的全球化问题研究,人们把全球化中的价值观冲突与价值认同相并提出,以此为背景和根源,学者们提出了许多不同的看法。

汪信砚认为,价值认同主要是指"个体或社会共同体(民族、国家等)通过相互交往而在观念上对某一或某类价值的认可和共享,是人们对自身在社会生活中的价值定位和定向,并表现为共同价值观念的形成。这样一种价值认同,不仅是个体和社会共同体这两个层面的认同都必然具有的一个维度或方面,而且是一切个体认同和社会共同体认同的基础"②。刘芳认为,"尽管我们可以从不同角度、不同视界来定义价值认同,但应该肯定地是价值认同作为一个过程,它是价值主体之间通过变化着的关系(对话、交往、混乱)使自身的价值观念或价值结构获得重新定位和重新调整的过程"③。价值认同是作为某种观念、理论而被理解和运用的,有时也作为某种价值实践活动而表现为一定的行为和实践选择。因而,"价值认同内在地包含了两个方面:观念认同与实践认同(实践选择)。两者之间是一个既同一又悖逆的辩证关系"。贾英健认为,"人们在自己的社会实践活动中能够以某种共同的价值观念作为标准规范自己的行动,或以某种共同的理想、信念、尺度、原则为追求目标,并自觉内化为自己的价值取向"④。王俭针对以往关于价值认同的研究缺乏对个体自身的认同的关注,认为价值认同是"个体或群体对于其对象的一种在价值取向上的趋向于同一的心理历程",无论个体的价值认同,还是群体的价值

---

① 周晓虹:《认同理论:社会学与心理学的分析路径》,《社会科学》2008年第4期。
② 汪信砚:《全球化中的价值认同和价值观冲突》,《哲学研究》2002年第11期。
③ 刘芳:《全球化时代的价值认同》,《甘肃理论学刊》2004年第5期。
④ 贾英健:《认同的哲学意蕴与价值认同的本质》,《山东师范大学学报》(人文社科版)2006年第1期。

认同实际上是以自身认同为基础的。[①]

以上关于价值认同的界定可以概括为三种类型：一种观点认为，价值认同是指个体或社会共同体通过相互交往而在观念上对某类价值的认可和共享，是人们对自身在社会中的价值定位和定向，并表现为共同价值观念的形成。另一种观点认为，价值认同即是指价值主体不断改变自身价值结构以顺应社会价值规范的过程，它体现出社会成员对社会价值规范的一种自觉接受、自觉遵循的态度。还有一种观点认为，价值认同主要有两个层面的含义：一指人类共同的追求某种价值观念为人类所共同接受，具有全人类普遍性，超越了具体国界、民族、主体的共同价值，即所谓"普世价值"。二指在世界范围内的主导价值，即在一个多层次、多样性的价值体系中居于核心地位，起导向作用的价值。[②] 价值认同是人们对某种或某类价值认可并形成相应的价值观念，有了价值认同，人们之间就有了共同的价值观念。就价值的本质特性而言，价值不是任何对象客体的存在及其属性本身，而是客体与一定主体发生关系时所产生的作用、效果的特定质态。因而，主体性是价值的本质特性，具体的主体由于所处的环境、状况及其结构、需要等方面的差异而构成了多元化的现实，以主体为本质特性的价值观念也必然是多元的。价值认同的同一与悖逆的共存凸显出理想与现实、外显与内隐的复杂关系，具有自主性、过程性、异质性和流动性特征[③]，这决定了价值认同必然是一个矛盾发展的辩证过程。

价值的客观性、一元性及价值的可公度性等性质，表明了主体间的交往中存在着"共有的价值"。德国哲学家哈贝马斯的交往合理性理论，其出发点就是主体间的共存与对话，他提出的"可普遍化原则"就是要求主体间遵守一定的规范，而这种规范就是一种"共有

---

① 王俭：《基于价值尊重与价值认同的教育评价研究》，博士学位论文，华东师范大学，2007年，第48—49页。
② 贾英健：《认同的哲学意蕴与价值认同的本质》，《山东师范大学学报》（人文社科版）2006年第1期。
③ 贾英健：《认同的哲学意蕴与价值认同的本质》，《山东师范大学学报》（人文社科版）2006年第1期。

的价值"。霍耐特在《为承认而斗争》中也提到:"只有进一步把主体间共有的价值视域之存在假设为必要条件,才能恰如其分地理解这种承认模型。因为只有自我和他者共有一种价值和目标取向,彼此显示出他们的品质对他者生活的意义和贡献,他们才作为个体化的人相互重视"①。因而,价值认同在一定程度上是可能实现的。有学者针对全球化的趋势,提出了西方国家在全球化过程中实现价值认同的两种形式:"综观近代以来的全球化,我们看到,全球化中的价值认同主要采取了两种形式:强制认同、引诱认同。……在当代的全球化中,为了替资本和商品的全球自由流动扫清障碍,西方国家越来越重视以非强制的方式引诱非西方国家的人们投入其价值体系的怀抱。"②针对价值认同的方式,也有研究者认为可采用两种形式:澄清认同与引导认同。澄清认同是指个体或群体通过一系列的价值澄清(类似价值发现)步骤,对个体或群体自身价值的一种认同。因此,澄清认同是一种倾向于个体或群体自身价值认同的认同方式。引导认同是指评价主体以一定的社会主导价值,通过一定的方式,从而与社会主导价值趋向同一的认同方式。③

(三) 社会主义核心价值体系认同研究

以"社会主义核心价值体系认同"为关键词,在中国知网进行文献检索,成果较多,内容涉及较为广泛,涵盖了如社会主义核心价值体系认同的概念、意义、目标、功能、阶段、层次、动力机制、调查研究、认同路径以及特殊群体社会主义核心价值体系认同研究等方面。从社会主义核心价值体系认同的一般性研究层面来看,其研究重点表现在以下几个方面:

其一,众多专家学者从不同视角对社会主义核心价值体系认同进行了研究。主要从群体、地域、红色资源、全球化、网络化、多元文化、多元价值观、日常生活世界、认同理论、公民社会理论、双重态

---

① [德] 阿克塞尔·霍耐特:《为承认而斗争》,上海世纪出版集团2005年版,第127页。
② 汪信砚:《全球化中的价值认同和价值观冲突》,《哲学研究》2002年第11期。
③ 王俭:《基于价值尊重与价值认同的教育评价研究》,博士学位论文,华东师范大学,2007年,第48—49页。

度模型理论、国家认同、民族认同、社会认同、马克思主义意识形态建设、马克思主义的人性思想、学校教育、利益分化等视角进行了大量的研究。

其二，社会主义核心价值体系认同的基本问题研究。众多专家学者对社会主义核心价值体系认同的概念内涵、目标、功能、阶段、层次、动力机制、影响因素、实现路径进行了众多的探讨。

其三，社会主义核心价值体系认知认同现状调查。一是对社会主义核心价值体系认同状况的定量分析。学者大多采用问卷调查的方法对认同状况进行调查并做分析。主要从社会主义核心价值体系内容的四个维度设计问卷进行分析；从社会主义核心价值体系认知认同、情感认同、行为认同三个层面设计问卷进行分析。二是对社会主义核心价值体系认同状况的定性分析。也有研究者从某个或某几个地区、某所或某几所院校进行问卷调查，分析了存在的问题，提出了针对性的对策。

总体而言，社会主义核心价值体系认同还需进一步深化研究。一是关于"社会主义核心价值体系认同"概念的界定，仍然存在分歧，研究还不够深入全面，认同、价值认同、社会主义价值体系和社会主义核心价值体系认同概念的边界模糊，运用混淆。我们认为，社会主义核心价值体系认同是指个体或群体基于过去认知与情感的经验对社会主义核心价值体系持有的较为持久而一致的心理准备状态和人格倾向，它是对社会主义核心价值体系情感认同与态度认同的高度统一。二是研究的思路和方法较为单一，缺乏跨学科的综合运用的研究视野，全面系统深入地对社会主义核心价值体系认同做专题性研究较少。三是研究领域需进一步拓展。当前，社会主义核心价值体系建设问题已不再仅仅局限于公民教育的思想道德和精神文明方面，而是关乎于国家发展道路、方向和执政理念的政治价值观，深刻体现出一个国家的立国价值。因而，社会主义核心价值体系认同研究的焦点应集中在国家认同、政治认同、文化认同、民族认同、道德认同、行为适应与社会主义核心价值体系认同的内在关联及其相互影响上。

(四) 少数民族大学生社会主义核心价值体系认同研究

以"大学生社会主义核心价值体系认同"为关键词,在中国知网进行文献检索,学界发表论文数量巨大,研究成果十分丰富,从理论与实证的角度对大学生社会主义核心价值体系认同的状况、困境、路径、基础、心理机制、特点、影响因素及其教育等进行了研究。而以"少数民族大学生社会主义核心价值体系认同"为关键词,在中国知网进行文献检索,只有20余篇。对于少数民族大学生的社会主义核心价值体系认同的研究主要集中于新疆地区和边疆地区,其他民族地域则很少涉及。对于少数民族大学生的社会主义核心价值体系认同与行为倾向等之间的相关关系研究则没有看见相关论述。大体来讲,其研究重点表现在以下几个方面:

一是提出了促进少数民族大学生的社会主义核心价值体系认同的原则。徐建军等认为,民族大学生在思想文化素质和个性心理特征等方面具有一定的特殊性,因此,在促进他们认同社会主义核心价值体系时,"要注意把握和处理好他们的民族心理认同与中华民族认同相统一、民族文化认同与中华文化认同相协调、原发宗教信仰与社会主义理想信念相适应"的原则。[①] 陈彩利提出了认同感体系构建以人为本、科学定位、循序渐进、通力合作、务求实效的基本原则[②]。

二是对少数民族大学生的社会主义核心价值体系认同的状况进行了调查。李丰春等对四川、云南等地的高校的调研,指出仍有部分学生对马克思主义的指导地位存在怀疑,对社会主义共同理想的实现持怀疑的态度,在如何弘扬少数民族优秀文化与倡导爱国主义的民族精神的结合点上,存在模糊的认识。[③] 徐绍华通过调查,发现西南边疆少数民族地区大学生对社会主义核心价值体系虽然具有一定的认知、

---

① 徐建军、欧旭理:《促进民族大学生社会主义核心价值体系认同的三大要务》,《中南大学学报》(社会科学版)2014年第5期。

② 陈彩利:《少数民族大学生社会主义核心价值体系认同感研究——以贵州民族大学为例》,《焦作大学学报》2014年第2期。

③ 李丰春、赵金元、张立辉:《民族地区高等院校大学生对社会主义核心价值体系认同的调查分析》,《西南民族大学学报》(人文社科版)2010年第9期。

情感、行为认同感，但也存在着不完全性、差异性、易变性以及知行脱节性等问题。①

三是研究了影响少数民族大学生的社会主义核心价值体系认同的因素与特点。有研究者指出，新疆地区的民族文化、宗教文化、跨国民族文化、东西方文化交融汇合形成的特色文化、狩猎采集文化、草原游牧文化、农耕文化、商业文化以及屯垦文化等多元文化环境对新疆大学生社会主义核心价值体系的认同有着深刻的影响。②赵爽以新疆高校为例，指出地缘特征、宗教问题、民族问题、经济文化发展差距是影响新疆高校大学生对社会主义核心价值体系的认同的主要因素。③罗维萍认为边疆民族大学生对社会主义核心价值体系的认同具有情感性、不平衡性以及价值评价的片面性和价值选择的中性化、模糊性特点。④

四是研究了少数民族大学生的社会主义核心价值体系认同的路径。弘扬少数民族优秀文化传统、强化国家认同、切实解决少数民族大学生的实际问题或困难等途径加强少数民族大学生的社会主义核心价值体系认同。⑤应当重视校园文化的建设和学生党建工作，发挥思想政治理论课的主渠道，在承认差异性的前提下，坚持指导思想和主导价值的一元化。⑥以爱国主义为内容，加强社会主义理想信念教育；以体系建设为核心，奠定核心价值观认同理论的制度基础；以心理认知为基本，树立少数民族大学生正确的心理认同；以情感融入为基点，培养少数民族大学生理性的归属意识；以日常养成为基础，增强

---

① 徐绍华：《西南边疆少数民族地区大学生社会主义核心价值体系认同的调查与思考》，《楚雄师范学院学报》2012年第8期。

② 肖瑞仙、张洁：《多元文化对新疆大学生社会主义核心价值体系认同的影响》，《中共山西省直机关党校学报》2013年第2期。

③ 赵爽：《论加强少数民族大学生社会主义核心价值体系的认同教育》，《世纪桥》2009年第10期。

④ 罗维萍：《论边疆民族大学生社会主义核心价值体系教育》，《边疆经济与文化》2009年第3期。

⑤ 赵爽：《论加强少数民族大学生社会主义核心价值体系的认同教育》，《世纪桥》2009年第10期。

⑥ 陈志勇：《民族地区高校大学生对社会主核心价值体系的价值认同探析——以宁夏高校为例》，《宁夏师范学院学报》（社会科学版）2013年第4期。

少数民族大学生自觉的认同意识。① 需要通过加强教育引导、解决实际问题、突出实践活动和优化舆论环境等途径，来促进他们的认知认同、情感认同、行为认同以及环境认同，以提高他们对社会主义核心价值体系的认同效果。②

综上所述，目前还没见学界关于少数民族大学生社会主义核心价值体系认同与行为倾向（或行为适应）之间的关系研究，现有的研究呈现出要么偏重于实证研究，要么偏重于理论研究，理论研究与实证研究呈现分离之势。而关于少数民族大学生社会主义核心价值体系认同问题，不仅关系到心理态度认同的问题，更关涉到其行为倾向（或行为适应）的问题，探明两者之间的关系，对于提升少数民族大学生的社会主义核心价值体系情感认同、态度认同与行为认同水平十分重要，且十分必要。总体而言，从今后的研究趋势来看，少数民族大学生社会主义核心价值体系认同研究在范式方面应注重理论研究与实证研究、质的研究与量的研究的紧密结合；在研究的广度深度方面，不仅要研究不同群体、不同地区、不同民族社会主义核心价值体系认同的状况及其教育对策，而且还要深入研究少数民族大学生社会主义核心价值体系认同与社会转型的关系，与少数民族人格发展、文化适应和行为倾向的相关关系。

四　研究内容

本课题研究基于"少数民族大学生社会主义核心价值体系认同呈现出人口变量因素的特点，并与少数民族大学生的行为倾向密切相关"这样一个研究假设，拟从以下六个方面进行研究：

研究一：少数民族大学生社会主义核心价值体系认同问卷的编制和调查。采用5点自评式量表进行团体施测；以社会分层抽样法选取少数民族大学生被试，尽可能考虑性别、专业、年级、地域、民族、

---

① 张锐：《少数民族大学生社会主义核心价值观认同路径探析》，《新疆师范大学学报》（哲学社会科学版）2015年第3期。

② 徐绍华：《西南边疆少数民族地区大学生社会主义核心价值体系认同的调查与思考》，《楚雄师范学院学报》2012年第8期。

院校、经济状况等变量的平衡，以保证研究的代表性。

研究二：少数民族大学生社会主义核心价值体系认同的特点。这主要是包含在差异分析和相关性分析中。其一，从整体上探究少数民族大学生社会主义核心价值体系认同（理论认同、国家认同、精神认同、道德认同）与个人背景变量（性别、专业、年级、民族身份、居住地域等）之间的关系、特点；其二，对不同民族的少数民族大学生的社会主义核心价值体系认同状况和特点进行比较研究，以了解各少数民族大学生社会主义核心价值体系认同的特点。

研究三：少数民族大学生社会主义核心价值体系认同与行为倾向的关系研究。编制价值冲突情境下的行为倾向问卷，基于项目负荷值和共同度的标准，通过行为倾向的因素分析，形成行为倾向问卷。通过探讨少数民族大学生社会主义核心价值体系认同与行为倾向的关系的基础上，以此对少数民族大学生在价值冲突情境下的行为倾向进行预测。

研究四：少数民族大学生社会主义核心价值体系认同与行为倾向的人口学统计分析。主要考察人口因素对少数民族大学生社会主义核心价值体系认同与行为倾向关系的影响，进一步深化本课题的理论提炼和教育对策的提出。

研究五：通过对少数民族大学生社会主义核心价值体系认同与行为倾向的关系分析，在设计开放式问卷的基础上，从不同维度和层面探讨影响少数民族大学生社会主义核心价值体系认同及其行为倾向的主要因素。

研究六：少数民族大学生社会主义核心价值体系认同的理论提炼和教育实践对策。提炼出少数民族大学生社会主义核心价值体系认同与行为倾向的主要观点和相关理论，并提出切实可行的、针对性的教育和实践对策。

五 基本思路与研究方法

（一）研究思路

（1）在对社会主义核心价值体系认同与行为倾向理论评价的基

础上，对"社会主义核心价值体系认同"概念进行界定。并通过开放式调查问卷，在访谈、评定、预测和检验的前提下，制定《少数民族大学生社会主义核心价值体系认同调查问卷》，通过理论认同、国家认同、精神认同和道德认同四个维度的调查和数据统计，分析少数民族大学生社会主义核心价值体系认同的主要特点和规律。（2）编制价值冲突情境下的行为倾向问卷，分析少数民族大学生社会主义核心价值体系认同与行为倾向的相关性。（3）召开1—2次小型学术研讨会，对少数民族大学生社会主义核心价值体系认同进行观点、理论提炼，并提出相应的教育对策。

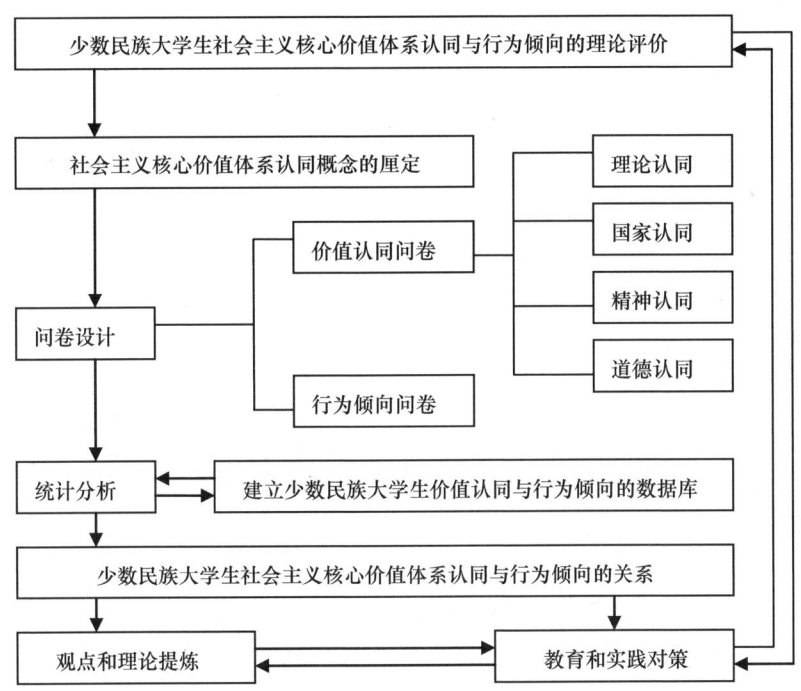

（二）研究方法

本项研究以辩证唯物主义和历史唯物主义为指导，遵循理论与实际相统一、历史与逻辑相一致的原则，除运用跨学科视景透视法、文献法、比较研究、个案研究之外，主要是运用实证调查法。

1. 调查的目的与内容

本课题调查的目的就是拟从少数民族大学生对社会主义核心价值体系认知、认同的调查入手，探索少数民族大学生对社会主义核心价值体系认知、认同与其行为倾向之间的关联，厘清影响认同与行为卷入的相关因素，从而为少数民族大学生社会主义核心价值体系认同的有效教育及其践行提供针对性的对策。

调查的维度及其具体内容主要有：

一是少数民族大学生对马克思主义指导思想的认知认同，主要考察的是：（1）对毫不动摇地坚持马克思主义在意识形态领域的指导地位的态度；（2）对马克思主义是否"过时"的看法；（3）马克思主义对普通老百姓生活影响的认知；（4）对马克思世界影响的态度。

二是少数民族大学生对中国特色社会主义共同理想的认知认同，主要考察的是：（1）对中国特色社会主义是当前中国各族人民共同理想的认可；（2）中国特色社会主义共同理想与自身的关系；（3）爱国的程度；（4）中国特色社会主义理论体系与马列主义和毛泽东思想的关系；（5）对成功建设中国特色社会主义的看法。

三是少数民族大学生对爱国主义的民族精神和改革开放的时代精神的认知认同，主要考察的是：（1）爱国主义是否应成为民族精神的主要内容；（2）对民族团结的态度；（3）改革开放是否应该成为今天时代精神的主要内容；（4）对必须妥善处理改革开放与社会发展和稳定关系的看法；（5）爱国主义的民族精神和改革开放的时代精神之间的关系。

四是少数民族大学生对社会主义荣辱观的认知认同，主要考察的是：（1）对"社会主义荣辱观"作为我国社会生活主流价值观念的看法；（2）对奉献精神的看法；（3）对勤俭节约、艰苦朴素的看法；（4）对日常生活中道德行为的选择。

五是少数民族大学生对社会主义核心价值体系认知认同、建设和践行的整体性考察：（1）对社会主义核心价值体系基本内容的态度；（2）对社会主义核心价值体系形成来源的看法；（3）对践行社会主义核心价值体系的态度；（4）是否已经确立了正确的社会主义核心价值观；（5）对社会主义核心价值观适用对象的认知；（6）

对社会主义核心价值体系发展的关注程度;(7)对推进社会主义核心价值体系大众化建设的态度;(8)对各民主党派树立社会主义核心价值体系的见解;(9)对中国共产党提出的社会主义核心价值体系与当今社会发展是否相适应的判断;(10)对坚持与追求社会主义核心价值体系的态度;(11)对树立和践行社会主义核心价值体系活动与我国文化强国事业关系的认知。

六是价值观差异开放式调查:主要是从社会、学校、家庭和个体层面考察导致人与人之间价值观冲突的因素。

七是行为倾向问卷调查:针对身边发生的社会主义核心价值体系与非主流价值体系相冲突的现象或事件,可能采取的行动(可多选):(1)只忍受,什么也不做;(2)私下议论,发牢骚;(3)坚持主流价值观,并尽自己的能力进行引导和劝阻;(4)通过写文章等方式提出建议或批评意见;(5)邀请一些人集体讨论,并提出解决对策;(6)向学校等组织有关领导部门反映意见;(7)当面对当事人进行批评指责;(8)以某种社会反抗方式进行发泄;(9)寻求网络和媒体的支持与帮助;(10)其他。

2. 调查问卷的编制

通过开放式调查问卷,在访谈、评定、预测、检验和修订的前提下,制定《少数民族大学生社会主义核心价值体系认同问卷》,主要从理论认同(马克思主义指导思想)、国家认同(中国特色社会主义共同理想)、精神认同(民族精神和时代精神)和道德认同(社会主义荣辱观)四个维度设计问卷调查,最终设计问题41个,其中有9个问题是自变量,32个问题是因变量。在32个因变量当中,除第12题、21题之外,其他都是采用五个点量进行观测。设计了"您认为在现实生活中,导致人与人之间价值观认同冲突的原因可能有哪些?"开放式调查问卷。通过相关检验,确立了行为倾向的主要检测指标,形成了价值冲突情境下的行为倾向问卷,共设计问题10个。三个分问卷形成了具有内在逻辑关联的整体性问卷体系,即首先分析少数民族大学生社会主义核心价值体系认知认同状况,其次分析导致人们价值观冲突的因素,最后探测在价值冲突情境下,少数民族大学生对社会主义核心价值体系认同与行为倾向之间的相关性。

3. 调查的方法与对象

调查方法。因本次调查内容及其调查对象较为广泛，调查人员在学校期间随机调查在校少数民族大学生，但主要是采取以班级为单位，在上课期间，由专门的任课教师或者辅导员进行问卷的发放，当场填写问卷当场回收。同时，为了更较深入地了解少数民族大学生对社会主义核心价值体系的认知认同及其相应的行为倾向，对问卷调查中发现的"典型"个案进行深度访谈，并加以详细的记录或录音。

调查对象的选择与抽样。首先，就所选学校类型与地区而言，本课题组为最大程度地揭示少数民族大学生对社会主义核心价值体系的认同现状，有意识地根据民族高校与普通高校相结合、民族地区院校与普通地方高校相结合、发达地区高校与欠发达地区高校相结合等原则最后确定了13个省、自治区、直辖市的24所不同类型的高校作为样本来源地，以期更加全面、科学地反映现状。其次，就受访大学生的本身特征而言，本次调查兼顾民族高校中的少数民族大学生、民族地区高校中的少数民族大学生及综合性高校中的少数民族大学生，涵盖发达地区高校学生与欠发达地区高校学生，以期全面反映少数民族大学生对社会主义价值体系的认同现状。总体而言，样本具有较好的代表性，能较好地表征总体的构成。

调查组织实施。在问卷调查的组织实施上，由课题负责人召集课题组成员、马克思主义学院的思想政治教育专业研究生、本科生进行培训，提出相关要求，然后与样本选取的高校相关负责人进行联系，由其全权负责问卷的发放、回收与邮寄。

问卷调查样本概况。为了便于了解少数民族大学生对马克思主义指导思想、中国特色社会主义共同理想、以爱国主义为核心的民族精神和以改革创新为核心的时代精神、社会主义荣辱观四个层面内容进行相关性比较分析，本研究在问卷中专门对调查对象的性别、专业、年级、地域、民族、院校、政治面貌、毕业中学、经济状况等九个方面的信息进行了详细统计分析。

表1　少数民族大学生社会主义核心价值体系认同与行为倾向问卷调查对象的概况

		人数（人）	比例（%）			人数（人）	比例（%）
性别	男性	997	39.8	就读专业	文科类	1344	53.6
	女性	1510	60.2		理工类	1140	45.5
	合计	2507	100.0		不清	23	0.9
政治面貌	中共党员	230	9.2		合计	2507	100.0
	共青团员	2158	86.1	毕业学校	民族中学	667	26.6
	其他	111	4.4		普通中学	1820	72.6
	不清	8	0.3		不清	20	0.8
	合计	2507	100.0		合计	2507	100.0
来源地	少数民族聚居区县城及以上城市	924	36.9	就读大学	民族院校	1783	71.1
	少数民族聚居区乡镇或农村	708	28.2		普通高校	698	27.8
	少数民族散杂居县城及以上城市	384	15.3		不清	26	1.1
	少数民族散杂居乡镇或农村	399	15.9		合计	2507	100.0
	不清	92	3.7	就读年级	大一	702	28.0
	合计	2507	100.0		大二	798	31.8
家庭人均年收入	1000元以下	476	19.0		大三	944	37.7
	1000—2500元	524	20.9		大四	57	2.3
	2500—6000元	959	38.3		不清	6	0.2
	6000—10000元	248	9.9		合计	2507	100.0
	10000元以上	265	10.6	民族			
	不清	35	1.3				
	合计	2507	100.0				

表2　少数民族大学生社会主义核心价值体系认同与行为
倾向问卷调查对象的民族构成

民族	人数（人）	比例（％）	民族	人数（人）	比例（％）	民族	人数（人）	比例（％）
壮族	508	20.26	哈尼族	40	1.60	毛南族	3	0.12
藏族	360	14.36	黎族	23	0.92	门巴族	3	0.12
苗族	302	12.05	侗族	33	1.32	佤族	3	0.12
回族	277	11.05	畲族	40	1.60	羌族	3	0.12
维吾尔族	264	10.53	朝鲜族	13	0.52	阿昌族	5	0.20
土家族	112	4.47	仫佬族	20	0.80	东乡族	3	0.12
满族	83	3.31	纳西族	10	0.40	高山族	3	0.12
瑶族	86	3.43	撒拉族	8	0.32	布朗族	3	0.12
蒙古族	62	2.47	乌孜别克族	5	0.20	拉祜族	3	0.12
哈萨克族	61	2.43	柯尔克孜族	5	0.20	独龙族	2	0.08
白族	40	1.60	锡伯族	8	0.32	塔吉克族	1	0.04
彝族	33	1.32	京族	5	0.20	裕固族	2	0.08
傣族	30	1.20	水族	5	0.20	保安族	3	0.12
布依族	32	1.28	基诺族	5	0.20	合计	2507	100.0

4. 调查问卷的发放

本课题组从2013年1月至2016年12月，历时四年对少数民族大学生群体社会主义核心价值体系的认知认同现状及其行为倾向进行了抽样调查。调查主要采取问卷形式，涉及中央民族大学、中南民族大学、大连民族大学、西北民族大学、西南民族大学、北方民族大学、贵州民族大学、云南民族大学、青海民族大学、湖北民族学院、西藏民族学院等12所民族高校，广西大学、云南师范大学、新疆大学、新疆师范大学、西藏大学、甘肃民族师范学院、楚雄师范学院、红河学院、兰州城市学院、宁夏师范学院等10所民族地区高校及华中科技大学、武汉理工大学2所综合性高校，合计24所高校中共计抽取2652人作为样本，采取实地发放，现场回收有效问卷2507份，有效回收率为96.2％，满足社会调查研究中的回收率要求。各校发放份数与调查对象分布要求如下。

表3　少数民族大学生社会主义核心价值体系认同与
行为倾向问卷调查发放和回收统计

序号	院　校	属　性	代码	发放	回收	回收率
1	中央民族大学	民族院校	T	100	100	100%
2	北方民族大学	民族院校	A	100	100	100%
3	大连民族大学	民族院校	D	100	100	100%
4	广西民族大学	民族院校	G	100	97	97%
5	贵州民族大学	民族院校	E	100	100	100%
6	西南民族大学	民族院校	F	100	100	100%
7	湖北民族学院	民族院校	H	200	200	100%
8	西藏民族学院	民族院校	J	100	100	100%
9	中南民族大学	民族院校	M	500	500	100%
10	云南民族大学	民族院校	Q	100	100	100%
11	青海民族大学	民族院校	Y	100	100	100%
12	西北民族大学	民族院校	X	100	100	100%
13	甘肃民族师范学院	民族地区	O	50	50	100%
14	楚雄师范学院	民族地区	P	50	50	100%
15	宁夏师范学院	民族地区	S	50	50	100%
16	云南师范大学	民族地区	W	50	50	100%
17	红河学院	民族地区	L	50	50	100%
18	广西大学	民族地区	I	100	100	100%
19	新疆大学	民族地区	U	100	86	86%
20	新疆师范大学	民族地区	C	200	200	100%
21	西藏大学	民族地区	B	100	94	94%
22	兰州城市学院	民族地区	R	50	50	100%
23	华中科技大学	非民族地区非民族院校	K	50	42	84%
24	武汉理工大学	非民族地区非民族院校	N	100	88	88%
合　计				问卷	2652 份	
				有效问卷	2507 份	
				回收率	98.3%	
				有效率	96.2%	

5. 调查资料的分析

问卷回收以后，主要由经过专门培训的教师、硕士研究生、本科生承担调查数据的分类、录入、处理。首先是对回收问卷进行集中整理、编号，核对问卷的有效性，剔除无效问卷；然后运用 SPSS 数据统计软件进行统计，主要使用双变量描述统计因素分析、方差分析、相关分析方法等对少数民族大学生社会主义核心价值体系认同与行为倾向进行研究，探究它们之间的相关性、差异性。个案访谈资料主要来源于几所有代表性的民族院校、民族地区院校、非民族地区重点高校，随机进行访谈，记录，然后进行整理、归纳，从中找出富有典型的、代表性的结论或观点。

问卷调查数据分析的基本原则。第一，频率分析的"根据"原则。根据不同层面所设定的选题进行频率分析，主要考察少数民族大学生对该问题所持的态度及其程度。第二，交叉比较分析的原则。少数民族大学生对社会主义核心价值体系的认知认同是在个体与社会的双向互动中建构起来的，对于少数民族大学生社会主义核心价值体系认知认同的研究，必须是多维度多视角的进行观测和探讨，从而使结论或观点具有可信性。在本课题研究中，主要从"不同性别"、"不同专业"、"不同年级"、"不同地域"、"不同民族"、"不同院校"、"不同政治面貌"、"不同毕业中学"、"不同经济状况"等九个方面分别与"马克思主义指导思想"、"中国特色社会主义共同理想"、"以爱国主义为核心的民族精神和以改革创新为核心的时代精神"、"社会主义荣辱观"四个层面的内容进行交叉分析，一是分析两者的相关性；二是分析不同民族文化背景下的少数民族大学生对社会主义核心价值体系认知、认同的影响，三是从中探索出少数民族大学生对社会主义核心价值体系认知、认同的特点或规律。第三，整体性与代表性相统一的原则。本课题主要是将"少数民族大学生"作为一个特殊群体从"不同性别"、"不同专业"、"不同年级"、"不同地域"、"不同院校"、"不同政治面貌"、"不同毕业中学"、"不同经济状况"等八个方面进行整体性研究。但由于问卷的发放是随机性的，不同少数民族大学生样本数存在差异，为了保证比较分析的可靠性和结论的代表性，在"不同民族"视角下有关少数民族大学生的"马克思主义指导思想"、"中国特色社会主义共同理想"、"以爱国主义为核心的民族精神和以改革创新为核心的时代精神"、"社会主义荣辱观"四个层面的认同进行交叉分析中，我们主要选择样本数在60人以上的维吾尔族、藏族、回族、壮族、土家族、苗族、满族、瑶族、蒙古族、哈萨克族等10个民族的少数民族大学生。

六 创新与不足之处

本课题主要在以下几个方面有些许创新：一是主要以民族（地区）院校和少数民族大学生为调查对象，在问卷调查和访谈的基础上，从整体上对少数民族大学生社会主义核心价值体系认知认同的主要特点和基本规律进行了实证研究。探索了基于各少数民族大学生文化、心理、环境差异背景下社会主义核心价值体系的认知、认同状况及其影响因素。二是分析了少数民族大学生的社会主义核心价值体系认同与其行为倾向之间是否存在着相关性，相关性是否显著。三是对少数民族大学生社会主义核心价值体系认同与行为倾向的特点和相关性进行理论观点提炼，并结合少数民族大学生社会主义核心价值体系认同的心理特点和文化背景，提出了较有针对性的教育和实践对策。

本课题研究不足之处在于少数民族大学生社会主义核心价值体系认同调查问卷及其价值冲突情境下的行为倾向调查问卷的编制、在其效度与信度上还需进一步提高；调查样本规模的选取、确定还需进一步扩大；少数民族大学生社会主义核心价值体系认同与行为倾向的相关性研究还有待于进一步实践验证。另外，本课题还没有将建构少数民族大学生在价值认同冲突情境下行为倾向的预警指标纳入研究范畴。

第一章

少数民族大学生社会主义核心价值体系认同概况

少数民族大学生对社会主义核心价值体系表现出不同的认同状况，呈现出自身的特点。下面主要基于两个维度分析少数民族大学生对社会主义核心价值体系的认同状况：一是从社会主义核心价值体系内容构成的四个层面即"马克思主义指导思想"、"中国特色社会主义共同理想"、"以爱国主义为核心的民族精神和以改革创新为核心的时代精神"、"社会主义荣辱观"分别具体分析少数民族大学生的认同概况；二是从整体性视野分析少数民族大学生对社会主义核心价值体系的认同状况。

一 少数民族大学生对马克思主义指导思想认同的调查与分析

本课题主要从是否赞同"毫不动摇地坚持马克思主义在意识形态领域的指导地位"、"马克思主义已经过时了"的观点、"马克思主义对普通老百姓的生活有影响"、"对千年之交，英国BBC公司在全球范围进行网上评选千年最伟大思想家活动，结果得票高居榜首的是马克思"等四个方面来考察少数民族大学生对马克思主义指导思想的认同状况。

(一) 赞同坚持马克思主义在意识形态领域的指导地位

表1-1-1

结果 选项	毫不动摇地坚持马克思主义在意识形态领域的指导地位					
	很赞同	赞同	无所谓	不赞同	很不赞同	合计
人数（人）	456	1483	377	160	15	2491
比例（%）	18.3	59.5	15.1	6.4	0.6	100.0

注：缺失值16，占比0.6%。

调查结果显示，在回收的2507份调查样本中，有1939名少数民族大学生"很赞同"、"赞同"马克思主义在意识形态领域的指导地位，占总数的77.8%。这表明，少数民族大学生对马克思主义的认同度很高。但需要注意的是仍然有15.1%的少数民族大学生对坚持马克思主义在意识形态领域的指导地位持"无所谓"态度，持"不赞同"、"很不赞同"的态度也达到7.0%。

(二) 认为马克思主义没有过时

表1-1-2

结果 选项	您赞成"马克思主义已经过时了"的观点吗？					
	很赞同	赞同	不一定	不赞同	很不赞同	合计
人数（人）	165	470	601	1082	176	2494
比例（%）	6.6	18.8	24.1	43.4	7.1	100.0

注：缺失值13，占比0.5%。

调查结果显示，有50.5%的少数民族大学生认为马克思主义没有过时，24.1%的少数民族大学生认为马克思主义不一定过时。这进一步印证了大部分少数民族大学生坚持马克思主义在意识形态领域的指导地位。

（三）马克思主义对普通老百姓有较大影响

表1-1-3

结果 选项	您对"马克思主义对普通老百姓的生活是否有影响"的看法					
	影响很大	有影响	一般	没影响	说不清	合计
人数（人）	278	1187	758	168	101	2492
比例（%）	11.2	47.6	30.4	6.7	4.1	100.0

注：缺失值15，占比0.6%。

调查结果显示，58.8%的少数民族大学生认为马克思主义对普通老百姓的生活"有影响"、"影响很大"。这进一步说明了"马克思主义没有过时"。但同时，有30.4%的少数民族大学生认为马克思主义对普通老百姓的生活影响一般，这说明，需要进一步将马克思主义理论与现实实践相结合，彰显其理论魅力和现实魅力。

（四）认可马克思是千年最伟大的思想家

表1-1-4

结果 选项	您对"千年之交，英国BBC公司在全球范围进行网上评选千年最伟大思想家活动，结果得票高居榜首的是马克思"的看法					
	很高兴	高兴	一般	无所谓	说不清	合计
人数（人）	278	1187	758	168	101	2493
比例（%）	16.2	36.1	35.1	8.7	4.0	100.0

注：缺失值14，占比0.6%。

千年之交，英国BBC公司在全球范围进行网上评选千年最伟大思想家活动，结果得票高居榜首的是马克思，对此结果，52.3%的少数民族大学生感到"高兴"和"很高兴"，而35.1%的少数民族大学生感到"一般"，12.7%的少数民族大学生持"无所谓"和"说不清"，这又与表1-1-2、1-1-3相矛盾。这说明，少数民族大学生还不是很了解马克思,这也直接影响到了对马克思主义的认同感。因此,必须在少数民族大学生群体中进一步加强对马克思本人及其思想的宣传力度。

二 少数民族大学生对中国特色社会主义共同理想认同的调查与分析

对于少数民族大学生中国特色社会主义理想认同状况的观测,主要设立"您是否赞成建设有中国特色社会主义是当前中国各族人民的共同理想?"、"您觉得中国特色社会主义共同理想离自己远吗?"、"中国特色社会主义理论体系与马列主义和毛泽东思想是继承与发展的关系"、"您对我国能否成功建设中国特色社会主义"等四个指标进行考察。

(一) 赞同建设有中国特色社会主义是当前中国各族人民的共同理想

表1-2-1

结果 选项	建设有中国特色社会主义是当前中国各族人民的共同理想					
	很赞同	赞同	不一定	不赞同	很不赞同	合计
人数(人)	524	1426	423	98	17	2488
比例(%)	21.1	57.3	17.0	3.9	0.7	100.0

注:缺失值19,占比0.8%。

中国特色社会主义共同理想代表和反映了中国社会最广大人民群众的根本利益,是当代中国社会发展进步的旗帜,是全党全国各族人民团结奋斗的旗帜。表1-2-1的调查结果表明,大部分少数民族大学生对"建设有中国特色社会主义是当前中国各族人民的共同理想"持"很赞同"、"赞同"占78.4%。但也有21.6%的少数民族大学生持"不一定"、"不赞同"和"很不赞同"态度。因此,必须要坚持不懈地加强对少数民族大学生的马克思主义理论教育,把中国特色社会主义共同理想体现到少数民族社会经济发展的各个领域中去。

（二）认为中国特色社会主义共同理想与自身相隔较远

表1-2-2

结果 选项	中国特色社会主义共同理想离自己远吗？					
	非常远	很远	有些远	不远	说不清	合计
人数（人）	197	495	1037	606	145	2481
比例（%）	7.9	20.0	41.8	24.4	5.8	100.0

注：缺失值26，占比1.0%。

调查结果显示，在"中国特色社会主义共同理想离自己远吗"的回答上，27.9%的少数民族大学生持"非常远"和"很远"的态度，41.8%的少数民族大学生表示"有些远"，还有5.8%的少数民族大学生表示"说不清"，而只有24.4%的少数民族大学生表示"不远"。一方面，高校必须要加强对少数民族大学生的中国特色社会主义共同理想的教育，提升思想认识；另一方面，党和政府又要将中国特色社会主义共同理想贯穿于少数民族经济、政治、文化、社会发展各个领域，从政策环境、体制环境、社会环境等方面使少数民族大学生切身感受到中国特色社会主义共同理想与自身发展息息相关，从而为少数民族大学生树立坚定的中国特色社会主义共同理想提供有力支撑。

（三）认同中国特色社会主义理论体系与马列主义和毛泽东思想是继承的关系

表1-2-3

结果 选项	中国特色社会主义理论体系与马列主义和毛泽东思想是继承与发展的关系					
	很赞同	赞同	不一定	不赞同	很不赞同	合计
人数（人）	402	1581	403	78	10	2488
比例（%）	16.2	63.9	16.3	3.2	0.4	100.0

注：缺失值33，占比1.3%。

马列主义和毛泽东思想与中国特色社会主义理论体系是一脉相

承、一体相依，有着不可分割的历史和逻辑上的密切联系。毛泽东思想奠定了中国特色社会主义理论体系的制度和理论基础；中国特色社会主义理论体系是对毛泽东思想根本上的继承。调查结果表明，80.1%的少数民族大学生能够清醒地认识到中国特色社会主义理论体系是对马列主义和毛泽东思想的继承和进一步发展。这说明少数民族大学生对中国特色社会主义理论充满自信。

（四）认为我国能够成功建设中国特色社会主义

表1-2-4

选项 \ 结果	您对我国能否成功建设中国特色社会主义					
	很有信心	有信心	说不清	没有信心	很没有信心	合计
人数（人）	574	1399	432	70	17	2488
比例（%）	23.0	56.1	17.3	2.8	0.7	100.0

注：缺失值14，占比0.6%。

中国特色社会主义理论体系是中国化马克思主义持续发展的第二大理论成果，是在中国经济、政治、文化、社会、生态文明和党的建设等实践过程中提出的富有中国特色的理论，是党和人民实践经验和集体智慧的结晶。这一点也体现在各少数民族大学生对中国特色社会主义理论自信、道路自信和制度自信上。调查结果显示，79.1%的少数民族大学生对成功建设中国特色社会主义持"很有信心"和"有信心"。

三 少数民族大学生对民族精神与时代精神认同的调查与分析

对少数民族大学生以爱国主义为核心的民族精神和以改革开放为核心的时代精神的认同状况，主要设置了"如果0代表完全不爱国，10代表极其爱国，您觉得自己在0至10之间的哪个位置上"、"您认为爱国主义是否应成为民族精神的主要内容"、"中华民族是一个团结统一的大家庭，各民族应该团结互助，谁也离不开谁"、"改革开放是否应该成为我们今天时代精神的主要内容"、"必须妥善处理改革开放与社会发展和稳定的关系"、"爱国主义的民族精神和改革开放的时代精神是和谐统一的"等六个指标进行观测。

(一) 爱国立场坚定

表 1-3-1

结果 选项	如果0代表完全不爱国,10代表极其爱国,您觉得自己在0至10之间的哪个位置上											
	0	1	2	3	4	5	6	7	8	9	10	合计
人数(人)	170	6	6	8	10	161	130	322	678	411	599	2501
比例(%)	6.8	0.2	0.2	0.3	0.4	6.4	5.2	12.9	27.1	16.4	23.9	100.0

注：缺失值6，占比0.2%。

爱国体现了人们对自己祖国的深厚感情，反映了个人对祖国的依存关系，是人们对自己故土家园、民族和文化的归属感、认同感、尊严感与荣誉感的统一。调查结果显示，有599人选择了"10"，表现出极其爱国态度占总人数的23.9%，而选择"9"、"8"和"7"位置上的少数民族大学生分别为411人、678人和322人，分别占总人数的16.4%、27.1%和12.9%，合计达到56.4%。这说明，绝大部分少数民族大学生是爱国的。但值得注意的是，也有6.8%的少数民族大学生表示不爱国。因此，必须进一步加强少数民族大学生对伟大祖国的认同教育。

(二) 赞同爱国主义应当成为民族精神的主要内容

表 1-3-2

结果 选项	爱国主义是否应成为民族精神的主要内容?					
	很应该	应该	不一定	不应该	很不应该	合计
人数(人)	758	1351	308	58	16	2491
比例(%)	30.4	54.2	12.4	2.3	0.6	100.0

注：缺失值16，占比0.6%。

调查结果显示，84.6%的少数民族大学生对"爱国主义是否应成为民族精神的主要内容"持"很应该"和"应该"的态度,这说明,爱国主义成为民族精神的一种内核,已为绝大部分少数民族大学生所认同、接受。但值得注意的是,也有12.4%的少数民族大学生表示"不一定",另有2.9%的表示反对。因此,必须进一步加强少数民族大学生的爱国主义教育。

(三) 赞同中华民族是一个统一的大家庭各民族相互离不开

表1-3-3

结果 选项	中华民族是一个团结统一的大家庭,各民族应该团结互助,谁也离不开谁					
	很赞同	赞同	不一定	不赞同	很不赞同	合计
人数（人）	942	1200	283	57	14	2496
比例（%）	37.7	48.1	11.3	2.3	0.6	100.0

注：缺失值11，占比0.4%。

我国是一个统一的多民族的国家,共同生活着56个民族。虽然我国各民族形成和发展的情况各不相同,但总的方向是汇聚成为统一的、稳固的中华民族。各民族在不同历史时期的各种交往中不断融合,形成了你中有我,我中有你、交错杂居、共生互补的多元一体的格局。调查结果也表明,85.8%的少数民族大学生对"中华民族是一个统一的大家庭各民族相互离不开"持"很赞同"和"赞同"的态度,得到了高度认可。

(四) 认可改革开放是时代的精神

表1-3-4

结果 选项	改革开放是否应该成为我们今天时代精神的主要内容？					
	很应该	应该	不一定	不应该	很不应该	合计
人数（人）	619	1438	342	74	23	2496
比例（%）	24.8	57.6	13.7	3.0	0.9	100.0

注：缺失值11，占比0.4%。

调查结果显示,在回答"改革开放是否应当成为我们的时代精神"选项上,82.4%的少数民族大学生表示"很应该"和"应该"。改革开放实施以来,为推进我国少数民族和民族地区社会经济发展注入了强大的动力,极大地改善了少数民族社会生活状况。改革开放作为我国一项基本国策,已普遍得到少数民族大学生的积极认可和接受。

(五)赞同必须妥善处理好改革与社会稳定的关系

表1-3-5

结果 选项	必须妥善处理改革开放与社会发展和稳定的关系					
	很赞同	赞同	不一定	不赞同	很不赞同	合计
人数(人)	738	1419	259	50	20	2491
比例(%)	29.6	57.0	10.4	2.0	0.8	100.0

注:缺失值16,占比0.6%。

改革是中国社会主义现代化建设的动力,发展是中国社会主义现代化建设的目的,稳定是中国社会主义现代化建设的前提,三者共同统一于中国特色社会主义现代化建设的伟大事业之中,不能厚此薄彼,更不能偏废。从表1-3-5中可以看出,少数民族大学生对此有着较为清醒的认识,86.6%的人表示"很赞同"和"赞同"。处理好改革与稳定的关系,必将有力地推动少数民族和少数民族地区社会经济发展,为营造和谐的民族关系,夯实民族团结打下坚实的基础。

(六)认可民族精神与时代精神是和谐统一的

表1-3-6

结果 选项	爱国主义的民族精神和改革开放的时代精神是和谐统一的					
	很赞同	赞同	不一定	不赞同	很不赞同	合计
人数(人)	612	1467	353	56	8	2496
比例(%)	24.5	58.8	14.1	2.2	0.3	100.0

注:缺失值11,占比0.4%。

民族精神是民族文化最本质、最集中的体现;时代精神是一个民族精神风貌的鲜明展现。两者相辅相成,相互促进。调查结果显示,83.3%的少数民族大学生赞同"以爱国主义为核心的民族精神和以改革开放为核心的时代精神是和谐统一"的,不赞同的人仅为2.5%,"以爱国主义为核心的民族精神和以改革开放为核心的时代精神是和谐统一"的观点为少数民族大学生普遍认可。

四 少数民族大学生对社会主义荣辱观认同的调查与分析

在考察少数民族大学生社会主义荣辱观认同状况时,主要设置了"社会主义荣辱观是我国社会生活的主流价值观"、"人生中最大的乐趣在于奉献"、"应该继续坚持勤俭节约、艰苦朴素的优良传统"、"有钱就有一切,有权就掌握真理"、"在公共汽车上应该主动给老、弱、病、残、孕让座"等5个观测指标。

(一)认可社会主义荣辱观是我国社会生活的主流价值观

表1-4-1

结果 选项	社会主义荣辱观是我国社会生活的主流价值观					
	很赞同	赞同	不一定	不赞同	很不赞同	合计
人数(人)	474	1631	293	60	9	2469
比例(%)	19.2	66.1	11.9	2.4	0.4	100.0

注:缺失值38,占比1.5%。

调查结果显示,85.3%的少数民族大学生对"社会主义荣辱观是我国社会生活的主流价值观"持"很赞同"和"赞同"态度,表示"不赞同"和"很不赞同"的只占2.8%。这说明社会主义荣辱观已逐渐融入少数民族大学生的社会生活,得到了少数民族大学生的高度认可，成为衡量评判其社会道德行为的价值准则。

（二）赞同人生中最大的乐趣在于奉献

表1-4-2

结果 选项	人生中最大的乐趣在于奉献					
	很赞同	赞同	不一定	不赞同	很不赞同	合计
人数（人）	424	1274	667	121	12	2498
比例（%）	17.0	51.0	26.7	4.8	0.5	100.0

注：缺失值9，占比0.4%。

调查结果显示，对于"人生中最大的乐趣在于奉献"问题回答上，68.0%的少数民族大学生表示"很赞同"和"赞同"，表示"不赞同"和"很不赞同"的比例仅占5.3%。这说明大部分少数民族大学生认为奉献精神是实现人生价值的必不可少的品质之一。但同时我们也注意到，26.7%的少数民族大学生表示"不一定"，这可能受到了思想文化多元化、市场经济全球化等因素的影响。因此，高校应进一步加强当代大学生的人生观和价值观教育，使其树立积极健康的、符合主流的社会价值观。

（三）认可勤俭节约、艰苦朴素的优良传统

表1-4-3

结果 选项	应该继续坚持勤俭节约、艰苦朴素的优良传统					
	很赞同	赞同	不一定	不赞同	很不赞同	合计
人数（人）	762	1314	343	63	16	2499
比例（%）	30.5	52.6	13.7	2.5	0.6	100.0

注：缺失值8，占比0.3%。

勤俭节约、艰苦朴素是中华民族自古以来的传统美德。调查结果显示，83.1%的少数民族大学生对"应该继续坚持勤俭节约、艰苦朴

素的优良传统"持"很赞同"和"赞同"的态度。持"不赞同"和"很不赞同"的比例仅为3.1%。但也同时看到,受到来自各种社会因素的影响,13.7%的少数民族大学生对"应该坚持勤俭节约、艰苦朴素的优良传统"持"不一定"的态度。

(四) 对"有钱就有一切,有权就掌握真理"的看法持批判态度

表1-4-4

结果 选项	有钱就有一切,有权就掌握真理					
	很不赞同	不赞同	不一定	赞同	非常赞同	合计
人数(人)	651	1116	561	128	43	2499
比例(%)	26.1	44.7	22.4	5.1	1.7	100.0

注:缺失值8,占比0.3%。

调查结果显示,70%以上的少数民族大学生对"有钱就有一切,有权就掌握真理"的看法持批判态度,另有22%以上表示"不一定",仅有6%左右表示赞同。这说明当今少数民族大学生在金钱观、权力观问题上有着较为理性的态度,但还需要进一步加强教育和引导。

(五) 践行社会主义荣辱观的行为倾向具有情境性

表1-4-5

结果 选项	在公共汽车上应该主动给老、弱、病、残、孕让座					
	很应该	应该	不一定	不应该	很不应该	合计
人数(人)	1177	1022	230	40	20	2494
比例(%)	47.2	41.0	9.2	1.6	0.8	100.0

注:缺失值13,占比0.5%。

表1-4-5主要考察了当代少数民族大学生践行社会主义荣辱观的行为倾向。"在公共汽车上应该主动给老、弱、病、残、孕让座"

问题上，88%以上的少数民族大学生认为"很应该"和"应该"，这表明，当代少数民族大学生践行社会主义荣辱观的意向是鲜明的。在调查过程中，我们随机访谈的若干名少数民族大学生中，也证实了这一点。但在"放弃在大城市的工作，去支援边远山区"问题的回答上，大部分少数民族大学生表示不赞同。我们在访谈中了解到，大部分少数民族大学生来自于比较偏僻落后的山区，他们在是否回到家乡，也往往面临"两难"处境。这也从侧面说明了在践行社会主义荣辱观的过程中，人们的行为倾向虽然也具有了人的认知和情感成分，但这种认知和情感是不稳定的，具有较强的情境性。

五 少数民族大学生对社会主义核心价值体系的整体认同状况

在考察少数民族大学生对社会主义核心价值体系的整体认同状况时，主要从社会主义核心价值体系形成的来源、社会主义核心价值体系的发展与建设、树立和践行社会主义核心价值体系的重大意义、认同社会主义核心价值体系、确立社会主义核心价值观五个层面共计11个问题进行观测与分析。通过将少数民族大学生对社会主义核心价值体系的整体认同与其四个层面的认同进行对比，可以进一步分析与印证少数民族大学生对社会主义核心价值体系认同的程度及其可信度。

（一）能正确认识社会主义核心价值体系的内容与形成来源

表 1-5-1

选项 \ 结果	您赞同社会主义核心价值体系的基本内容吗？					
	很赞同	赞同	不一定	不赞同	很不赞同	合计
人数（人）	387	1603	432	68	14	2504
比例（%）	15.4	64.0	17.3	2.7	0.6	100.0

注：缺失值3，占比0.1%。

表 1-5-2

结果 选项	您对"社会主义核心价值体系是在中华民族几千年创造的优秀文化成果、马克思一百多年来所创立的社会主义价值观、中国共产党几十年来创立的社会主义核心价值体系的基本思想基础上所形成的"提法?					
	很赞同	赞同	不一定	不赞同	很不赞同	合计
人数（人）	426	1553	444	62	8	2493
比例（%）	17.1	62.3	17.8	2.5	0.3	100.0

注：缺失值 14，占比 0.6%。

调查结果显示，在"您赞同社会主义核心价值体系的基本内容吗?"选项上，有 1990 名学生表示"很赞同"、"赞同"，占总人数的 79.4%，但也有 17.3%、3.3% 的学生表示"不一定"、"不赞同"与"很不赞同"。对于"社会主义核心价值体系是在中华民族几千年创造的优秀文化成果、马克思一百多年来所创立的社会主义价值观、中国共产党几十年来创立的社会主义核心价值体系的基本思想基础上所形成的"提法，绝大部分少数民族大学生持赞同态度，占到总人数的 79.4%，但也有 17.8%、2.8% 的学生表示"说不清"、"不赞同"与"很不赞同"。这说明，部分少数民族大学生对社会主义核心价值体系的基本内容构成、形成来源还没有深刻的认识，因此必须加强其对社会主义核心价值体系形成的历史背景的学习与教育。

（二）十分关注社会主义核心价值体系的发展与建设

表 1-5-3

结果 选项	您是否关注社会主义核心价值体系的发展?					
	很关注	关注	不一定	不关注	很不关注	合计
人数（人）	288	1416	540	230	21	2495
比例（%）	11.5	56.8	21.6	9.2	0.8	100.0

注：缺失值 12，占比 0.5%。

表1-5-4

结果 选项	您认为推进社会主义核心价值体系大众化建设是否有必要？					
	很有必要	有必要	不一定	不必要	很不必要	合计
人数（人）	494	1621	296	77	12	2500
比例（%）	19.8	64.8	11.8	3.1	0.5	100.0

注：缺失值7，占比0.3%。

表1-5-5

结果 选项	您赞同"各民主党派树立社会主义核心价值体系，就必须坚持中国特色社会主义理论体系，必须坚持中国共产党领导，必须继承和发扬民主党派与中国共产党团结合作的优良传统，必须加强参政党的建设"的说法吗？					
	很赞同	赞同	不一定	不赞同	很不赞同	合计
人数（人）	454	1486	442	100	17	2500
比例（%）	18.2	59.4	17.7	4.0	0.7	100.0

注：缺失值7，占比0.3%。

表1-5-3、1-5-4、1-5-5主要考察了少数民族大学生关于社会主义核心价值体系发展与建设上的态度。调查结果显示，在"关注社会主义核心价值体系的发展"问题上，有68.3%的少数民族大学生表示"很关注"、"关注"；在是否"有必要推进社会主义核心价值体系大众化建设"问题上，84.6%的少数民族大学生表示"很有必要"、"有必要"；在各民主党派树立社会主义核心价值体系问题上，77.6%的少数民族大学生认为各民主党派必须坚持中国特色社会主义理论体系，坚持中国共产党领导，继承和发扬民主党派与中国共产党团结合作的优良传统，加强参政党的建设。这表明，当代少数民族大学生十分关心关注社会主义核心价值体系的建设与发展，认为社会主义核心价值体系的建设与发展不仅是中国共产党的事，也是各民主党派应当积极参与的事情，必须共同推进社会主义核心价值体系的大众化建设。

(三) 能够正确理解树立和践行社会主义核心价值体系的重大意义

表1-5-6

选项 \ 结果	您认为树立和践行社会主义核心价值体系活动对我国文化强国事业的发展					
	作用非常大	作用很大	一般	没有作用	完全没有作用	合计
人数（人）	596	1384	463	34	7	2484
比例（％）	24.0	55.7	18.6	1.4	0.3	100.0

注：缺失值23，占比0.9%。

表1-5-7

选项 \ 结果	您赞同"践行社会主义核心价值体系与我无关，这是共产党的事"的说法吗？					
	很不赞同	不赞同	不一定	赞同	很赞同	合计
人数（人）	582	1314	345	203	47	2491
比例（％）	23.4	52.7	13.8	8.1	2.0	100.0

注：缺失值16，占比0.6%。

表1-5-6、1-5-7主要考察了少数民族大学生关于树立与践行社会主义核心价值体系重大意义上的态度。调查结果显示，在"树立和践行社会主义核心价值体系活动对我国文化强国事业的发展"问题上，有79.7%的少数民族大学生表示"作用非常大"、"作用很大"。文化是民族的血脉，社会价值观念是文化的核心要素。这说明，当代少数民族大学生能正确认识到树立和践行社会主义核心价值体系与我国文化强国事业发展之间的内在紧密关系，因此，在回答"践行社会主义核心价值体系与我无关，是共产党的事"的问题时，76.1%的学生"很不赞同"、"不赞同"。这也充分体现了当代少数民族大学生的社会主义社会价值自信、文化自信。

（四）坚定对社会主义核心价值体系内在本质的追求

表 1-5-8

选项 \ 结果	中国共产党提出的社会主义核心价值体系的提法与当今社会发展相适应吗？					
	很适应	适应	不一定	不适应	很不适应	合计
人数（人）	429	1571	398	75	17	2490
比例（%）	17.2	63.1	16.0	3.0	0.7	100.0

注：缺失值16，占比0.7%。

表 1-5-9

选项 \ 结果	您是否赞成社会主义核心价值体系是我们目前应该坚持与追求的？					
	很赞同	赞同	不一定	不赞同	很不赞同	合计
人数（人）	415	1651	369	44	10	2489
比例（%）	16.7	66.3	14.8	1.8	0.4	100.0

注：缺失值18，占比0.7%。

表1-5-8、1-5-9主要考察了少数民族大学生对社会主义核心价值体系认可与追求上的态度。调查结果显示，在"中国共产党提出的社会主义核心价值体系的提法与当今社会发展相适应"问题上，有80.3%的少数民族大学生表示"很适应"、"适应"；在"社会主义核心价值体系是我们目前应该坚持与追求的"回答上，83.0%的少数民族大学生表示"很赞同"、"赞同"。这说明，社会主义核心价值体系对于推进社会主义社会全面发展与建设，少数民族大学生是高度认可的。实践证明，在社会主义社会现代化建设过程中，社会主义核心价值体系建设、发展与践行是引领中国人民不断走向实现中华民族伟大复兴的"中国梦"，是少数民族大学生不断增强对伟大祖国、中华民族、中华文化、中国共产党、中国特色社会主义认同的强大精神支撑。

(五) 积极确立社会主义核心价值观

表 1-5-10

结果 选项	对"社会主义核心价值观应限于适用党员干部,一般公民的核心价值观应是自由、平等和民主等",您是					
	很不赞同	不赞同	不一定	赞同	很赞同	合计
人数(人)	363	1224	548	333	29	2498
比例(%)	14.5	49.0	21.9	13.3	1.2	100.0

注:缺失值9,占比0.4%。

表 1-5-11

结果 选项	您认为自己是否已经确立了正确的社会主义核心价值观?					
	确立	基本确立	无所谓	没有	说不清	合计
人数(人)	341	1415	284	239	216	2495
比例(%)	13.7	56.7	11.4	9.6	8.7	100.0

注:缺失值12,占比0.5%。

从表1-5-10、1-5-11的调查结果可以看出,在"社会主义核心价值观应限于适用党员干部,一般公民的核心价值观应是自由、平等和民主等"问题上,63.5%和21.9%的少数民族大学生表示"很不赞同"、"不赞同"和"不一定",持"赞同"、"很赞同"的比例占总人数的14.5%,这说明,绝大部分少数民族大学生对社会主义核心价值观的内涵有着正确的认识与理解,但仍有部分少数民族大学生亟须加强社会主义核心价值观的学习与培育。在"是否确立了正确的社会主义核心价值观"问题上,有70.4%的少数民族大学生表示"确立"、"基本确立",而"无所谓""没有"、"说不清"的比例分别占到了总人数的11.4%、9.6%、8.7%;通过对此问题作进一步观测与印证,就可发现绝大部分少数民族大学生正在积极确立或已经确立了社会主义核心价值观,但对持有"无所谓""没有"、"说不清"态度的学生也占到了一定比例,因此,高校要进一步加强社会主义核心价值体系建设，推进少数民族大学生社会主义核心价值观培育与践行。

通过对社会主义核心价值体系形成的来源、社会主义核心价值体系的发展与建设、树立和践行社会主义核心价值体系的重大意义、是否坚定对社会主义核心价值体系内在本质的追求、积极确立社会主义核心价值观五个层面共计 11 个问题作进一步的观测与分析，发现少数民族大学生对社会主义核心价值体系的整体认同度比较高，可信度强。

第二章

少数民族大学生对马克思主义指导思想认同的差异分析

马克思主义是中国共产党的指导思想，是保证中国特色社会主义事业发展方向的根本保障。课题组主要从"毫不动摇地坚持马克思主义在意识形态领域的指导地位"（简称"指导地位"）、"马克思主义已经过时"（简称"过时论"）、"马克思主义对普通老百姓的生活是否有影响"（简称"生活影响"）及对"千年之交，英国BBC公司在全球范围进行网上评选千年最伟大思想家活动，结果得票高居榜首的是马克思的看法？"（简称"伟大思想家"）等几方面来观测少数民族大学生对马克思主义指导思想的认同状况。同时，分别从性别、专业、年级、来源地、民族、就读院校、政治面貌、毕业中学和经济状况等九个方面来深入考察与分析少数民族大学生对马克思主义指导思想认同的差异及其相关性。

一 不同性别少数民族大学生对马克思主义指导思想认同的比较

课题组从性别角度，就不同性别少数民族大学生对马克思主义指导思想认同的现状作一统计分析。

（一）不同性别少数民族大学生与"指导地位"的比较分析

表 2-1-1　不同性别少数民族大学生与"指导地位"的比较分析统计

性别	问题	毫不动摇地坚持马克思主义在意识形态领域的指导地位					合计
		很赞同	赞同	无所谓	不赞同	很不赞同	
男	人数（人）	214	522	179	60	10	985
	比例（%）	21.7	53.0	18.2	6.1	1.0	100.0
女	人数（人）	242	959	198	100	5	1504
	比例（%）	16.1	63.8	13.2	6.7	0.3	100.0
合计	人数（人）	456	1481	377	160	15	2489
	比例（%）	18.3	59.5	15.2	6.4	0.6	100.0
	P = 0.000				$X^2 = 36.663$		

注：缺失值为18，占比0.7%。

如表 2-1-1 所示，在少数民族大学生男生中，对坚持马克思主义在意识形态领域的指导地位表示"很赞同"和"赞同"的分别为 21.7% 和 53.0%，累计占同类受访总人数的 74.7%。在女生中，表示"很赞同"和"赞同"的分别为 16.1% 和 63.8%，累计占同类受访总人数的 79.9%。可见，对马克思主义在意识形态领域中指导地位的认同上，女生的认同度要高于男生，但二者认可强度上，男生要高于女生。同时，男女生中各有 18.2% 和 13.2% 的学生对马克思主义指导地位持模糊态度，有 7% 左右的学生持消极态度。

（二）不同性别少数民族大学生与"过时论"的比较分析

表 2-1-2　不同性别少数民族大学生与"过时论"的比较分析统计

性别	问题	您赞成"马克思主义已经过时了"的观点吗？					合计
		很赞同	赞同	不一定	不赞同	很不赞同	
男	人数（人）	81	224	241	356	88	990
	比例（%）	8.2	22.6	24.3	36.0	8.9	100.0

续表

性别	问题	您赞成"马克思主义已经过时了"的观点吗?					合计
		很赞同	赞同	不一定	不赞同	很不赞同	
女	人数（人）	84	244	360	726	88	1502
	比例（%）	5.6	16.3	24.0	48.3	5.9	100.0
合计	人数（人）	165	468	601	1082	176	2492
	比例（%）	6.6	18.8	24.1	43.4	7.1	100.0
	P = 0.000				$X^2 = 47.821$		

注：缺失值为15，占比0.6%。

如表2-1-2所示，在少数民族大学生男生中，对马克思主义"过时论"表示"很不赞同"和"不赞同"的比例分别为8.9%和36.0%，累计占同类受访总人数的44.9%。女生中，"很不赞同"马克思主义"过时论"的比例占女生总人数的5.9%，持"不赞同"态度的有48.3%，累计占同类受访总人数的54.2%。同时，男女生中各有24%左右的学生对马克思主义"过时论"持摇摆态度，累计有30.8%的男生和21.9%的女生对马克思主义"过时论"持肯定态度。可见，男生与女生对马克思主义理论"过时论"均显示出反对率低的问题。但总体上女生反对马克思主义"过时论"的比例要高于男生。

（三）不同性别少数民族大学生与"生活影响"的比较分析

表2-1-3 不同性别少数民族大学生与"生活影响"的比较分析统计

性别	问题	您对"马克思主义对普通老百姓的生活是否有影响"的看法是					合计
		影响很大	有影响	一般	没影响	说不清	
男	人数（人）	140	453	273	78	44	988
	比例（%）	14.2	45.9	27.6	7.9	4.5	100.0
女	人数（人）	138	733	484	90	57	1502
	比例（%）	9.2	48.8	32.2	6.0	3.8	100.0

续表

性别	问题	您对"马克思主义对普通老百姓的生活是否有影响"的看法是					合计
		影响很大	有影响	一般	没影响	说不清	
合计	人数（人）	278	1186	757	168	101	2490
	比例（%）	11.2	47.6	30.4	6.8	4.1	100.0
	P = 0.000					$X^2 = 22.310$	

注：缺失值为17，占比0.7%。

如表2-1-3所示，在少数民族大学生男生中，对"马克思主义对普通老百姓的生活是否有影响"持"影响很大"和"有影响"的比例分别为14.2%和45.9%，累计占同类受访总人数的60.1%；在女生中持"影响很大"和"有影响"的比例分别为9.2%和48.8%，累计占同类受访总人数的58.0%。同时，分别有12.4%的男生和9.8%的女生对马克思主义影响普通老百姓的生活持怀疑态度。可见，在马克思主义对普通老百姓生活影响的问题回答上，总体上男生与女生均对马克思主义持积极态度，男生的认同度略高于女生，但认同差异不明显。

（四）不同性别少数民族大学生与"伟大思想家"的比较分析

表2-1-4 不同性别少数民族大学生与"伟大思想家"的比较分析统计

性别	问题	您对"千年之交，英国BBC公司在全球范围进行网上评选千年最伟大思想家活动，结果得票高居榜首的是马克思"的看法					合计
		很高兴	高兴	一般	无所谓	说不清	
男	人数（人）	175	333	345	101	33	987
	比例（%）	17.7	33.7	34.9	10.2	3.3	100.0
女	人数（人）	228	567	527	115	66	1503
	比例（%）	15.2	37.7	35.1	7.7	4.4	100.0
合计	人数（人）	403	900	872	216	99	2490
	比例（%）	16.2	36.1	35.0	8.7	4.0	100.0
	P = 0.026					$X^2 = 12.777$	

注：缺失值为17，占比0.6%。

如表 2-1-4 所示,在少数民族大学生男生中,对马克思当选千年最伟大思想家表示"很高兴"和"高兴"的比例分别为 17.7% 和 33.7%,累计占同类受访总人数的 51.4%。在女生中,分别有 15.2% 和 37.7% 的学生对马克思当选千年最伟大思想家表示"很高兴"与"高兴",占受访女生总人数的 52.9%。可见,少数民族大学生中男生与女生对马克思当选千年最伟大思想家看法较为一致。同时,仍有部分少数民族大学生对此表示无所谓或消极态度。

从以上结论可以看出,总体上不同性别少数民族大学生对马克思主义指导思想的认同上基本保持一致,性别因素对马克思主义指导思想的认同差异并不明显,但在具体的维度中,尚有一定区别。在对马克思主义在意识形态领域中指导地位的认同上,男女生基本一致;在对马克思主义"过时论"的问题上,女生的反对率要高于男生;在马克思主义对普通老百姓生活影响的问题上,男生的认同略高于女生;在马克思当选千年最伟大思想家的问题上,二者基本一致。但在马克思主义"过时论"及马克思主义对普通老百姓生活的影响问题上,部分少数民族大学生对此缺乏科学认识,应当引起重视。

二 不同专业少数民族大学生对马克思主义指导思想认同的比较

课题组从少数民族大学生就读专业的角度,针对不同专业少数民族大学生对马克思主义指导思想的认同现状作一统计分析。

(一) 不同专业少数民族大学生与"指导地位"的比较分析

表 2-2-1 不同专业少数民族大学生与"指导地位"的比较分析统计

专业	问题	毫不动摇地坚持马克思主义在意识形态领域的指导地位					合计
		很赞同	赞同	无所谓	不赞同	很不赞同	
文科类	人数(人)	287	804	166	75	10	1342
	比例(%)	21.4	59.9	12.4	5.6	0.8	100.0

续表

专业	问题	毫不动摇地坚持马克思主义在意识形态领域的指导地位					合计
		很赞同	赞同	无所谓	不赞同	很不赞同	
理工类	人数（人）	169	663	207	84	5	1128
	比例（%）	15.0	58.8	18.4	7.5	0.4	100.0
合计	人数（人）	456	1467	374	159	15	2471
	比例（%）	18.5	59.4	15.1	6.4	0.6	100.0
	P = 0.000				$X^2 = 38.056$		

注：缺失值36，占比1.4%。

如表2-2-1数据显示，少数民大学生专业类别为文科的学生中，对毫不动摇地坚持马克思主义在意识形态领域的指导地位表示"很赞同"和"赞同"的比例分别为21.4%和59.9%，累计占同类受访总人数的81.3%。在理工类专业中，表示"很赞同"和"赞同"的比例分别为15.0%和58.8%，累计占同类受访总人数的73.8%。可见，少数民族大学生对马克思主义在意识形态领域中的指导地位都比较认同，但在认同度上文科要高于理工科。

（二）不同专业少数民族大学生与"过时论"的比较分析

表2-2-2　不同专业少数民族大学生与"过时论"的比较分析统计

专业	问题	您赞成"马克思主义已经过时了"的观点吗？					合计
		很赞同	赞同	不一定	不赞同	很不赞同	
文科类	人数（人）	82	182	297	646	133	1340
	比例（%）	6.1	13.6	22.2	48.2	9.9	100.0
理工类	人数（人）	83	281	300	427	42	1133
	比例（%）	7.3	24.8	26.5	37.7	3.7	100.0
合计	人数（人）	165	463	598	1073	175	2474
	比例（%）	6.7	18.7	24.2	43.4	7.1	100.0
	P = 0.000				$X^2 = 99.727$		

注：缺失值为33，占比1.3%。

如表 2-2-2 数据显示，少数民族大学生中文科类学生对马克思主义"过时论"表示"不赞同"、"很不赞同"和"不一定"的比例分别为 48.2%、9.9% 和 22.2%，累计占同类受访总人数的 80.3%。理工类学生对马克思主义"过时论"表示"不赞同"、"很不赞同"和"不一定"的分别占受访理工类学生总人数的 37.7%、3.7% 和 26.5%，累计占同类受访总人数的 67.9%。可见，不同专业少数民族大学生对马克思主义"过时论"总体持反对意见。但文科类少数民族大学生比理工类少数民族大学生反对比例更高。

（三）不同专业少数民族大学生与"生活影响"的比较分析

表 2-2-3　不同专业少数民族大学生与"生活影响"的比较分析统计

专业	问题	您对"马克思主义对普通老百姓的生活是否有影响"的看法是					合计
		影响很大	有影响	一般	没影响	说不清	
文科类	人数（人）	149	650	415	79	46	1339
	比例（%）	11.1	48.5	31.0	5.9	3.4	100.0
理工类	人数（人）	129	526	339	87	52	1133
	比例（%）	11.4	46.4	29.9	7.7	4.6	100.0
合计	人数（人）	278	1176	754	167	98	2473
	比例（%）	11.2	47.6	30.5	6.8	4.0	100.0

$P = 0.012$　　　　　　　　　　　　　　$X^2 = 19.600$

注：缺失值为 34，占比 1.4%。

调查显示，对"马克思主义对普通老百姓的生活是否有影响"持"影响很大"态度的文科类学生占同类受访总人数的 11.1%，理工类学生占同类受访总人数的 11.4%；表示"有影响"的文科类学生占同类受访总人数的 48.5%，理工类学生占同类受访总人数的 46.4%。累计分别有 59.6% 和 57.8% 的文科类和理工类学生表示认同"马克思主义对普通老百姓的生活有影响"。在文科类、理工类学生中，分别有 9.3% 和 12.3% 的少数民族大学生对此持消极态度。

(四）不同专业少数民族大学生与"伟大思想家"的比较分析

表2-2-4　不同专业少数民族大学生与"伟大思想家"的比较分析统计

专业	问题	您对"千年之交，英国BBC公司在全球范围进行网上评选千年最伟大思想家活动，结果得票高居榜首的是马克思"的看法					合计
		很高兴	高兴	一般	无所谓	说不清	
文科类	人数（人）	256	482	436	121	46	1341
	比例（%）	19.1	35.9	32.5	9.0	3.4	100.0
理工类	人数（人）	143	416	425	93	53	1130
	比例（%）	12.6	36.8	37.6	8.2	4.7	100.0
合计	人数（人）	399	898	861	214	99	2471
	比例（%）	16.1	36.3	34.9	8.7	4.0	100.0
		$P = 0.003$			$X^2 = 26.364$		

注：缺失值为36，占比1.4%。

调查显示，在受访的文科类专业少数民族大学生中，对马克思当选千年最伟大思想家表示"很高兴"和"高兴"的比例分别占文科类专业总人数的19.1%和35.9%，累计占比55.0%的文科类专业少数民族大学生对此事件持肯定态度。在受访的理工类专业的少数民族大学生中，对此表示"很高兴"和"高兴"的比例分别占受访理工类学生总人数的12.6%和36.8%，占比49.4%的理工类专业少数民族大学生对此事持肯定态度，其认同比例低于文科类少数民族大学生。

从以上结论中可以看出，不同学科背景的少数民族大学生对于社会主义核心价值体系的认同度不一。总体上，文科类少数民族大学生对马克思主义指导思想的认同度要高于理工类专业的少数民族大学生。

三 不同年级少数民族大学生对马克思主义指导思想认同的比较

课题组就不同年级少数民族大学生对马克思主义指导思想的认同状况作一对比分析。

(一) 不同年级少数民族大学生与"指导地位"的比较分析

表2-3-1 不同年级少数民族大学生与"指导地位"的比较分析统计

年级	问题	毫不动摇地坚持马克思主义在意识形态领域的指导地位					合计
		很赞同	赞同	无所谓	不赞同	很不赞同	
大一	人数(人)	177	410	66	41	5	699
	比例(%)	25.3	58.7	9.4	5.9	0.7	100.0
大二	人数(人)	119	477	145	48	6	795
	比例(%)	15.0	60.0	18.2	6.0	0.8	100.0
大三	人数(人)	150	570	149	62	4	935
	比例(%)	16.0	61.0	15.9	6.6	0.4	100.0
大四	人数(人)	10	23	16	8	0	57
	比例(%)	17.5	40.4	28.1	14.0	0.0	100.0
合计	人数(人)	456	1480	376	159	15	2486
	比例(%)	18.3	59.5	15.2	6.4	0.6	100.0
	$P = 0.000$					$X^2 = 69.491$	

注:缺失值21,占比0.8%。

调查结果显示,大一、大二、大三、大四学生对马克思主义指导地位表示认同的累计百分比分别为84.0%、75.0%、77.0%和57.9%,可见,少数民族大学生对马克思主义指导地位认同度较高。但少数民族大学生对马克思主义指导地位的认同随就读年级的增高而呈降低态势,且大一年级认同度最高,大四年级认同度最低。

(二) 不同年级少数民族大学生与"过时论"的比较分析

表2-3-2　不同年级少数民族大学生与"过时论"的比较分析统计

年级	问题	您赞成"马克思主义已经过时了"的观点吗?					合计
		很赞同	赞同	不一定	不赞同	很不赞同	
大一	人数 (人)	59	93	149	331	68	700
	比例 (%)	8.4	13.3	21.3	47.3	9.7	100.0
大二	人数 (人)	44	194	208	305	44	795
	比例 (%)	5.5	24.4	26.2	38.4	5.5	100.0
大三	人数 (人)	57	173	233	418	56	937
	比例 (%)	6.1	18.5	24.9	44.6	6.0	100.0
大四	人数 (人)	5	7	11	28	6	57
	比例 (%)	8.8	12.3	19.3	49.1	10.5	100.0
合计	人数 (人)	165	467	600	1082	175	2489
	比例 (%)	6.6	18.8	24.1	43.5	7.0	100.0
	$P = 0.000$				$X^2 = 69.364$		

注: 缺失值为18, 占比0.7%。

调查结果显示, 大一、大二、大三、大四不同年级少数民族大学生对马克思主义"过时论"表示不认同的比例分别为57.0%、43.9%、50.6%和59.6%。可以看出, 半数以上的少数民族大学生对马克思主义有科学认识, 强烈反对马克思主义"过时论"的说法; 同时, 也有占总人数24.1%的少数民族大学生对马克思主义"过时论"持模糊态度。在年级区别上, 大一、大四年级少数民族大学生对马克思主义"过时论"的"不认同"度较大二、大三学生要高。

（三）不同年级少数民族大学生与"生活影响"的比较分析

表 2-3-3　不同年级少数民族大学生与"生活影响"的比较分析统计

年级	问题	您对"马克思主义对普通老百姓的生活是否有影响"的看法是					合计
		影响很大	有影响	一般	没影响	说不清	
大一	人数（人）	101	344	191	34	26	696
	比例（%）	14.5	49.4	27.4	4.9	3.7	100.0
大二	人数（人）	89	391	235	54	28	797
	比例（%）	11.2	49.1	29.5	6.8	3.5	100.0
大三	人数（人）	83	421	321	70	42	937
	比例（%）	8.9	44.9	34.3	7.5	4.5	100.0
大四	人数（人）	5	28	10	9	5	57
	比例（%）	8.8	49.1	17.5	15.8	8.8	100.0
合计	人数（人）	278	1184	756	168	101	2487
	比例（%）	11.2	47.6	30.4	6.8	4.1	100.0

$P = 0.000$　　　　　　　　　$X^2 = 53.216$

注：缺失值为20，占比0.8%。

调查显示，大一、大二、大三、大四认同马克思主义对普通老百姓生活有影响的学生占比分别为63.9%、60.3%、53.8%和57.9%。可见，总体上少数民族大学生认为马克思主义对普通老百姓生活有影响的认同比例随就读年级的增长而降低，其中认同度最低的是大三年级，大四学生认同有所上升，但仍低于平均认同水平。

（四）不同年级少数民族大学生与"伟大思想家"的比较分析

表 2-3-4　不同年级少数民族大学生与"伟大思想家"的比较分析统计

年级	问题	您对"千年之交，英国BBC公司在全球范围进行网上评选千年最伟大思想家活动，结果得票高居榜首的是马克思"的看法					合计
		很高兴	高兴	一般	无所谓	说不清	
大一	人数（人）	159	237	243	32	28	699
	比例（%）	22.8	33.9	34.8	4.6	4.0	100.0

续表

年级	问题	您对"千年之交，英国BBC公司在全球范围进行网上评选千年最伟大思想家活动，结果得票高居榜首的是马克思"的看法					合计
		很高兴	高兴	一般	无所谓	说不清	
大二	人数（人）	109	308	285	67	25	795
	比例（%）	13.7	38.7	35.9	8.4	3.1	100.0
大三	人数（人）	130	330	326	110	41	937
	比例（%）	13.9	35.2	34.8	11.7	4.4	100.0
大四	人数（人）	5	23	19	6	4	57
	比例（%）	8.8	40.4	33.3	10.5	7.0	100.0
合计	人数（人）	403	898	873	216	98	2488
	比例（%）	16.2	36.1	35.1	8.7	3.9	100.0

$P = 0.000$ $X^2 = 69.508$

注：缺失值19，占比0.7%。

调查结果显示，大一、大二、大三、大四对马克思千年最伟大思想家历史地位表示认同的占比分别为56.7%、52.4%、49.1%和49.2%。可见，近半数以上的少数民族大学生对马克思作为千年最伟大思想家的历史地位表示认同。从总体上看，少数民族大学生对马克思是千年最伟大思想家历史地位的认同随其就读年级的升高有所降低。

从以上可以看出，少数民族大学生对马克思主义的认同度较高，但存在少部分的少数民族大学生对马克思主义表示无所谓的态度，也存在极少数的少数民族大学生对马克思主义表示怀疑或反对。在年级区别上，就读于大一年级的少数民族大学生对马克思主义的认同度最高。总体上，少数民族大学生对马克思主义的认同随就读年级的升高而呈降低的趋势。

四 不同地域少数民族大学生对马克思主义指导思想认同的比较

课题组以不同区域为划分，对来自于不同区域的少数民族大学生

第二章　少数民族大学生对马克思主义指导思想认同的差异分析 / 65

就马克思主义指导思想的认同现状作一对比分析。

（一）不同地域来源少数民族大学生与"指导地位"的比较分析

表 2 - 4 - 1　不同地域来源少数民族大学生与"指导地位"的比较分析统计

来源地	问题	毫不动摇地坚持马克思主义在意识形态领域的指导地位					合计
		很赞同	赞同	无所谓	不赞同	很不赞同	
少数民族聚居区县城及以上城市	人数（人）	184	532	139	64	3	922
	比例（%）	20.0	57.7	15.1	6.9	0.3	100.0
少数民族聚居区乡镇或农村	人数（人）	120	451	91	37	3	702
	比例（%）	17.1	64.3	13.0	5.3	0.4	100.0
少数民族散杂居县城及以上城市	人数（人）	74	201	76	26	4	381
	比例（%）	19.4	52.8	20.0	6.8	1.1	100.0
少数民族散杂居乡镇或农村	人数（人）	58	248	56	29	5	396
	比例（%）	14.7	62.6	14.1	7.3	1.3	100.0
合计	人数（人）	436	1432	362	156	15	2401
	比例（%）	18.1	59.7	15.1	6.5	0.6	100.0
	$P = 0.022$				$X^2 = 29.299$		

注：缺失值为 106，占比 4.1%。

如表 2 - 4 - 1 所示，来自于不同区域的少数民族大学生中，累计有 77.8% 的少数民族大学生对马克思主义在意识形态领域中的指导地位表示认同。在来自民族聚居区的少数民族大学生中，县城及以上城市 77.7% 的少数民族大学生和来自乡镇或农村 81.4% 的少数民族大学生对马克思主义在意识形态中的指导地位表示认同；在来自民族散杂居的少数民族大学生中，有 72.2% 的来自县城及以上城市的少数民族大学生和来自乡镇或农村 77.3% 的少数民族大学生对马克思主义指导地位表示认同。可见，来自不同区域的少数民族大学生对马克思主义在意识形态领域中的指导地位认同差异并不明显，认同度都较高。

（二）不同地域来源少数民族大学生与"过时论"的比较分析

表2-4-2　不同地域来源少数民族大学生与"过时论"的比较分析统计

问题 来源地		您赞成"马克思主义已经过时了"的观点吗？					合计
		很赞同	赞同	不一定	不赞同	很不赞同	
少数民族聚居区县城及以上城市	人数（人）	88	184	232	360	60	924
	比例（%）	9.5	19.9	25.1	39.0	6.5	100.0
少数民族聚居区乡镇或农村	人数（人）	46	155	157	299	45	702
	比例（%）	6.6	22.1	22.4	42.6	6.4	100.0
少数民族散杂居县城及以上城市	人数（人）	15	66	110	159	32	382
	比例（%）	3.9	17.3	28.8	41.6	8.4	100.0
少数民族散杂居乡镇或农村	人数（人）	14	55	80	220	28	397
	比例（%）	3.5	13.9	20.2	55.4	7.1	100.0
合计	人数（人）	163	460	579	1038	165	2405
	比例（%）	6.9	19.1	24.1	43.1	6.9	100.0
P=0.000						$X^2=84.931$	

注：缺失值为102，占比4%。

如表2-4-2所示，来自于少数民族聚居区的少数民族大学生中，居住于聚居区县城及以上城市与乡镇或农村的少数民族大学生对马克思主义"过时论"表示"很不赞同"和"不赞同"的分别占同类受访总人数的45.5%和49.0%。来自少数民族散杂居的少数民族大学生中，居住于县城及以上城市与乡镇或农村的少数民族大学生对马克思主义"过时论"表示"很不赞同"和"不赞同"的分别占同类受访总人数的50.0%和62.5%。可见，同一类型区域中，来自乡镇或农村的少数民族大学生对马克思主义"过时论"的反对比例要高于县城及以上城市；在同一经济发展水平的区域上，来自少数民族散杂居地区的少数民族大学生对马克思主义"过时论"的反对比例要高于来自少数民族聚居区的少数民族大学生。

（三）不同地域来源少数民族大学生与"生活影响"的比较分析

表2-4-3 不同地域来源少数民族大学生与"生活影响"的比较分析统计

来源地	问题	您对"马克思主义对普通老百姓的生活是否有影响"的看法是					合计
		影响很大	有影响	一般	没影响	说不清	
少数民族聚居区县城及以上城市	人数（人）	107	448	263	59	44	921
	比例（%）	11.6	48.6	28.6	6.4	4.8	100.0
少数民族聚居区乡镇或农村	人数（人）	79	358	203	44	20	704
	比例（%）	11.2	50.9	28.8	6.3	2.8	100.0
少数民族散杂居县城及以上城市	人数（人）	53	169	118	31	10	381
	比例（%）	13.9	44.4	31.0	8.1	2.6	100.0
少数民族散杂居乡镇或农村	人数（人）	30	171	144	29	21	395
	比例（%）	7.6	43.3	36.5	7.3	5.3	100.0
合计	人数（人）	269	1146	728	163	95	2402
	比例（%）	11.3	47.7	30.3	6.8	4.0	100.0
$P = 0.000$					$X^2 = 42.528$		

注：缺失值106，占比4.1%。

如表2-4-3所示，少数民族聚居区县城及以上城市、乡镇或农村居住的少数民族大学生就马克思主义对普通老百姓生活有影响表示认同的比例分别为60.2%和62.1%；少数民族散杂居县城及以上城市、乡镇或农村居住的少数民族大学生就马克思主义对普通老百姓生活有影响表示认同的分别为58.3%和50.9%。可见，来自于少数民族聚居区的少数民族大学生就马克思主义对普通老百姓生活有影响的认同度要高于少数民族散杂居的少数民族大学生；在少数民族聚居区，居住于县城及以上城市的少数民族大学生就马克思主义对普通老百姓生活有影响的认同度要低于居住于乡镇或农村的少数民族大学生；在少数民族散杂居居住的少数民族大学生则反之，居住于县城及以上城市的少数民族大学生就马克思主义对普通老百姓生活有影响的认同度要高于居住于乡镇或农村的少数民族大学生。

（四）不同地域来源少数民族大学生与"伟大思想家"的比较分析

表2-4-4　不同地域来源少数民族大学生与"伟大思想家"的比较分析统计

来源地	问题	您对"千年之交，英国BBC公司在全球范围进行网上评选千年最伟大思想家活动，结果得票高居榜首的是马克思"的看法					合计
		很高兴	高兴	一般	无所谓	说不清	
少数民族聚居区县城及以上城市	人数（人）	179	322	309	79	34	923
	比例（%）	19.4	34.9	33.5	8.6	3.7	100.0
少数民族聚居区乡镇或农村	人数（人）	93	272	267	50	20	702
	比例（%）	13.3	38.8	38.0	7.1	2.9	100.0
少数民族散杂居县城及以上城市	人数（人）	65	122	134	44	17	383
	比例（%）	17.0	31.9	35.0	11.5	4.4	100.0
少数民族散杂居乡镇或农村	人数（人）	53	152	130	35	25	395
	比例（%）	13.4	38.5	32.9	8.9	6.3	100.0
合计	人数（人）	390	868	840	208	96	2402
	比例（%）	16.2	36.2	34.9	8.7	4.0	100.0
P = 0.003					$X^2 = 41.233$		

注：缺失值为105，占比4.1%。

如表2-4-4所示，少数民族聚居区县城及以上城市、乡镇或农村少数民族大学生对马克思是千年最伟大思想家的观点表示认同的分别为54.3%和52.1%，少数民族散杂居县城及以上城市、乡镇或农村少数民族大学生对马克思是千年最伟大思想家的观点表示认同的比例分别为48.9%和51.9%。可见，少数民族聚居区少数民族大学生对马克思千年最伟大思想家的认同度要高于少数民族散杂居的少数民族大学生，但总体偏低。

以上以少数民族大学生不同地域来源为区分，对不同地域来源少数民族大学生就马克思主义认同现状作了比较分析。总体而言，来自少数民族聚居区的少数民族大学生对马克思主义指导思想的认同度要高于来自少数民族散杂居区的少数民族大学生；在少数民族聚居区，居住于乡镇或农村的少数民族大学生对马克思主义指导思想的认同度要高于居住于县城及以上城市的少数民族大学生，在少数民族散杂居区也同样如此。

五　不同民族少数民族大学生对马克思主义指导思想认同的比较

课题组选取调查样本中人数比例较高的藏族、哈萨克族、回族、满族、蒙古族、苗族、土家族、维吾尔族、瑶族及壮族等10个民族共计2075名少数民族大学生进行比较分析。

（一）不同民族少数民族大学生与"指导地位"的比较分析

调查结果显示（见表2-5-1），不同民族少数民族大学生对马克思主义在意识形态领域中的指导地位认同度较高，共计1636人，占比79.1%。但不同民族少数民族大学生对马克思主义指导地位的认同度差异显著，在对"坚持马克思主义指导地位"的问题上，认同度比例由高到低顺序依次是藏族（86.7%）、蒙古族（84.7%）、回族（83.6%）、哈萨克族（82.0%）、苗族（78.4%）、维吾尔族（76.8%）、瑶族（76.7%）、壮族（76.4%）、土家族（70.2%）、满族（69.8%）。而对此持否定态度的仅占5.6%，另有15.2%的少数民族大学生对此态度模糊。

表 2-5-1　不同民族少数民族大学生与"指导地位"的比较分析统计

民族	问题	毫不动摇地坚持马克思主义在意识形态领域的指导地位					合计
		很赞同	赞同	无所谓	不赞同	很不赞同	
藏族	人数（人）	70	211	37	6	0	324
	比例（%）	21.6	65.1	11.4	1.9	0.0	100.0
哈萨克族	人数（人）	8	42	7	3	1	61
	比例（%）	13.1	68.9	11.5	4.9	1.6	100.0
回族	人数（人）	60	170	29	13	3	275
	比例（%）	21.8	61.8	10.5	4.7	1.1	100.0
满族	人数（人）	8	50	17	8	0	83
	比例（%）	9.6	60.2	20.5	9.6	0.0	100.0
蒙古族	人数（人）	14	36	4	4	1	59
	比例（%）	23.7	61.0	6.8	6.8	1.7	100.0
苗族	人数（人）	55	181	45	20	0	301
	比例（%）	18.3	60.1	15.0	6.6	0.0	100.0
土家族	人数（人）	23	55	18	14	1	111
	比例（%）	20.7	49.5	16.2	12.6	0.9	100.0
维吾尔族	人数（人）	28	174	46	13	2	263
	比例（%）	10.6	66.2	17.5	4.9	0.8	100.0
瑶族	人数（人）	8	58	13	5	2	86
	比例（%）	9.3	67.4	15.1	5.8	2.3	100.0

续表

民族	问题	毫不动摇地坚持马克思主义在意识形态领域的指导地位					合计
		很赞同	赞同	无所谓	不赞同	很不赞同	
壮族	人数（人）	74	311	99	13	7	504
	比例（%）	14.7	61.7	19.6	2.6	1.4	100.0
合计	人数（人）	348	1288	315	99	17	2067
	比例（%）	16.8	62.3	15.2	4.8	0.8	100.0
	$X^2 = 92.683$					$P = 0.000$	

注：缺失值为8，占比0.4%。

（二）不同民族少数民族大学生与"过时论"的比较分析

调查结果显示（见表2-5-2），不同民族少数民族大学生对马克思主义过时论表示否定的比例比较高，表示"很不赞同"和"不赞同"的比例分别为8.1%和51.4%，而表示"不一定"的比例则为21.7%。但不同民族少数民族大学生对马克思主义过时论的反对态度差异显著，在对"您赞成'马克思主义已经过时了'的观点吗"的问题上，反对态度比例由高到低顺序依次是回族（73.0%）、壮族（64.3%）、满族（59.0%）、瑶族（58.2%）、苗族（57.7%）、蒙古族（57.7%）、哈萨克族（55.7%）、维吾尔族（55.5%）、土家族（53.1%）、藏族（49.4%）。但这10个民族中的少数民族大学生对马克思主义"过时论"持肯定态度的也占到了总人数的18.7%。

表2-5-2 不同民族少数民族大学生与"过时论"的比较分析统计

民族	问题	您赞成"马克思主义已经过时了"的观点吗？					合计
		很赞同	赞同	不一定	不赞同	很不赞同	
藏族	人数（人）	25	86	54	153	8	326
	比例（%）	7.7	26.4	16.6	46.9	2.5	100.0

续表

民族	问题	您赞成"马克思主义已经过时了"的观点吗？					合计
		很赞同	赞同	不一定	不赞同	很不赞同	
哈萨克族	人数（人）	1	14	12	28	6	61
	比例（%）	1.6	23.0	19.7	45.9	9.8	100.0
回族	人数（人）	10	25	40	170	32	277
	比例（%）	3.6	9.0	14.4	61.4	11.6	100.0
满族	人数（人）	4	6	24	41	8	83
	比例（%）	4.8	7.2	28.9	49.4	9.6	100.0
蒙古族	人数（人）	5	9	11	29	5	59
	比例（%）	8.5	15.3	18.6	49.2	8.5	100.0
苗族	人数（人）	8	45	72	138	33	296
	比例（%）	2.7	15.2	24.3	46.6	11.1	100.0
土家族	人数（人）	7	14	31	51	8	111
	比例（%）	6.3	12.6	27.9	45.9	7.2	100.0
维吾尔族	人数（人）	5	39	73	125	21	263
	比例（%）	1.9	14.8	27.8	47.5	8.0	100.0
瑶族	人数（人）	6	11	19	46	4	86
	比例（%）	7.0	12.8	22.1	53.5	4.7	100.0
壮族	人数（人）	22	45	114	283	43	507
	比例（%）	4.3	8.9	22.5	55.8	8.5	100.0

续表

民族	问题	您赞成"马克思主义已经过时了"的观点吗?					合计
		很赞同	赞同	不一定	不赞同	很不赞同	
合计	人数（人）	93	294	450	1064	168	2069
	比例（%）	4.5	14.2	21.7	51.4	8.1	100.0
	$X^2 = 129.741$					$P = 0.000$	

注：缺失值为6，占比0.3%。

（三）不同民族少数民族大学生与"生活影响"的比较分析

调查结果显示（见表2-5-3），不同民族少数民族大学生对"马克思主义对普通老百姓的生活是否有影响"问题回答持"影响很大"、"有影响"共计1191人，占比57.8%。表明在"马克思主义对普通老百姓生活是否有影响"问题上，不同民族少数民族大学生认为马克思主义对老百姓生活的影响不足，但其差异化也较为明显。其中哈萨克族（72.4%）大学生认为马克思主义对普通老百姓的生活影响较大，其次是回族（64.9%）、蒙古族（59.4%）、维吾尔族（59.1%）、藏族（59.1%）、壮族（56.8%）、瑶族（55.8%）、满族（50.6%）、土家族（49.5%）。而对此持否定态度的占到了12.3%，另有29.9%的少数民族大学生对此态度模糊。

表2-5-3 不同民族少数民族大学生与"生活影响"的比较分析统计

民族	问题	您对"马克思主义对普通老百姓的生活是否有影响"的看法是					合计
		影响很大	有影响	一般	没影响	说不清	
藏族	人数（人）	10	182	88	23	22	325
	比例（%）	3.1	56.0	27.1	7.1	6.8	100.0
哈萨克族	人数（人）	3	39	12	2	2	58
	比例（%）	5.2	67.2	20.7	3.4	3.4	100.0

续表

民族	问题	您对"马克思主义对普通老百姓的生活是否有影响"的看法是					合计
		影响很大	有影响	一般	没影响	说不清	
回族	人数（人）	33	145	76	14	6	274
	比例（%）	12.0	52.9	27.7	5.1	2.2	100.0
满族	人数（人）	10	32	37	4	0	83
	比例（%）	12.0	38.6	44.6	4.8	0.0	100.0
蒙古族	人数（人）	6	29	16	5	3	59
	比例（%）	10.2	49.2	27.1	8.5	5.1	100.0
苗族	人数（人）	38	118	94	26	20	296
	比例（%）	12.8	39.9	31.8	8.8	6.8	100.0
土家族	人数（人）	11	44	38	11	7	111
	比例（%）	9.9	39.6	34.2	9.9	6.3	100.0
维吾尔族	人数（人）	25	130	75	20	12	262
	比例（%）	9.5	49.6	28.6	7.6	4.6	100.0
瑶族	人数（人）	8	40	26	12	0	86
	比例（%）	9.3	46.5	30.2	14.0	0.0	100.0
壮族	人数（人）	46	242	154	25	40	507
	比例（%）	9.1	47.7	30.4	4.9	7.9	100.0
合计	人数（人）	190	1001	616	142	112	2061
	比例（%）	9.2	48.6	29.9	6.9	5.4	100.0

$X^2 = 87.730$ $P = 0.000$

注：缺失值为14，占比0.7%。

(四）不同民族少数民族大学生与"伟大思想家"的比较分析

调查结果显示（见表2-5-4），不同民族少数民族大学生对马克思被评选为千年最伟大思想家持"很高兴"、"高兴"的共计1073人，占比52.0%。总体上少数民族大学生对马克思当选"千年最伟大思想家"关心程度明显不足，表明不同民族少数民族大学生对马克思本人及其事迹还缺乏深入的认知。但在该问题上不同民族少数民族大学生表现出一定的差异性，认同度比例由高到低顺序依次是回族（57.6%）、土家族（57.6%）、藏族（55.8%）、满族（55.5%）、瑶族（54.6%）、壮族（52.4%）、苗族（48.2%）、哈萨克族（45.9%）、维吾尔族（43.4%）、蒙古族（42.4%）。而对此持否定态度占到了12.8%，另有35.3%的少数民族大学生对此态度模糊。

表2-5-4 不同民族少数民族大学生与"伟大思想家"的比较分析统计

民族	问题	您对"千年之交，英国BBC公司在全球范围进行网上评选千年最伟大思想家活动，结果得票高居榜首的是马克思"的看法					合计
		很高兴	高兴	一般	无所谓	说不清	
藏族	人数（人）	48	134	109	11	24	326
	比例（%）	14.7	41.1	33.4	3.4	7.4	100.0
哈萨克族	人数（人）	8	20	29	3	1	61
	比例（%）	13.1	32.8	47.5	4.9	1.6	100.0
回族	人数（人）	51	108	84	20	13	276
	比例（%）	18.5	39.1	30.4	7.2	4.7	100.0
满族	人数（人）	12	33	23	9	4	81
	比例（%）	14.8	40.7	28.4	11.1	4.9	100.0

续表

民族 \ 问题		您对"千年之交,英国BBC公司在全球范围进行网上评选千年最伟大思想家活动,结果得票高居榜首的是马克思"的看法					合计
		很高兴	高兴	一般	无所谓	说不清	
蒙古族	人数(人)	8	17	30	2	2	59
	比例(%)	13.6	28.8	50.8	3.4	3.4	100.0
苗族	人数(人)	46	98	118	31	6	299
	比例(%)	15.4	32.8	39.5	10.4	2.0	100.0
土家族	人数(人)	17	47	27	11	9	111
	比例(%)	15.3	42.3	24.3	9.9	8.1	100.0
维吾尔族	人数(人)	18	95	90	43	14	260
	比例(%)	6.9	36.5	34.6	16.5	5.4	100.0
瑶族	人数(人)	10	37	30	9	0	86
	比例(%)	11.6	43.0	34.9	10.5	0.0	100.0
壮族	人数(人)	91	175	190	42	9	507
	比例(%)	17.9	34.5	37.5	8.3	1.8	100.0
合计	人数(人)	309	764	730	181	82	2066
	比例(%)	15.0	37.0	35.3	8.8	4.0	100.0
		$X^2 = 104.703$			$P = 0.000$		

注:缺失值为9,占比0.4%。

从以上结论中可以看出,总体上不同民族少数民族大学生对马克思主义指导思想的认同较高,但在具体的维度中,尚有一定区别。在马克思主义对普通老百姓生活的影响以及马克思本人的世界地位问题上,仍有为数不少的少数民族大学生对此缺乏科学认识,这是应当值得我们注意的。

六　不同院校少数民族大学生对马克思主义指导思想认同的比较

课题组以"民族院校"和"非民族院校"为区分,以实地调研数据为基础,探析不同院校少数民族大学生对马克思主义指导思想认同的相关性及其差异。

(一) 不同院校少数民族大学生与"指导地位"的比较分析

表2-6-1　不同院校少数民族大学生与"指导地位"的比较分析统计

院校类别	问题	毫不动摇地坚持马克思主义在意识形态领域的指导地位					合计
		很赞同	赞同	无所谓	不赞同	很不赞同	
民族院校	人数(人)	333	1067	240	115	14	1769
	比例(%)	18.8	60.3	13.6	6.5	0.8	100.0
非民族院校	人数(人)	120	409	130	37	1	697
	比例(%)	17.2	58.7	18.7	5.3	0.1	100.0
合计	人数(人)	453	1476	370	152	15	2476
	比例(%)	18.3	59.6	15.2	6.3	0.6	100.0
$P=0.000$					$X^2=44.383$		

注:缺失值为41,占比1.6%。

数据显示,不同院校类别少数民族大学生,对马克思主义在意识形态领域中的指导地位表示"很赞同"、"赞同"的有1929人,累计占比77.9%,说明不同院校类别少数民族大学生对马克思主义在意识形态中的指导地位认同度较高。来自民族院校的少数民族大学生,对马克思主义在意识形态领域中的指导地位表示"很赞同"和"赞同"占同类受访总人数的79.1%。来自非民族院校的少数民族大学生中,对马克思主义在意识形态领域中的指导地位表示"很赞同"和"赞同"的占同类受访总人数的75.9%。可见,在民族院校就读的少数民族大学生的认同度要高于非民族院校的少数民族大学生,但差异不明显。

(二)不同院校少数民族大学生与"过时论"的比较分析

表2-6-2 不同院校少数民族大学生与"过时论"的比较分析统计

院校类别	问题	您赞成"马克思主义已经过时了"的观点吗?					合计
		很赞同	赞同	不一定	不赞同	很不赞同	
民族院校	人数(人)	116	293	426	805	132	1772
	比例(%)	6.6	16.5	24.0	45.4	7.5	100.0
非民族院校	人数(人)	45	171	170	271	40	697
	比例(%)	6.5	24.5	24.4	38.9	5.7	100.0
合计	人数(人)	162	464	596	1076	172	2479
	比例(%)	6.6	18.9	24.1	43.4	7.1	100.0
$P=0.000$					$X^2=37.204$		

注:缺失值为38,占比1.5%。

如表2-6-2所示,不同院校的少数民族大学生对马克思主义"过时论"表示"很不赞同"、"不赞同"的有1248人,50.5%的少数民族大学生对马克思主义"过时论"持否定态度,但也有25.5%的少数民族大学生对此表示认同。就读于民族院校的少数民族大学生对马克思主义"过时论"持"很不赞同"、"不赞同"占同类受访总人数的52.9%。就读于非民族院校的少数民族大学生对马克思主义"过时论"问题的看法上,对此表示"很不赞同"、"不赞同"占同类受访总人数的44.6%。可见,就读于民族院校的少数民族大学生对马克思主义"过时论"持否定态度的比例要高于就读于非民族院校的少数民族大学生,且高于二者的平均水平。

(三) 不同院校少数民族大学生与"生活影响"的比较分析

表2-6-3　不同院校少数民族大学生与"生活影响"的比较分析统计

院校类别	问题	您对"马克思主义对普通老百姓的生活是否有影响"的看法是					合计
		影响很大	有影响	一般	没影响	说不清	
民族院校	人数(人)	203	837	546	112	73	1771
	比例(%)	11.5	47.3	30.8	6.3	4.1	100.0
非民族院校	人数(人)	73	340	205	52	27	697
	比例(%)	10.5	48.8	29.4	7.5	3.9	100.0
合计	人数(人)	276	1177	751	164	100	2478
	比例(%)	11.2	47.6	30.4	6.8	4.1	100.0

$P = 0.0180$　　　　　　　　　$X^2 = 11.404$

注:缺失值为39,占比1.6%。

如表2-6-3所示,不同院校类别就读的少数民族大学生就马克思主义对普通老百姓的生活表示"影响很大"和"有影响"有1453人,累计占比58.8%。就读于民族院校的少数民族大学生就马克思主义对普通老百姓的生活表示"影响很大"、"有影响"占同类受访总人数的58.8%。就读于非民族院校的少数民族大学生中,对此表示"影响很大"、"有影响"占同类受访总人数的59.3%。可见,就读于民族院校和非民族院校的少数民族大学生在认同差异上并不明显。

(四) 不同院校少数民族大学生与"伟大思想家"的比较分析

表 2-6-4 不同院校少数民族大学生与"伟大思想家"的比较分析统计

院校类别	问题	您对"千年之交,英国 BBC 公司在全球范围进行网上评选千年最伟大思想家活动,结果得票高居榜首的是马克思"的看法					合计
		很高兴	高兴	一般	无所谓	说不清	
民族院校	人数(人)	288	619	632	148	82	1770
	比例(%)	16.3	35.0	35.7	8.4	4.6	100.0
非民族院校	人数(人)	111	272	232	67	16	698
	比例(%)	15.9	39.0	33.2	9.6	2.3	100.0
合计	人数(人)	399	891	864	215	98	2468
	比例(%)	16.2	36.1	35.1	8.7	4.0	100.0
P = 0.245				$X^2 = 12.626$			

注:缺失值为 39,占比 1.6%。

如表 2-6-4 所示,就读于不同院校的少数民族大学生对马克思是千年最伟大思想家表示"很高兴"、"高兴"的有 1290 人,累计占比 52.3%。就读于民族院校的少数民族大学生对马克思是千年最伟大思想家表示"很高兴"、"高兴"的占同类受访人数的 51.3%。就读于非民族院校的少数民族大学生中对马克思是千年最伟大思想家表示"很高兴"、"高兴"占同类受访总人数的 54.9%。可见,就读于非民族院校的少数民族大学生对此的认同度要高于就读于民族院校的少数民族大学生。

从以上结论中可以看出,总体上不同院校少数民族大学生对马克思主义指导思想的认同度较高,但在具体的维度中,尚有一定区别。就读于民族院校的少数民族大学生对马克思主义在意识形态领域中的指导地位的认同度要高于非民族院校的少数民族大学生;就读于民族院校的少数民族大学生对马克思主义"过时论"持否定态度的比例要高于就读于非民族院校的少数民族大学生；在马克思主义对普通老百姓生活是否有影响的认同上，无明显差异；就读于非民族院校的少数民族大学生对马克思是千年最伟大思想家的认同度要高于就读于民族院校的少数民族大学生。

七 不同政治面貌少数民族大学生对马克思主义指导思想认同的比较

课题组从"中共党员""共青团员""其他"三组不同政治面貌的角度，探讨不同政治面貌下少数民族大学生对马克思主义指导思想认同的差异性。

（一）不同政治面貌少数民族大学生与"指导地位"的比较分析

表 2-7-1　不同政治面貌少数民族大学生与"指导地位"的比较分析统计

政治面貌	问题	毫不动摇地坚持马克思主义在意识形态领域的指导地位					合计
		很赞同	赞同	无所谓	不赞同	很不赞同	
中共党员	人数（人）	52	126	39	12	1	230
	比例（%）	22.6	54.8	17.0	5.2	0.4	100.0
共青团员	人数（人）	383	1294	312	140	13	2142
	比例（%）	17.9	60.4	14.6	6.5	0.6	100.0
其他	人数（人）	21	55	26	8	1	111
	比例（%）	18.9	49.6	23.4	7.2	0.9	100.0
合计	人数（人）	456	1475	377	160	15	2483
	比例（%）	18.4	59.4	15.2	6.4	0.6	100.0
P = 0.131					$X^2 = 12.470$		

注：缺失值为 24，占比 1.0%。

如表 2-7-1 所示，不同政治面貌的少数民族大学生中，对马克思主义在意识形态领域中的指导地位表示"很赞同"和"赞同"的分别有 456 人和 1475 人，分别占受访总人数的 18.4%和 59.4%。少数民族大学生共产党员中，对此表示"很赞同"和"赞同"占同类受访总人数的 77.4%；少数民族大学生共青团员中，对此表示"很赞同"和"赞同"占同类受访总人数的 78.3%；在其他政治面貌的少数民族大学生中，对此表示认同的则占同类受访总人数的 68.5%。可见，不同政治面貌少数民族大学生对马克思主义指导思想在意识形态领域中的指导地位认同度较高，其中认同度最高的是共青团员，中共党员次之。

（二）不同政治面貌少数民族大学生与"过时论"的比较分析

表 2-7-2　不同政治面貌少数民族大学生与"过时论"的比较分析统计

政治面貌	问题	您赞成"马克思主义已经过时了"的观点吗?					合计
		很赞同	赞同	不一定	不赞同	很不赞同	
中共党员	人数（人）	31	60	63	58	18	230
	比例（%）	13.5	26.1	27.4	25.2	7.8	100.0
共青团员	人数（人）	126	379	514	977	149	2145
	比例（%）	5.9	17.7	24.0	45.6	7.0	100.0
其他	人数（人）	8	26	23	46	8	111
	比例（%）	7.2	23.4	20.7	41.4	7.2	100.0
合计	人数（人）	165	465	600	1081	175	2486
	比例（%）	6.6	18.7	24.1	43.5	7.0	100.0

$P = 0.000$　　　　　　　　　　$X^2 = 49.069$

注：缺失值为 21，占比 0.8%。

如表2-7-2所示,不同政治面貌少数民族大学生对马克思主义"过时论"的看法上,对此表示"很不赞同"、"不赞同"的有1256人,50.5%的少数民族大学生对马克思主义"过时论"持否定态度。在政治面貌为共产党员的少数民族大学生中,对"过时论"表示"很不赞同"、"不赞同"的占同类受访总人数的33.0%;在政治面貌为共青团员的少数民族大学生中,对马克思主义"过时论"表示"很不赞同"、"不赞同"占同类受访总人数的52.6%;在其他政治面貌的少数民族大学生中,对马克思主义"过时论"持否定态度占同类受访总人数的48.6%。可见,政治面貌为共青团员的少数民族大学生反对度最高,中共党员最低。

(三) 不同政治面貌少数民族大学生与"生活影响"的比较分析

表2-7-3 不同政治面貌少数民族大学生与"生活影响"的比较分析统计

政治面貌	问题	您对"马克思主义对普通老百姓的生活是否有影响"的看法是					合计
		影响很大	有影响	一般	没影响	说不清	
中共党员	人数(人)	29	100	67	28	6	230
	比例(%)	12.6	43.5	29.1	12.2	2.6	100.0
共青团员	人数(人)	230	1039	656	129	89	2143
	比例(%)	10.7	48.5	30.6	6.0	4.2	100.0
其他	人数(人)	19	44	32	11	5	111
	比例(%)	17.1	39.6	28.8	9.9	4.5	100.0
合计	人数(人)	278	1183	755	168	100	2484
	比例(%)	11.2	47.6	30.4	6.8	4.0	100.0

$P = 0.005$ $X^2 = 21.820$

注:缺失值为23,占比0.9%。

如表2-7-3所示，不同政治面貌少数民族大学生对"马克思主义对普通老百姓生活是否有影响"持"影响很大"、"有影响"态度的有1461人，累计占比58.8%。在政治面貌为中共党员的少数民族大学生中，对"马克思主义对普通老百姓生活是否有影响"表示"影响很大"和"有影响"的占同类受访总人数的56.1%；在政治面貌为共青团员的少数民族大学生中，对"马克思主义对普通老百姓生活是否有影响"表示"影响很大"和"有影响"的占同类受访总人数的59.2%；其他政治面貌的少数民族大学生中，56.7%的人对此表示认同。可见，共青团员对此认同度最高，中共党员最低。

（四）不同政治面貌少数民族大学生与"伟大思想家"的比较分析

表2-7-4 不同政治面貌少数民族大学生与"伟大思想家"的比较分析统计

政治面貌	问题	您对"千年之交，英国BBC公司在全球范围进行网上评选千年最伟大思想家活动，结果得票高居榜首的是马克思"的看法					合计
		很高兴	高兴	一般	无所谓	说不清	
中共党员	人数（人）	46	76	71	22	15	230
	比例（%）	20.0	33.0	30.9	9.6	6.5	100.0
共青团员	人数（人）	333	783	760	189	78	2143
	比例（%）	15.5	36.5	35.5	8.8	3.6	100.0
其他	人数（人）	22	40	38	5	6	111
	比例（%）	19.8	36.0	34.2	4.5	5.4	100.0
合计	人数（人）	401	899	869	216	99	2484
	比例（%）	16.1	36.2	35.0	8.7	4.0	100.0

$P = 0.220$ $X^2 = 13.067$

注：缺失值为23，占比0.9%。

如表2-7-4所示，不同政治面貌少数民族大学生对马克思是千年最伟大思想家表示"很高兴"、"高兴"的有1300人，累计占比52.3%。在政治面貌为中共党员的少数民族大学生中，对马克思是千年最伟大思想家表示"很高兴"、"高兴"的比例占同类受访总人数的53.0%；在政治面貌为共青团员的少数民族大学生中对马克思是千年最伟大思想家表示"很高兴"和"高兴"占同类受访总人数的52.0%；其他政治面貌的少数民族大学生中对此表示认同的占同类受访总人数的55.8%。可见，其他政治面貌少数民族大学生对马克思是千年最伟大思想家历史地位认同度最高，中共党员次之，共青团员最低。

从以上结论中可以看出，总体来讲，不同院校少数民族大学生对马克思主义指导思想的认同较高，但在具体的维度中，尚有一定区别。在中共党员、共青团员及其他政治面貌中，对马克思主义指导地位的认同度最高的是共青团员，而中共党员相对较低。

八 不同毕业中学少数民族大学生对马克思主义指导思想认同的比较

课题组以不同毕业中学为区分，探析不同中学教育体系及校园文化背景下，少数民族大学生对马克思主义指导思想认同的差异性。

（一）不同毕业中学少数民族大学生与"指导地位"的比较分析

表2-8-1　不同毕业中学少数民族大学生与"指导地位"的比较分析统计

中学类别	问题	毫不动摇地坚持马克思主义在意识形态领域的指导地位					合计
		很赞同	赞同	无所谓	不赞同	很不赞同	
民族中学	人数（人）	120	382	107	46	4	659
	比例（%）	18.2	58.0	16.2	7.0	0.6	100.0

续表

中学类别	问题	毫不动摇地坚持马克思主义在意识形态领域的指导地位					合计
		很赞同	赞同	无所谓	不赞同	很不赞同	
普通中学	人数（人）	336	1090	265	111	11	1813
	比例（%）	18.5	60.1	14.6	6.1	0.6	100.0
合计	人数（人）	456	1472	372	157	15	2472
	比例（%）	18.4	59.6	15.0	6.4	0.6	100.0
		P=0.994			X^2=3.166		

注：缺失值为35，占比1.4%。

数据显示，不同毕业中学的少数民族大学生对马克思主义在意识形态领域中的指导地位表示"很赞同"和"赞同"的有1928人，累计占比78.0%。毕业于民族中学、普通中学的少数民族大学生对马克思主义在意识形态领域中的指导地位表示认同的比例分别占同类受访总人数的76.2%和78.6%。可见，不同毕业中学少数民族大学生对马克思主义在意识形态中的指导地位的认同度较高，且普通中学毕业的少数民族大学生对此的认同度要高于民族中学毕业的少数民族大学生，但二者在认同度上区别不明显。

（二）不同毕业中学少数民族大学生与"过时论"的比较分析

表2-8-2 不同毕业中学少数民族大学生与"过时论"的比较分析统计

中学类别	问题	您赞成"马克思主义已经过时了"的观点吗？					合计
		很赞同	赞同	不一定	不赞同	很不赞同	
民族中学	人数（人）	72	171	172	213	35	663
	比例（%）	10.9	25.8	25.9	32.1	5.3	100.0

续表

中学类别	问题	您赞成"马克思主义已经过时了"的观点吗?					合计
		很赞同	赞同	不一定	不赞同	很不赞同	
普通中学	人数（人）	93	295	424	859	141	1812
	比例（%）	5.1	16.3	23.4	47.4	7.8	100.0
合计	人数（人）	165	466	596	1072	176	2475
	比例（%）	6.7	18.8	24.1	43.3	7.1	100.0
	P = 0.000				X^2 = 83.443		

注：缺失值为32，占比1.3%。

数据显示，不同毕业中学少数民族大学生对马克思主义"过时论"表示"很不赞同"、"不赞同"有1248人，累计占比50.4%。民族中学、普通中学毕业的少数民族大学生对马克思主义"过时论"表示反对的比例分别占同类受访总人数的37.4%和55.2%。可见，普通中学毕业的少数民族大学生对此持否定态度的比例要高于民族中学毕业的少数民族大学生。但同时也有24.1%的少数民族大学生对此持模糊态度，另有25.5%的少数民族大学生对此持消极态度。

（三）不同毕业中学少数民族大学生与"生活影响"的比较分析

表2-8-3　不同毕业中学少数民族大学生与"生活影响"的比较分析统计

中学类别	问题	您对"马克思主义对普通老百姓的生活是否有影响"的看法是					合计
		影响很大	有影响	一般	没影响	说不清	
民族中学	人数（人）	96	294	191	53	28	662
	比例（%）	14.5	44.4	28.9	8.0	4.2	100.0

续表

中学类别	问题	您对"马克思主义对普通老百姓的生活是否有影响"的看法是					合计
		影响很大	有影响	一般	没影响	说不清	
普通中学	人数（人）	182	885	560	114	72	1813
	比例（%）	10.0	48.8	30.9	6.3	4.0	100.0
合计	人数（人）	278	1179	751	167	100	2475
	比例（%）	11.2	47.6	30.4	6.7	4.0	100.0

$P = 0.115 \quad X^2 = 18.029$

注：缺失值为32，占比1.3%。

数据显示，不同毕业中学少数民族大学生对"马克思主义对普通老百姓的生活是否有影响"表示"影响很大"和"有影响"的有1457人，累计占比58.8%。毕业于民族中学的少数民族大学生中对"马克思主义对普通老百姓生活是否有影响"表示"影响很大"、"有影响"的占同类受访人数的58.9%；毕业于普通中学的少数民族大学生对"马克思主义对普通老百姓的生活是否有影响"表示"影响很大"和"有影响"的占同类受访人数的58.8%。可见，不同毕业中学少数民族大学生对"马克思主义对普通老百姓的生活是否有影响"的认同度较高，且二者认同度趋于一致。

(四) 不同毕业中学少数民族大学生与"伟大思想家"的比较分析

表 2-8-4　不同毕业中学少数民族大学生与"伟大思想家"的比较分析统计

中学类别	问题	您对"千年之交，英国 BBC 公司在全球范围进行网上评选千年最伟大思想家活动，结果得票高居榜首的是马克思"的看法					合计
		很高兴	高兴	一般	无所谓	说不清	
民族中学	人数（人）	101	238	244	55	26	664
	比例（%）	15.2	35.8	36.8	8.3	3.9	100.0
普通中学	人数（人）	300	659	620	160	70	1809
	比例（%）	16.6	36.4	34.3	8.8	3.9	100.0
合计	人数（人）	401	897	864	215	96	2473
	比例（%）	16.2	36.3	34.9	8.7	3.9	100.0
$P = 0.985$					$X^2 = 5.629$		

注：缺失值为 24，占比 0.9%。

数据显示，不同毕业中学的少数民族大学生对马克思是千年最伟大思想家表示"很高兴"和"高兴"的有 1298 人，累计占比 52.5%。毕业于民族中学的少数民族大学生中对马克思是千年最伟大思想家表示"很高兴"和"高兴"的占同类受访人数的 51.0%；毕业于普通中学的少数民族大学生对马克思是千年最伟大思想家表示"很高兴"和"高兴"的占同类受访人数的 53.0%。可见，毕业于普通中学的少数民族大学生对此的认同度略高于毕业于民族中学的少数民族大学生。

从以上结论中可以看出，总体来讲，在马克思主义指导思想的认同问题上，普通中学毕业与民族中学毕业的少数民族大学生区别不明显。值得注意的是，在对待马克思主义"过时论"问题上，有

24.1%的少数民族大学生对此持模糊态度，另有25.5%的少数民族大学生对此持消极态度。

九 不同经济状况少数民族大学生对马克思主义指导思想认同的比较

课题组按照各调查对象家庭经济收入的不同，比较不同经济收入家庭中成长的少数民族大学生对马克思主义指导思想的认同差异。

（一）不同经济状况少数民族大学生与"指导地位"的比较分析

表2-9-1 不同经济状况少数民族大学生与"指导地位"的比较分析统计

家庭人均年收入	问题	毫不动摇地坚持马克思主义在意识形态领域的指导地位					合计
		很赞同	赞同	无所谓	不赞同	很不赞同	
1000元以下	人数（人）	77	286	83	25	2	473
	比例（%）	16.3	60.5	17.6	5.3	0.4	100.0
1000—2500元	人数（人）	110	293	61	50	4	518
	比例（%）	21.2	56.6	11.8	9.7	0.8	100.0
2500—6000元	人数（人）	165	573	165	47	6	956
	比例（%）	17.3	59.9	17.3	4.9	0.6	100.0
6000—10000元	人数（人）	46	164	26	10	0	246
	比例（%）	18.7	66.7	10.6	4.1	0.0	100.0
10000元以上	人数（人）	53	144	39	25	3	264
	比例（%）	20.1	54.6	14.8	9.5	1.1	100.0
合计	人数（人）	451	1460	374	157	15	2457
	比例（%）	18.4	59.4	15.2	6.4	0.6	100.0

$P = 0.001$　　　　　　　　$X^2 = 46.877$

注：缺失值为50，占比1.9%。

如表 2-9-1 所示，不同经济状况的少数民族大学生对马克思主义在意识形态领域中的指导地位表示"很赞同"和"赞同"的分别占受访总人数的 18.4% 和 59.4%，累计有 1911 人，77.8% 的少数民族大学生对马克思主义在意识形态领域中的指导地位表示认同。家庭人均年收入为 1000 元以下、1000—2500 元、2500—6000 元、6000—10000 元及 10000 元以上的少数民族大学生对马克思主义在意识形态领域中的指导地位表示认同的分别为 76.8%、77.8%、77.2%、85.4%、74.7%。可见，不同经济状况少数民族大学生对马克思主义在意识形态领域中的指导地位的认同度较高，家庭人均年收入在 6000—10000 元的少数民族大学生对此认同度最高，家庭人均年收入在 10000 元以上的少数民族大学生对此认同度最低。

（二）不同经济状况少数民族大学生与"过时论"的比较分析

表 2-9-2 不同经济状况少数民族大学生与"过时论"的比较分析统计

家庭人均年收入	问题	您赞成"马克思主义已经过时了"的观点吗?					合计
		很赞同	赞同	不一定	不赞同	很不赞同	
1000 元以下	人数（人）	34	95	127	187	31	474
	比例（%）	7.2	20.0	26.8	39.5	6.5	100.0
1000—2500 元	人数（人）	25	93	110	245	47	520
	比例（%）	4.8	17.9	21.2	47.1	9.0	100.0
2500—6000 元	人数（人）	74	200	248	383	51	956
	比例（%）	7.7	20.9	25.9	40.1	5.3	100.0

续表

问题 家庭人均年收入		您赞成"马克思主义已经过时了"的观点吗?					合计
		很赞同	赞同	不一定	不赞同	很不赞同	
6000—10000元	人数（人）	13	46	44	112	31	246
	比例（%）	5.3	18.7	17.9	45.5	12.6	100.0
10000元以上	人数（人）	18	29	63	141	13	264
	比例（%）	6.8	11.0	23.9	53.4	4.9	100.0
合计	人数（人）	164	463	592	1068	173	2460
	比例（%）	6.7	18.8	24.1	43.4	7.1	100.0
$P=0.000$						$X^2=70.112$	

注：缺失值为47，占比1.8%。

如表2-9-2所示，不同经济状况的少数民族大学生对马克思主义"过时论"表示"很不赞同"和"不赞同"的人数分别有173人和1068人，分别占受访总人数的7.1%和43.4%，累计有1241人，50.5%的少数民族大学生对马克思主义"过时论"持否定态度。家庭经济收入为1000元以下、1000—2500元、2500—6000元、6000—10000元及10000元以上的少数民族大学生对马克思主义"过时论"持否定态度的分别有46.0%、56.1%、45.4%、58.1%、58.3%。可见，少数民族大学生对马克思主义"过时论"的认同与其家庭经济收入关系明显，总体上随着家庭经济收入的增高对马克思主义"过时论"的认同度降低；家庭人均年收入在6000—10000元之间及10000元以上家庭人均年收入的少数民族大学生对马克思主义"过时论"的认同度最低，低收入家庭对马克思主义"过时论"的认同度要高于中等收入、高收入家庭。

（三）不同经济状况少数民族大学生与"生活影响"的比较分析

表2-9-3 不同经济状况少数民族大学生与"生活影响"的比较分析统计

问题 家庭人均年收入		您对"马克思主义对普通老百姓的生活是否有影响"的看法是					合计
		影响很大	有影响	一般	没影响	说不清	
1000元以下	人数（人）	63	219	134	34	25	475
	比例（%）	13.3	46.1	28.2	7.2	5.3	100.0
1000—2500元	人数（人）	48	274	151	28	18	519
	比例（%）	9.3	52.8	29.1	5.4	3.5	100.0
2500—6000元	人数（人）	100	448	299	73	35	955
	比例（%）	10.5	46.9	31.3	7.6	3.7	100.0
6000—10000元	人数（人）	28	121	76	14	8	247
	比例（%）	11.3	49.0	30.8	5.7	3.2	100.0
10000元以上	人数（人）	37	111	83	18	14	263
	比例（%）	14.1	42.2	31.6	6.8	5.3	100.0
合计	人数（人）	276	1173	743	167	100	2459
	比例（%）	11.3	47.7	30.2	6.8	4.1	100.0
$P=0.130$					$X^2=27.186$		

注：缺失值为48，占比1.9%。

如表2-9-3所示，不同经济状况的少数民族大学生对"马克思主义对普通老百姓的生活是否有影响"表示"影响很大"和"有影响"的分别有276人和1173人，分别占受访总人数的11.3%和47.7%，累计有1449人，59.0%的少数民族大学生认同马克思主义对普通老百姓的生活有影响。家庭经济收入为1000元以下、1000—2500元、2500—6000元、6000—10000元及10000元以上的少数民族大学生认为马克思主义对普通老百姓的生活有影响的比例分别为59.4%、62.1%、57.4%、60.3%、56.3%,可见,家庭人均年收入在1000—2500元及6000—10000元之间的少数民族大学生对此的认同度最高。

(四) 不同经济状况少数民族大学生与"伟大思想家"的比较分析

表2-9-4 不同经济状况少数民族大学生与"伟大思想家"的比较分析统计

家庭人均年收入	问题	您对"千年之交,英国BBC公司在全球范围进行网上评选千年最伟大思想家活动,结果得票高居榜首的是马克思"的看法					合计
		很高兴	高兴	一般	无所谓	说不清	
1000元以下	人数(人)	80	164	180	40	10	474
	比例(%)	16.9	34.6	38.0	8.4	2.1	100.0
1000—2500元	人数(人)	86	204	180	35	14	519
	比例(%)	16.6	39.3	34.7	6.7	2.7	100.0
2500—6000元	人数(人)	144	334	331	98	49	956
	比例(%)	15.1	34.9	34.6	10.3	5.1	100.0
6000—10000元	人数(人)	43	106	76	14	6	245
	比例(%)	17.6	43.3	31.0	5.7	2.5	100.0
10000元以上	人数(人)	47	83	94	26	14	264
	比例(%)	17.7	31.3	35.5	9.8	5.3	100.0

续表

家庭人均年收入	问题	您对"千年之交,英国BBC公司在全球范围进行网上评选千年最伟大思想家活动,结果得票高居榜首的是马克思"的看法					合计
		很高兴	高兴	一般	无所谓	说不清	
合计	人数(人)	400	891	861	213	93	2458
	比例(%)	16.3	36.2	35.0	8.7	3.8	100.0
	P = 0.000			$X^2 = 64.856$			

注:缺失值为49,占比1.9%。

如表2-9-4所示,不同经济状况的少数民族大学生对马克思是千年最伟大思想家表示"很高兴"和"高兴"的分别有400人和891人,分别占受访总人数的16.3%和36.2%,累计有1291人,52.5%的少数民族大学生对马克思是千年最伟大思想家表示认同。家庭人均年收入为1000元以下、1000—2500元、2500—6000元、6000—10000元及10000元以上的少数民族大学生对马克思是千年最伟大思想家表示认同的分别有51.5%、55.9%、50.0%、60.9%、49.0%,可见,少数民族大学生对马克思是千年最伟大思想家的认同与其家庭经济收入关系明显,其认同总体上是随家庭人均年收入的增高而升高,家庭人均年收入在6000—10000元之间的少数民族大学生的认同度最高,家庭人均年收入在10000元以上的少数民族大学生对此认同度最低。

从以上结论中可以看出,不同经济收入少数民族大学生对马克思主义指导思想的认同度差异化明显。总体来讲,少数民族大学生对马克思主义指导思想的认同呈现出随着家庭人均年收入的增高而有所降低的趋势。

综合以上调查表明,少数民族大学生对马克思主义指导地位认同差异显著。不同性别、就读专业、就读年级、生源地、高校类别、政治面貌、中学类别和家庭经济收入的少数民族大学生对马克思主义指导地位认同呈现出一定的相关性。从性别差异角度看,不同性别少数民族大学生对坚持马克思主义指导地位持积极态度，同时也具有一定的就读专业差异。在对"马克思主义在意识形态领域的指导地位"的认同上，女生的认同度要明显高于男生；在对"马克思主义已经过时"的看法上，女生对此持认同态度的要高于男生，男生的反对态度相对女生比较鲜明；在"马克思主义对生活的影响"问题上，男生的认同度要高于女生，大多数男生认为马克思主义对生活存在影响，而女生对此的认同度则相对较小；在对"马克思是千年伟人"的定位的认同上，男女生近乎一致，就读专业差异并不显著。从就读专业差异角度看，不同就读专业少数民族大学生对坚持马克思主义指导地位持积极态度，同时也具有一定的专业差异。总体上，文科类专业少数民族大学生的认同度要高于理工类。从少数民族大学生就读年级差异的角度看，不同年级少数民族大学生对坚持马克思主义指导地位持积极态度，同时也具有一定的生源地差异。总体上，不同年级少数民族大学生对马克思主义指导地位的认同呈阶段性特征，整体上可划分为两个阶段，即大一至大三阶段和大三至大四阶段，两阶段少数民族大学生对马克思主义指导地位的认同差异变化显著；在大一至大三阶段，少数民族大学生对马克思主义指导地位的认同度随着就读年级的升高而升高，但在大二阶段会有所下降，大三阶段又开始提升；在大三至大四阶段，少数民族大学生对马克思主义指导地位的认同度随着就读年级的升高而降低。从少数民族大学生的生源地区域差异角度看，不同生源地少数民族大学生对坚持马克思主义指导地位持积极态度，同时也具有一定的生源地差异。总体上，聚居区生源地的少数民族大学生相对于散杂居生源地的少数民族大学生而言，其认同度明显要高，聚居区要高于散杂居近5%；从区域经济发展水平来看，农村生源地少数民族大学生的认同度要高于城市生源地的少数民族大学生，农村生源的认同度要高于城市生源认同度近6%。从少数民族大学生的民族差异来看，不同民族少数民族大学生对马克思主义指导地位总体上呈积极的认同现状，但不同民族少数民族大学生认同差异较为明显。其中不同民族少数民族大学生对"马克思主义指导地位"的认同度最高，且最为集中，不同民族之间的认同度基本稳定，且最大认同度和最小认同度民族差异并不突出；不同民族少数民族大学生对"马克思主义对老百姓生活有影响"和"马克思当选千年最伟大思想家"的认同度相对不足,且总体呈低认同。从少数民族大学生的就读院校类型差异角度看,不同高校类型少数民族大学生对坚持马克思主义指导地位持积极态度,同时也具有一定的院校类别差异。总体上,民族高校少数民族大学生对马克思主义指导地位的认同度要高于普通高校就读的少数民族大学生。从少数民族大学生的政治面貌差异角度看,不同政治面貌少数民族大学生对坚持马克思主义指导地位持积极态度,同时也具有一定的差异。总体上,共青团员的认同度最高,中共党员次之。从少数民族大学生的不同毕业中学背景差异角度看,不同毕业中学少数民族大学生对坚持马克思主义指导地位持积极态度,毕业于普通中学和民族中学的少数民族大学生对马克思主义指导地位的认同差异微弱;但在错误社会思潮方面,如对"马克思主义已经过时"的错误言论的辨别力和反对态度比例来看,普通中学毕业的少数民族大学生要明显高于民族中学毕业的少数民族大学生。从少数民族大学生的不同家庭经济背景差异角度看,不同家庭经济背景的少数民族大学生对坚持马克思主义指导地位持积极态度,在中低收入群体和中高收入群体中表现出不同的变化趋势。在中低收入群体中,少数民族大学生对马克思主义指导地位的认同度随着其家庭经济收入的升高而增强,其中家庭人均年收入在6000元左右的少数民族大学生的认同度最高;在中高收入群体中,少数民族大学生对马克思主义的指导地位的认同度随着家庭经济收入的升高而降低。

第三章

少数民族大学生对中国特色社会主义共同理想认同的差异分析

建设中国特色社会主义,是我们党在现阶段的奋斗目标和行动纲领,也是我国各族人民在社会主义初级阶段的共同理想。课题组主要从"建设有中国特色社会主义是当前中国各族人民的共同理想"(简称"共同理想")、"中国特色社会主义共同理想离自己远吗?"(简称"理想遥远")、"中国特色社会主义理论体系与马列主义和毛泽东思想是继承与发展的关系"(简称"继承发展")和"您对我国能否成功建设中国特色社会主义"(简称"成功建设")等几方面来观测少数民族大学生对中国特色社会主义共同理想的认同状况。同时,分别从性别、专业、年级、地域、民族、院校、政治面貌、毕业中学、经济状况等九个方面调查,分析不同变量之间的相关性。

一 不同性别少数民族大学生对中国特色社会主义共同理想认同的比较

课题组按照调查对象性别的不同,比较不同性别下的少数民族大学生对中国特色社会主义共同理想的认同差异。

(一) 不同性别少数民族大学生与"共同理想"的比较分析

表3-1-1 不同性别少数民族大学生与"共同理想"的比较分析统计

性别	问题	建设有中国特色社会主义是当前中国各族人民的共同理想					合计
		很赞同	赞同	不一定	不赞同	很不赞同	
男生	人数(人)	228	506	180	61	8	983
	比例(%)	23.2	51.5	18.3	6.2	0.8	100.0
女生	人数(人)	295	920	242	37	9	1503
	比例(%)	19.6	61.2	16.1	2.5	0.6	100.0
合计	人数(人)	523	1426	422	98	17	2486
	比例(%)	21.0	57.4	17.0	3.9	0.7	100.0
$P=0.000$					$X^2=36.657$		

注：缺失值21，占比0.8%。

调查结果如表3-1-1所示，78.4%的少数民族大学生对这一共同理想表示认同。但不同性别的少数民族大学生对建设有中国特色社会主义是中国各族人民共同理想的认同存在差异。男生中，有23.2%和51.5%的人表示"很赞同"和"赞同"。女生中，有19.6%和61.2%的人表示"很赞同"和"赞同"。总体上看，不论男生还是女生，大部分人对建设有中国特色社会主义是中国各族人民的共同理想这一观点是表示认同的。女生认同程度比男生认同程度高且更加集中，男生的认同程度相对较低且比较分散。持否定和模糊态度的人数占比不容忽视。

(二) 不同性别少数民族大学生与"理想遥远"的比较分析

表3-1-2 不同性别少数民族大学生与"理想遥远"的比较分析统计

性别	问题	中国特色社会主义共同理想离自己远吗?					合计
		非常远	很远	有些远	不远	说不清	
男生	人数(人)	107	208	375	236	54	980
	比例(%)	10.9	21.2	38.3	24.1	5.5	100.0
女生	人数(人)	90	287	661	369	91	1499
	比例(%)	6.0	19.1	44.1	24.6	6.1	100.0
合计	人数(人)	197	495	1036	605	145	2479
	比例(%)	7.9	20.0	41.8	24.4	5.8	100.0
$P = 0.000$					$X^2 = 25.154$		

注: 缺失值为29, 占比1.1%。

如表3-1-2所示, 不同性别少数民族大学生在中国特色社会主义共同理想与自己的关系认识上存在差异。总体上看, 不论男生还是女生, 大部分人认为中国特色社会主义共同理想离自己是远的, 只有30%左右的人认为中国特色社会主义共同理想离自己不远。男生中, 有10.9%和21.2%的人认为"非常远"和"很远", 有38.3%的人认为"有些远", 5.5%的人觉得"说不清", 而只有24.1%的人感到中国特色社会主义共同理想离自己不远。女生中, 有6.0%和19.1%的人认为"非常远"和"很远", 有44.1%的人认为"有些远", 6.1%的人觉得"说不清", 而只有24.6%的人感到中国特色社会主义共同理想离自己不远。可见, 在该问题上, 男生与女生并无明显差异。

（三）不同性别少数民族大学生与"继承发展"的比较分析

表3-1-3　不同性别少数民族大学生与"继承发展"的比较分析统计

性别	问题	中国特色社会主义理论体系与马列主义和毛泽东思想是继承与发展的关系					合计
		很赞同	赞同	不一定	不赞同	很不赞同	
男生	人数（人）	168	577	193	38	6	982
	比例（%）	17.1	58.8	19.7	3.9	0.6	100.0
女生	人数（人）	234	1002	210	40	4	1490
	比例（%）	15.7	67.2	14.1	2.7	0.3	100.0
合计	人数（人）	402	1579	403	78	10	2472
	比例（%）	16.3	63.9	16.3	3.2	0.4	100.0

$P = 0.000$　　　　　　　　$X^2 = 22.972$

注：缺失值35，占比1.4%。

如表3-1-3，不同性别少数民族大学生对中国特色社会主义理论体系与马列主义和毛泽东思想是继承与发展关系的认识存在差异。总体来看大部分人赞同这一观点，只有不到20%的人对这一观点表示怀疑和否定态度。男生中有17.1%和58.8%的人表示"很赞同"和"赞同"，有19.7%的人认为"不一定"，只有3.9%和0.6%的人表示"不赞同"和"很不赞同"。女生中有15.7%和67.2%的人表示"很赞同"和"赞同"，有14.1%的人认为"不一定"，只有2.7%和0.3%的人表示"不赞同"和"很不赞同"。可见，少数民族大学生中的女生对此的认同度要高于男生。

（四）不同性别少数民族大学生与"成功建设"的比较分析

表 3-1-4　不同性别少数民族大学生与"成功建设"的比较分析统计

性别	问题	您对我国能否成功建设中国特色社会主义					合计
		很有信心	有信心	说不清	没有信心	很没有信心	
男生	人数（人）	197	530	206	47	8	988
	比例（%）	19.9	53.6	20.9	4.8	0.8	100.0
女生	人数（人）	376	868	226	23	9	1503
	比例（%）	25.0	57.8	15.0	1.5	0.6	100.0
合计	人数（人）	573	1398	432	70	17	2491
	比例（%）	23.0	56.1	17.3	2.8	0.7	100.0
P = 0.000					$X^2 = 43.225$		

注：缺失值为16，占比0.6%。

如表3-1-4所示，不同性别少数民族大学生对"我国能否成功建设中国特色社会主义"的看法不同。总体来看大部分人是有信心的，只有20%左右的人感到不确定和没信心。男生中有19.9%和53.6%的人表示"很有信心"和"有信心"，有20.9%的人认为"说不清"，只有4.8%和0.8%的人表示"没有信心"和"很没有信心"。女生中有25.0%和57.8%的人表示"很有信心"和"有信心"，有15.0%的人认为"说不清"，只有1.5%和0.6%的人表示"没有信心"和"很没有信心"。可见，男女生整体上对我国能成功建设中国特色社会主义充满信心。但男生没有信心的人数比例比女生的人数比例更大，说明总体上女生比男生对我国成功建设中国特色社会主义更抱有信心。

从以上分析可以看出，少数民族大学生对中国特色社会主义共同理想的认同总体上呈较高态势。性别与认同程度之间存在有一定的相关性,这种相关性影响了男女生之间对共同理想的认同。不同性别少数民族大学生对中国特色社会主义共同理想认同存在差异,女生认同程度比男生认同程度要高,而且较之更为集中。

二 不同专业少数民族大学生对中国特色社会主义共同理想认同的比较

课题组按照调查对象学科专业的不同,比较不同学科专业下少数民族大学生对中国特色社会主义共同理想的认同差异。

(一) 不同专业少数民族大学生与"共同理想"的比较分析

表3-2-1 不同专业少数民族大学生与"共同理想"的比较分析统计

专业	问题	建设有中国特色社会主义是当前中国各族人民的共同理想					合计
		很赞同	赞同	不一定	不赞同	很不赞同	
文科类	人数(人)	297	784	197	47	11	1336
	比例(%)	22.2	58.7	14.7	3.5	0.8	100.0
理工类	人数(人)	224	630	220	51	6	1131
	比例(%)	19.8	55.7	19.5	4.5	0.5	100.0
合计	人数(人)	521	1414	418	98	17	2468
	比例(%)	21.1	57.3	16.9	4.0	0.7	100.0

$P = 0.022$ $X^2 = 17.850$

注:缺失值36,占比1.6%。

如表3-2-1所示,文科类学生中,有22.2%和58.7%的人表示"很赞同"和"赞同",但也有14.7%的人表示"不一定",3.5%和0.8%的人表示"不赞同"和"很不赞同"。理工类学生中,有19.8%和55.7%的人表示"很赞同"和"赞同",有19.5%的人表示"不一定",而有5.0%的人表示"不赞同"和"很不赞同"。可见,不论文科类学生还是理工类学生,绝大部分人对建设有中国特色社会主义是中国各族人民的共同理想这一观点是表示认同的。文科类学生认同程度比理工类学生认同程度高且更加集中,理工类学生的认同程度相对较低且比较分散。

(二) 不同专业少数民族大学生与"理想遥远"的比较分析

表3-2-2 不同专业少数民族大学生与"理想遥远"的比较分析统计

专业	问题	中国特色社会主义共同理想离自己远吗?					合计
		非常远	很远	有些远	不远	说不清	
文科类	人数(人)	94	271	573	332	69	1339
	比例(%)	7.0	20.2	42.8	24.8	5.2	100.0
理工类	人数(人)	103	223	452	268	75	1122
	比例(%)	9.2	19.9	40.3	23.9	6.7	100.0
合计	人数(人)	197	494	1026	600	144	2462
	比例(%)	8.0	20.1	41.7	24.4	5.8	100.0
$P = 0.461$					$X^2 = 9.769$		

注:缺失值45,占比1.8%。

如表3-2-2所示,文科类学生中,有7.0%和20.2%的人认为"非常远"和"很远",有42.8%的人认为"有些远",5.2%的人觉得"说不清",而只有24.8%的人感到中国特色社会主义共同理想离自己不远。理工类学生中,有9.2%和19.9%的人认为"非常远"和"很远",有40.3%的人认为"有些远",6.7%的人觉得"说不清",而只有23.9%的人感到中国特色社会主义共同理想离自己不远。可见,大部分少数民族大学生认为中国特色社会主义共同理想离自己是远的。这其中,文理科类学生的选择比较集中,主要集中在"不远"和"有些远"。

(三) 不同专业少数民族大学生与"继承发展"的比较分析

表3-2-3 不同专业少数民族大学生与"继承发展"的比较分析统计

专业	问题	中国特色社会主义理论体系与马列主义和毛泽东思想是继承与发展的关系					合计
		很赞同	赞同	不一定	不赞同	很不赞同	
文科类	人数（人）	248	863	182	33	6	1332
	比例（%）	18.6	64.8	13.7	2.5	0.5	100.0
理工类	人数（人）	152	705	216	45	4	1122
	比例（%）	13.5	62.8	19.3	4.0	0.4	100.0
合计	人数（人）	400	1568	399	78	10	2455
	比例（%）	16.3	63.9	16.3	3.2	0.4	100.0
P = 0.000					$X^2 = 31.470$		

注：缺失值53，占比2.1%。

如表3-2-3所示，文科类学生中，有18.6%和64.8%的人表示"很赞同"和"赞同"，有13.7%的人认为"不一定"，只有3.0%的人表示"不赞同"和"很不赞同"。理工类学生中，有13.5%和62.8%的人表示"很赞同"和"赞同"，有19.3%的人认为"不一定"，只有4.4%的人表示"不赞同"和"很不赞同"。这表明，绝大部分的文科类、理工类学生对"中国特色社会主义理论体系与马列主义和毛泽东思想是继承与发展的关系"这一观点是认同的。可见，大部分少数民族大学生对中国特色社会主义理论充满自信。其中，文科类学生认同的人数比例比理工类学生人数比例要高。

（四）不同专业少数民族大学生与"成功建设"的比较分析

表3-2-4　不同专业少数民族大学生与"成功建设"的比较分析统计

问题 专业		您对我国能否成功建设中国特色社会主义					合计
		很有信心	有信心	说不清	没有信心	很没有信心	
文科类	人数（人）	329	740	226	33	11	1339
	比例（%）	24.6	55.3	16.9	2.5	0.8	100.0
理工类	人数（人）	242	646	202	36	6	1133
	比例（%）	21.4	57.0	17.8	3.2	0.5	100.0
合计	人数（人）	571	1386	429	69	17	2473
	比例（%）	23.1	56.0	17.3	2.8	0.7	100.0

$P = 0.340 \quad X^2 = 11.224$

注：缺失值35，占比1.4%。

如表3-2-4所示，不同专业的少数民族大学生对"我国能否成功建设中国特色社会主义"的看法存在差异。文科类学生中，有24.6%和55.3%的人表示"很有信心"和"有信心"，有16.9%的人认为"说不清"，只有2.5%和0.8%的人表示"没有信心"和"很没有信心"。理工类学生中，有21.4%和57.0%的人表示"很有信心"和"有信心"，有17.8%的人认为"说不清"，只有3.7%的人表示"没有信心"和"很没有信心"。可见，绝大部分少数民族大学生认为我国能够成功建设中国特色社会主义。但文科类少数民族大学生对此的认同度要略高于理工类少数民族大学生。

从以上分析可以看出，大部分少数民族大学生对中国特色社会主义共同理想的认同程度都比较高。整体上看，文科类学生认同度要高于理工类学生。理工类学生则比较分散，处在两端的人数比例比文科类学生的人数比例稍大。文理科处于低认同程度的学生有相当一部分,尤其是在关于共同理想与自己的关系远近这一问题上。这表明,高校要引起重视并采取对策,不断加强少数民族大学生社会主义核心价值体系的宣传教育工作。

三 不同年级少数民族大学生对中国特色社会主义共同理想认同的比较

课题组按照调查对象就读年级的不同,比较不同年级下少数民族大学生对中国特色社会主义共同理想的认同差异。

(一)不同年级少数民族大学生与"共同理想"的比较分析

表3-3-1 不同年级少数民族大学生与"共同理想"的比较分析统计

年级	问题	建设有中国特色社会主义是当前中国各族人民的共同理想					合计
		很赞同	赞同	不一定	不赞同	很不赞同	
大一	人数(人)	186	397	89	22	5	699
	比例(%)	26.6	56.8	12.7	3.1	0.7	100.0
大二	人数(人)	156	440	159	35	3	793
	比例(%)	19.7	55.5	20.1	4.4	0.4	100.0
大三	人数(人)	175	556	162	38	5	936
	比例(%)	18.7	59.4	17.3	4.1	0.5	100.0
大四	人数(人)	7	31	10	3	4	55
	比例(%)	12.7	56.4	18.2	5.5	7.3	100.0

续表

年级\问题		建设有中国特色社会主义是当前中国各族人民的共同理想					合计
		很赞同	赞同	不一定	不赞同	很不赞同	
合计	人数（人）	524	1424	421	98	17	2484
	比例（%）	21.1	57.3	16.9	3.9	0.7	100.0
P = 0.000					$X^2 = 71.489$		

注：缺失值23，占比0.9%。

如表3-3-1所示，不同年级的少数民族大学生对"建设有中国特色社会主义是中国各族人民共同理想"的认同明显不同。大一学生中，有26.6%和56.8%的人表示"很赞同"和"赞同"；大二学生中，有19.7%55.5%的人表示"很赞同"和"赞同"；大三学生中，有18.7%和59.4%的人表示"很赞同"和"赞同"；大四学生中，有12.7%和56.4%的人表示"很赞同"和"赞同"。可见，不论是高年级还是低年级，大多数少数民族大学生对建设有中国特色社会主义是中国各族人民的共同理想这一观点表示认同。低年级的学生认同程度比高年级学生认同程度高且更加集中，高年级学生的认同程度分布相比之下较为分散。

（二）不同年级少数民族大学生与"理想遥远"的比较分析

表3-3-2 不同年级少数民族大学生与"理想遥远"的比较分析统计

年级\问题		中国特色社会主义共同理想离自己远吗？					合计
		非常远	很远	有些远	不远	说不清	
大一	人数（人）	48	123	297	195	32	695
	比例（%）	6.9	17.7	42.7	28.1	4.6	100.0

续表

年级 \ 问题		中国特色社会主义共同理想离自己远吗?					合计
		非常远	很远	有些远	不远	说不清	
大二	人数(人)	63	192	355	151	33	795
	比例(%)	7.9	24.2	44.7	19.0	4.2	100.0
大三	人数(人)	79	172	354	247	77	929
	比例(%)	8.5	18.5	38.1	26.6	8.3	100.0
大四	人数(人)	7	8	28	13	1	57
	比例(%)	12.3	14.0	49.1	22.8	1.8	100.0
合计	人数(人)	197	495	1035	606	143	2477
	比例(%)	8.0	20.0	41.8	24.5	5.8	100.0

$P=0.000$ $X^2=54.575$

注：缺失值30，占比1.2%。

如表3-3-2所示，不同年级少数民族大学生对中国特色社会主义共同理想与自己的关系的认识存在差异。大一学生中，有28.1%的人感到中国特色社会主义共同理想离自己不远；大二学生中，有19.0%的人感到中国特色社会主义共同理想离自己不远；大三学生中，有26.6%的人感到中国特色社会主义共同理想离自己不远；大四学生中，有22.8%的人感到中国特色社会主义共同理想离自己不远。可见，大部分少数民族大学生认为中国特色社会主义共同理想离自己是远的，且在"非常远"选项上，随着就读年级的增长感受越强烈。

(三) 不同年级少数民族大学生与"继承发展"的比较分析

表 3-3-3　不同年级少数民族大学生与"继承发展"的比较分析统计

年级	问题	中国特色社会主义理论体系与马列主义和毛泽东思想是继承与发展的关系					合计
		很赞同	赞同	不一定	不赞同	很不赞同	
大一	人数（人）	149	447	78	13	4	691
	比例（%）	21.6	64.7	11.3	1.9	0.6	100.0
大二	人数（人）	109	500	152	26	4	791
	比例（%）	13.8	63.2	19.2	3.3	0.5	100.0
大三	人数（人）	138	593	162	36	1	930
	比例（%）	14.8	63.8	17.4	3.9	0.1	100.0
大四	人数（人）	6	39	8	3	1	57
	比例（%）	10.5	68.4	14.0	5.3	1.8	100.0
合计	人数（人）	402	1579	401	78	10	2470
	比例（%）	16.3	63.9	16.2	3.2	0.4	100.0
$P=0.000$					$X^2=49.639$		

注：缺失值37，占比1.5%。

如表 3-3-3 所示，不同年级少数民族大学生对"中国特色社会主义理论体系与马列主义和毛泽东思想是继承与发展的关系"的认识存在差异。大一年级少数民族大学生中，有86.3%的人对"中国特色社会主义理论体系与马列主义和毛泽东思想是继承与发展的关系"表示"很赞同"和"赞同"；大二年级少数民族大学生中，有77.0%的人表示"很赞同"和"赞同"；大三年级少数民族大学生中，有78.6%的人表示"很赞同"和"赞同"；大四年级少数民族大学生中，有78.9%的人表示"很赞同"和"赞同"。可见，随着年级的增长，少数民族大学生对此的认同度也在提升。

（四）不同年级少数民族大学生与"成功建设"的比较分析

表3-3-4 不同年级少数民族大学生与"成功建设"的比较分析统计

年级	问题	您对我国成功建设中国特色社会主义					合计
		很有信心	有信心	说不清	没有信心	很没有信心	
大一	人数（人）	221	373	91	10	4	699
	比例（%）	31.6	53.4	13.0	1.4	0.6	100.0
大二	人数（人）	163	461	140	29	2	795
	比例（%）	20.5	58.0	17.6	3.6	0.3	100.0
大三	人数（人）	182	533	185	27	9	937
	比例（%）	19.4	56.9	19.7	2.9	1.0	100.0
大四	人数（人）	8	31	12	4	2	57
	比例（%）	14.0	54.4	21.1	7.0	3.5	100.0
合计	人数（人）	574	1398	429	70	17	2489
	比例（%）	23.1	56.2	17.2	2.8	0.7	100.0

$P = 0.000 \qquad X^2 = 71.364$

注：缺失值18，占比0.7%。

如表3-3-4所示，大一年级少数民族大学生中，有31.6%和53.4%的人表示"很有信心"和"有信心"；大二年级少数民族大学生中，有20.5%和58.0%的人表示"很有信心"和"有信心"；大三年级少数民族大学生中,有19.4%和56.9%的人表示"很有信心"和"有信心";大四年级少数民族大学生中,有14.0%和54.4%的人表示"很有信心"和"有信心"。可见,不同年级的少数民族大学生对我国能否成功建设中国特色社会主义的看法存在差异,总体来看大部分人是有信心的,但不同年级具体分布不同。相比高年级少数民族大学生而言,低年级少数民族大学生整体对我国能成功建设中国特色社会主义更加充满信心,而高年级少数民族大学生对此没有信心的人数比例略高。

从以上数据可以看出,大部分少数民族大学生对中国特色社会主义共同理想的认同程度都比较高。但进一步看,高年级学生比低年级学生认同度低,呈反比关系。低年级集中向好,高年级认同分散。因此,高校在对少数民族大学生进行社会主义核心价值体系宣传教育的过程中,要提高灵活性和针对性,寓教于情,寓教于乐。

四 不同地域少数民族大学生对中国特色社会主义共同理想认同的比较

课题组以不同区域为划分,对来自于不同区域的少数民族大学生就中国特色社会主义共同理想的认同现状进行对比分析。

(一)不同地域来源少数民族大学生与"共同理想"的比较分析

表3-4-1 不同地域来源少数民族大学生与"共同理想"的比较分析统计

来源地	问题	建设有中国特色社会主义是当前中国各族人民的共同理想					合计
		很赞同	赞同	不一定	不赞同	很不赞同	
少数民族聚居区县城及以上城市	人数(人)	214	514	151	34	10	923
	比例(%)	23.2	55.7	16.4	3.7	1.1	100.0

续表

问题 来源地		建设有中国特色社会主义是当前中国各族人民的共同理想					合计
		很赞同	赞同	不一定	不赞同	很不赞同	
少数民族聚居区乡镇或农村	人数（人）	151	413	115	20	1	700
	比例（%）	21.6	59.0	16.4	2.9	0.1	100.0
少数民族散杂居县城及以上城市	人数（人）	67	206	81	20	5	379
	比例（%）	17.7	54.4	21.4	5.3	1.2	100.0
少数民族散杂居乡镇或农村	人数（人）	72	238	62	22	1	395
	比例（%）	18.2	60.3	15.7	5.6	0.3	100.0
合计	人数（人）	504	1373	409	96	17	2399
	比例（%）	21.0	57.2	17.0	4.0	0.7	100.0

$P=0.026$ $X^2=28.710$

注：缺失值108，占比4.3%。

如表3-4-1所示，居住在少数民族聚居区县城及以上城市与乡镇或农村的少数民族大学生中，分别有78.9%和80.6%的人表示"很赞同"和"赞同"；居住在少数民族散杂居县城及以上城市与乡镇或农村的少数民族大学生中，分别有72.1%和78.5%的人表示"很赞同"和"赞同"。可见，来自于不同地域的少数民族大学生对中国特色社会主义共同理想的认同存在差异。总体上看，来自于少数民族聚居区的少数民族大学生对"建设有中国特色社会主义是当前中国各族人民的共同理想"这一观点的认同度比散杂居区的少数民族大学生更高。无论是在少数民族聚居区，还是在少数民族散杂居区，居住于县城及以上城市的少数民族大学生对此的认同度要低于居住于乡镇或农村的少数民族大学生。

(二) 不同地域来源少数民族大学生与"理想遥远"的比较分析

表 3-4-2 不同地域来源少数民族大学生与"理想遥远"的比较分析统计

<table>
<tr><th colspan="2">问题
来源地</th><th colspan="5">中国特色社会主义共同理想离自己远吗？</th><th rowspan="2">合计</th></tr>
<tr><th>非常远</th><th>很远</th><th>有些远</th><th>不远</th><th>说不清</th></tr>
<tr><td rowspan="2">少数民族聚居区县城及以上城市</td><td>人数（人）</td><td>100</td><td>202</td><td>354</td><td>207</td><td>56</td><td>919</td></tr>
<tr><td>比例（%）</td><td>10.9</td><td>22.0</td><td>38.5</td><td>22.5</td><td>6.1</td><td>100.0</td></tr>
<tr><td rowspan="2">少数民族聚居区乡镇或农村</td><td>人数（人）</td><td>55</td><td>140</td><td>294</td><td>172</td><td>36</td><td>697</td></tr>
<tr><td>比例（%）</td><td>7.9</td><td>20.1</td><td>42.2</td><td>24.7</td><td>5.2</td><td>100.0</td></tr>
<tr><td rowspan="2">少数民族散杂居县城及以上城市</td><td>人数（人）</td><td>16</td><td>83</td><td>157</td><td>98</td><td>22</td><td>377</td></tr>
<tr><td>比例（%）</td><td>4.2</td><td>22.0</td><td>41.6</td><td>26.0</td><td>5.8</td><td>100.0</td></tr>
<tr><td rowspan="2">少数民族散杂居乡镇或农村</td><td>人数（人）</td><td>23</td><td>60</td><td>191</td><td>102</td><td>21</td><td>397</td></tr>
<tr><td>比例（%）</td><td>5.8</td><td>15.1</td><td>48.1</td><td>25.7</td><td>5.3</td><td>100.0</td></tr>
<tr><td rowspan="2">合计</td><td>人数（人）</td><td>196</td><td>485</td><td>996</td><td>579</td><td>135</td><td>2392</td></tr>
<tr><td>比例（%）</td><td>8.2</td><td>20.3</td><td>41.6</td><td>24.2</td><td>5.6</td><td>100.0</td></tr>
<tr><td colspan="8">$P = 0.000$ $X^2 = 61.924$</td></tr>
</table>

注：缺失值115，占比4.6%。

如表 3-4-2 所示，居住在少数民族聚居区县城及以上城市与乡镇或农村的少数民族大学生中，分别有 22.5% 和 24.7% 的少数民族大学生感到中国特色社会主义共同理想离自己"不远"；居住在少数民族散杂居县城及以上城市与乡镇或农村的少数民族大学生中，分别有 26.0% 和 25.7% 的人认为"不远"。可见，同一类型区域中，来自乡镇或农村的少数民族大学生中对中国特色社会主义共同理想与自身关系的认识要高于县城及以上城市；在同一经济发展水平的区域上，来自少数民族散杂居地区的少数民族大学生对中国特色社会主义共同理想与自身关系的认识要高于来自少数民族聚居区的少数民族大学生。

（三）不同地域来源少数民族大学生与"继承发展"的比较分析

表3-4-3　不同地域来源少数民族大学生与"继承发展"的比较分析统计

问题 来源地		中国特色社会主义理论体系与马列主义和毛泽东思想是继承与发展的关系					合计
		很赞同	赞同	不一定	不赞同	很不赞同	
少数民族聚居区县城及以上城市	人数（人）	172	557	161	23	2	915
	比例（%）	18.8	60.9	17.6	2.5	0.2	100.0
少数民族聚居区乡镇或农村	人数（人）	98	477	101	24	1	701
	比例（%）	14.0	68.0	14.4	3.4	0.1	100.0
少数民族散杂居县城及以上城市	人数（人）	70	214	75	11	4	374
	比例（%）	18.7	57.2	20.1	2.9	1.1	100.0
少数民族散杂居乡镇或农村	人数（人）	46	268	59	18	2	393
	比例（%）	11.7	68.2	15.0	4.6	0.5	100.0
合计	人数（人）	388	1516	396	76	9	2385
	比例（%）	16.3	63.6	16.6	3.2	0.4	100.0
P = 0.000				$X^2 = 45.818$			

注：缺失值122，占比4.9%。

如表3-4-3所示，居住在少数民族聚居区县城及以上城市与乡镇或农村的少数民族大学生中，在"中国特色社会主义理论体系与马列主义和毛泽东思想是继承与发展的关系"问题的认识上，分别有79.7%和82.0%的人表示"很赞同"和"赞同"；居住在少数民族散杂居县城及以上城市与乡镇或农村的少数民族大学生中，分别有75.9%和79.9%的人表示"很赞同"和"赞同"。可见，来自于少数民族聚居区的少数民族大学生对"中国特色社会主义理论体系与马列主义和毛泽东思想是继承与发展的关系"的认同度要高于少数民族散杂居区的少数民族大学生；无论是在少数民族聚居区，还是在少数民族散杂居区，居住于县城及以上城市的少数民族大学生对此认同度要低于居住于乡镇或农村的少数民族大学生。

（四）不同地域来源少数民族大学生与"成功建设"的比较分析

表3-4-4 不同地域来源少数民族大学生与"成功建设"的比较分析统计

来源地	问题	您对我国能成功建设中国特色社会主义					合计
		很有信心	有信心	说不清	没有	很没有	
少数民族聚居区县城及以上城市	人数（人）	236	502	144	27	10	920
	比例（%）	25.7	54.6	15.7	2.9	1.1	100.0
少数民族聚居区乡镇或农村	人数（人）	145	408	133	14	2	702
	比例（%）	20.7	58.1	18.9	2.0	0.3	100.0
少数民族散杂居县城及以上城市	人数（人）	86	211	65	17	4	383
	比例（%）	22.5	55.1	17.0	4.4	1.0	100.0
少数民族散杂居乡镇或农村	人数（人）	86	224	76	11	1	398
	比例（%）	21.6	56.3	19.1	2.8	0.3	100.0
合计	人数（人）	555	1345	418	69	17	2405
	比例（%）	23.1	55.9	17.4	2.9	0.7	100.0
$P = 0.109$					$X^2 = 28.016$		

注：缺失值102，占比4.1%。

如表3-4-4所示，居住在少数民族聚居区县城及以上城市与乡镇或农村的少数民族大学生中，在对我国能否成功建设中国特色社会主义的问题上，有80.3%和78.8%的少数民族大学生表示

"很有信心"和"有信心";居住在少数民族散杂居县城及以上城市与乡镇或农村的少数民族大学生中,分别有 77.6% 和 77.9% 的人表示"很有信心"和"有信心"。可见,来自不同区域的少数民族大学生对我国能否成功建设中国特色社会主义问题上的态度差异并不明显,信心度都较高。

一般而言,居住在少数民族聚居区、散杂居区县城及以上城市的少数民族大学生具有较广阔的视野和较强的分析能力,相对于居住在少数民族聚居区、散杂居区乡镇或农村的少数民族大学生而言,对中国特色社会主义建设感受性应更强,应当对中国特色社会主义共同理想的认同程度更高。但从调查数据来看,来自少数民族聚居区的乡镇或农村的大学生比来自少数民族聚居区县城及以上城市的大学生对中国特色社会主义共同理想的认同程度更高,少数民族散杂居区同样如此。

五 不同民族少数民族大学生对中国特色社会主义共同理想认同的比较

课题组选取调查样本中人数比例较高的藏族、哈萨克族、回族、满族、蒙古族、苗族、土家族、维吾尔族、瑶族和壮族等 10 个民族共计 2075 名少数民族大学生对中国特色社会主义共同理想的认同状况进行比较分析。

(一) 不同民族少数民族大学生与"共同理想"的比较分析

调查结果显示(见表 3-5-1),不同民族少数民族大学生对"建设有中国特色社会主义是中国各族人民的共同理想"认同度较高,共计 1701 人,占比 82.4%。但不同民族少数民族大学生对中国特色社会主义共同理想的认同度差异显著,认同度比例由高到低顺序依次是藏族(93.3%)、蒙古族(87.9%)、苗族(82.9%)、回族(82.2%)、瑶族(81.4%)、壮族(80.0%)、维吾尔族(79.8%)、满族(75.9%)、哈萨克族(74.5%)、土家族(73.9%)。而对此持否定态度的仅占 3.5%,另有 14.1% 的少数民族大学生对此态度模糊。可见,对"建设有中国特色社会主义是当前中国各族人民的共同理想"这一观点的认同度最高的是藏族少数民族大学生,赞同人数占比高达93.3%,最低的是土家族少数民族大学生,赞同人数占比为73.9%。

表3-5-1 不同民族少数民族大学生与"共同理想"的比较分析统计

民族	问题	建设有中国特色社会主义是当前中国各族人民的共同理想					合计
		很赞同	赞同	不一定	不赞同	很不赞同	
藏族	人数(人)	67	237	19	3	0	326
	比例(%)	20.6	72.7	5.8	0.9	0.0	100.0
哈萨克族	人数(人)	13	31	12	3	0	59
	比例(%)	22.0	52.5	20.3	5.1	0.0	100.0
回族	人数(人)	85	142	37	9	3	276
	比例(%)	30.8	51.4	13.4	3.3	1.1	100.0
满族	人数(人)	12	51	16	4	0	83
	比例(%)	14.5	61.4	19.3	4.8	0.0	100.0
蒙古族	人数(人)	13	38	4	2	1	58
	比例(%)	22.4	65.5	6.9	3.4	1.7	100.0
苗族	人数(人)	55	193	39	12	0	299
	比例(%)	18.4	64.5	13.0	4.0	0.0	100.0
土家族	人数(人)	20	62	25	4	0	111
	比例(%)	18.0	55.9	22.5	3.6	0.0	100.0

续表

民族	问题	建设有中国特色社会主义是当前中国各族人民的共同理想					合计
		很赞同	赞同	不一定	不赞同	很不赞同	
维吾尔族	人数（人）	43	166	46	5	2	262
	比例（%）	16.4	63.4	17.6	1.9	0.8	100.0
瑶族	人数（人）	21	49	11	3	2	86
	比例（%）	24.4	57.0	12.8	3.5	2.3	100.0
壮族	人数（人）	76	327	82	19	0	504
	比例（%）	15.1	64.9	16.2	3.8	0.0	100.0
合计	人数（人）	405	1296	291	62	10	2064
	比例（%）	19.6	62.8	14.1	3.0	0.5	100.0

P = 0.000 $X^2 = 115.759$

注：缺失值为11，占比0.5%。

（二）不同民族少数民族大学生与"理想遥远"的比较分析

调查结果显示（见表3-5-2），大部分少数民族大学生认为中国特色社会主义共同理想离自己有些远，共计1347人，占比65.5%。但不同民族少数民族大学生对中国特色社会主义共同理想与自身关系的关注度差异显著，从"非常远"和"很远"两个选项来看，对"中国特色社会主义共同理想与自己的关系"的密切程度认同度最低的是土家族少数民族大学生，占同类受访人数的39.1%；对"中国特色社会主义共同理想与自己的关系"的密切程度认同度最高的是藏族少数民族大学生，人数占同类受访人数的10.7%。从"有些远"和"不远"两个选项来看，大多数少数民族大学生选择"有些远"和"不远"，都占同类受访人数的61%以上，最高的是藏族,达86.5%。认为"不远"的比例由高到低顺序依次是维吾尔族(44.5%)、哈萨克族(42.6%)、藏族(41.7%)、满族(33.7%)、蒙古族(30.5%)、回族(26.9%)、壮族(22.7%)、苗族(14.0%)、土家族(13.6%)、瑶族(6.4%)。认为中国特色社会主义共同理想与自己的关系"说不清"的人数占比最高的是哈萨克族少数民族大学生,占同类受访人数的16.4%;最低的是藏族少数民族大学生,占比2.8%。

表3-5-2 不同民族少数民族大学生与"理想遥远"的比较分析统计

民族	问题	中国特色社会主义共同理想离自己远吗?					合计
		非常远	很远	有些远	不远	说不清	
藏族	人数(人)	13	22	146	136	9	326
	比例(%)	4.0	6.7	44.8	41.7	2.8	100.0
哈萨克族	人数(人)	0	9	16	26	10	61
	比例(%)	0.0	14.8	26.2	42.6	16.4	100.0
回族	人数(人)	17	57	110	74	17	275
	比例(%)	6.2	20.7	40.0	26.9	6.2	100.0
满族	人数(人)	3	12	32	28	8	83
	比例(%)	3.6	14.5	38.6	33.7	9.6	100.0
蒙古族	人数(人)	2	8	27	18	4	59
	比例(%)	3.4	13.6	45.8	30.5	6.8	100.0
苗族	人数(人)	27	77	139	41	9	293
	比例(%)	9.2	26.3	47.4	14.0	3.1	100.0

续表

民族	问题	中国特色社会主义共同理想离自己远吗?					合计
		非常远	很远	有些远	不远	说不清	
土家族	人数(人)	12	31	46	15	6	110
	比例(%)	10.9	28.2	41.8	13.6	5.5	100.0
维吾尔族	人数(人)	12	35	76	117	23	263
	比例(%)	4.6	13.3	28.9	44.5	8.7	100.0
瑶族	人数(人)	4	22	43	5	4	78
	比例(%)	5.1	28.2	55.1	6.4	5.1	100.0
壮族	人数(人)	26	115	208	115	43	507
	比例(%)	5.1	22.7	41.0	22.7	8.5	100.0
合计	人数(人)	116	388	843	575	133	2055
	比例(%)	5.6	18.9	41.0	28.0	6.5	100.0
$P = 0.000$					$X^2 = 222.319$		

注：缺失值为20，占比0.9%。

（三）不同民族少数民族大学生与"继承发展"的比较分析

调查结果显示（见表3-5-3），各民族少数民族大学生高度认同"中国特色社会主义理论体系与马列主义和毛泽东思想是继承与发展的关系"，累计1674人，占比81.7%。但不同民族少数民族大学生对此的认同度存在差异，认同的比例由高到低顺序依次是瑶族（90.7%）、藏族（86.1%）、回族（85.0%）、哈萨克族（84.5%）、满族（82.7%）、蒙古族（82.7%）、苗族（81.9%）、土家族（80.9%）、维吾尔族（80.6%）、壮族（75.4%）。可见，对"中国特色社会主义理论体系与马列主义和毛泽东思想是继承与发展的关系"这一观点的认同度最高的是瑶族少数民族大学生,赞同人数占同类受访人数的90.7%;最低的是壮族少数民族大学生,赞同人数占同类受访人数的75.4%。从"不一定"选项来看,存在少部分人对中国特色社会主义理论体系与马列主义和毛泽东思想的关系认识模糊,其中占同类受访人数比最多的是壮族少数民族大学生,最少的是瑶族少数民族大学生。

表3-5-3 不同民族少数民族大学生与"继承发展"的比较分析统计

民族	问题	中国特色社会主义理论体系与马列主义和毛泽东思想是继承与发展的关系					合计
		很赞同	赞同	不一定	不赞同	很不赞同	
藏族	人数(人)	35	242	36	9	0	322
	比例(%)	10.9	75.2	11.2	2.8	0.0	100.0
哈萨克族	人数(人)	9	40	7	2	0	58
	比例(%)	15.5	69.0	12.1	3.4	0.0	100.0
回族	人数(人)	48	185	30	9	2	274
	比例(%)	17.5	67.5	10.9	3.3	0.7	100.0
满族	人数(人)	12	55	12	2	0	81
	比例(%)	14.8	67.9	14.8	2.5	0.0	100.0
蒙古族	人数(人)	12	55	12	2	1	59
	比例(%)	14.8	67.9	14.8	2.5	1.7	100.0

续表

民族 \ 问题		中国特色社会主义理论体系与马列主义和毛泽东思想是继承与发展的关系					合计
		很赞同	赞同	不一定	不赞同	很不赞同	
苗族	人数（人）	47	198	44	7	3	299
	比例（%）	15.7	66.2	14.7	2.3	1.0	100.0
土家族	人数（人）	24	65	17	2	2	110
	比例（%）	21.8	59.1	15.5	1.8	1.8	100.0
维吾尔族	人数（人）	25	183	42	8	0	258
	比例（%）	9.7	70.9	16.3	3.1	0.0	100.0
瑶族	人数（人）	11	67	6	0	2	86
	比例（%）	12.8	77.9	7.0	0.0	2.3	100.0
壮族	人数（人）	80	300	121	3	0	504
	比例（%）	15.9	59.5	24.0	0.6	0.0	100.0
合计	人数（人）	301	1373	322	44	10	2051
	比例（%）	14.7	67.0	15.7	2.1	0.5	100.0

$P = 0.000$ $X^2 = 125.835$

注：缺失值为24，占比1.2%。

（四）不同民族少数民族大学生与"成功建设"的比较分析

调查结果显示（见表3-5-4），各民族少数民族大学生对"我国能成功建设中国特色社会主义"表示"很有信心""有信心"的人数累计达1664人，占比80.8%。但不同民族少数民族大学生对此的认同度存在差异，认同的比例由高到低顺序依次是藏族（93.4%）、哈萨克族（88.6%）、瑶族（86.0%）、回族（85.3%）、满族（84.3%）、苗族（76.2%）、壮族（76.2%）、土家族（74.8%）、蒙古族（74.5%）、维吾尔族（73.5%）。可见，对"我国能成功建设中国特色社会主义"这一观点的认同度最高的是藏族少数民族大学生，赞同人数占同类受访人数的93.4%；最低的是维吾尔族少数民族大学生，赞同人数占同类受访人数的73.5%。从"说不清"选项来看，存在少部分人对"我国能成功建设中国特色社会主义"这一观点认识模糊，其中人数占比最多的维吾尔族少数民族大学生，占同类受访人数的22.3%；最少的是藏族少数民族大学生，占比4.7%。

表3-5-4 不同民族少数民族大学生与"成功建设"的比较分析统计

民族	问题	您对我国能成功建设中国特色社会主义					合计
		很有信心	有信心	说不清	没有	很没有	
藏族	人数（人）	80	221	15	6	0	322
	比例（%）	24.8	68.6	4.7	1.9	0.0	100.0
哈萨克族	人数（人）	14	40	6	1	0	61
	比例（%）	23.0	65.6	9.8	1.6	0.0	100.0
回族	人数（人）	74	158	33	5	2	272
	比例（%）	27.2	58.1	12.1	1.8	0.7	100.0
满族	人数（人）	22	48	13	0	0	83
	比例（%）	26.5	57.8	15.7	0.0	0.0	100.0
蒙古族	人数（人）	12	32	13	1	1	59
	比例（%）	20.3	54.2	22.0	1.7	1.7	100.0

续表

民族	问题	您对我国能成功建设中国特色社会主义					合计
		很有信心	有信心	说不清	没有	很没有	
苗族	人数（人）	56	172	53	15	3	299
	比例（%）	18.7	57.5	17.7	5.0	1.0	100.0
土家族	人数（人）	26	57	20	6	2	111
	比例（%）	23.4	51.4	18.0	5.4	1.8	100.0
维吾尔族	人数（人）	42	152	59	8	3	264
	比例（%）	15.9	57.6	22.3	3.0	1.1	100.0
瑶族	人数（人）	21	53	10	2	0	86
	比例（%）	24.4	61.6	11.6	2.3	0.0	100.0
壮族	人数（人）	106	278	109	8	3	504
	比例（%）	21.0	55.2	21.6	1.6	0.6	100.0
合计	人数（人）	453	1211	331	52	13	2061
	比例（%）	22.0	58.8	16.1	2.5	0.6	100.0

$P = 0.000$ $X^2 = 128.407$

注：缺失值为14，占比0.6%。

从以上分析可以看出，在对待同一问题的看法上，各民族少数民族大学生都有自己独立的看法和见解，都多少受到该民族地域、文化、环境和思维方式上的影响，聚居地处在边疆或偏远地区的少数民族大学生比聚居地在祖国腹地的少数民族大学生认同程度较低一些。但在有些问题上，聚居地处在边疆或偏远地区的少数民族大学生比聚居地在祖国腹地的少数民族大学生的认同程度要高一些。因此,在社会主义核心价值体系的认同与践行过程中,高校应针对不同民族大学生的身心特点,充分考虑这些因素,有的放矢地开展宣传教育工作。

六 不同院校少数民族大学生对中国特色社会主义共同理想认同的比较

课题组从"民族院校"与"非民族院校"视角出发,探讨不同院校类型下少数民族大学生对中国特色社会主义共同理想认同的差异性。

(一)不同院校少数民族大学生与"共同理想"的比较分析

表 3-6-1 不同院校少数民族大学生与"共同理想"的比较分析统计

院校类别	问题	建设有中国特色社会主义是当前中国各族人民的共同理想					合计
		很赞同	赞同	不一定	不赞同	很不赞同	
民族院校	人数(人)	379	1033	275	70	13	1770
	比例(%)	21.4	58.4	15.5	4.0	0.7	100.0
非民族院校	人数(人)	140	385	143	23	4	695
	比例(%)	20.1	55.4	20.6	3.3	0.6	100.0
合计	人数(人)	520	1422	422	98	17	2479
	比例(%)	21.0	57.4	17.0	4.0	0.7	100.0
P = 0.000					$X^2 = 49.747$		

注:缺失值28,占比1.1%。

如表 3-6-1 所示,不同院校类别少数民族大学生对建设有中国特色社会主义是当前中国各族人民的共同理想表示"很赞同""赞同"的有1942人,累计占比78.4%,说明不同院校类别少数民族大学生对建设有中国特色社会主义是当前中国各族人民的共同理想认同度较高。就读于民族院校的少数民族大学生中,有21.4%和58.4%的人分别表示"很赞同"和"赞同";而就读于非民族院校的少数民族大学生中,有20.1%和55.4%的人分别表示"很赞同"和"赞同"。可见,就读于民族院校的少数民族大学生对建设有中国特色社会主义共同理想的认同程度要高于就读于非民族院校的少数民族大学生。

(二)不同院校少数民族大学生与"理想遥远"的比较分析

表3-6-2 不同院校少数民族大学生与"理想遥远"的比较分析统计

院校类别	问题	中国特色社会主义共同理想离自己远吗?					合计
		非常远	很远	有些远	不远	说不清	
民族院校	人数(人)	128	319	793	418	103	1762
	比例(%)	7.3	18.1	45.0	23.7	5.8	100.0
非民族院校	人数(人)	67	169	232	186	40	694
	比例(%)	9.7	24.4	33.4	26.8	5.8	100.0
合计	人数(人)	195	494	1032	606	144	2472
	比例(%)	7.9	20.0	41.7	24.5	5.8	100.0
P = 0.000					$X^2 = 36.355$		

注:缺失值35,占比1.4%。

如表3-6-2所示,不同院校类别少数民族大学生对"中国特色社会主义共同理想离自己远吗?"表示"非常远"的有195人,占受访总人数的7.9%,表示"很远"的有494人,占受访总人数的20.0%,表示"有些远"的有1032人,占受访总人数的41.7%,合计有1721人,累计占比69.6%。总体上看,大部分人认为中国特色社会主义共同理想离自己是远的。就读于民族院校的少数民族大学生中，有23.7%的人感到中国特色社会主义共同理想离自己不远；而就读于非民族院校的少数民族大学生中，有26.8%的人感到中国特色社会主义共同理想离自己不远。可见，就读于民族院校的少数民族大学生对中国特色社会主义共同理想与自己关系密切的认同度要低于就读于非民族院校的少数民族大学生。

（三）不同院校少数民族大学生与"继承发展"的比较分析

表3-6-3 不同院校少数民族大学生与"继承发展"的比较分析统计

院校类别	问题	中国特色社会主义理论体系与马列主义和毛泽东思想是继承与发展的关系					合计
		很赞同	赞同	不一定	不赞同	很不赞同	
民族院校	人数（人）	281	1161	248	59	7	1756
	比例（%）	16.0	66.1	14.1	3.4	0.4	100.0
非民族院校	人数（人）	118	405	150	19	3	695
	比例（%）	17.0	58.3	21.6	2.7	0.4	100.0
合计	人数（人）	401	1575	403	78	10	2467
	比例（%）	16.3	63.8	16.3	3.2	0.4	100.0
P = 0.001					$X^2 = 25.734$		

注：缺失值40，占比1.6%。

如表3-6-3所示，不同院校类别少数民族大学生对"中国特色社会主义理论体系与马列主义和毛泽东思想是继承与发展的关系"表示"很赞同"、"赞同"占受访总人数的80.1%，表明大部分少数民族大学生对中国特色社会主义理论充满自信。就读于民族院校的少数民族大学生中，有16.0%和66.1%的人表示"很赞同"和"赞同"；就读于非民族院校的少数民族大学生中，有17.0%和58.3%的人表示"很赞同"和"赞同"。可见,就读于民族院校的少数民族大学生对这一观点的认同程度更高且更为集中;就读于非民族院校的少数民族大学生中有相当一部分人对这一观点持怀疑态度,比例高于就读于民族院校的少数民族大学生。

(四)不同院校少数民族大学生与"成功建设"的比较分析

表3-6-4 不同院校少数民族大学生与"成功建设"的比较分析统计

院校类别	问题	您对我国能成功建设中国特色社会主义					合计
		很有信心	有信心	说不清	没有信心	很没有信心	
民族院校	人数(人)	422	995	287	51	15	1771
	比例(%)	23.8	56.2	16.2	2.9	0.8	100.0
非民族院校	人数(人)	148	388	140	19	2	697
	比例(%)	21.2	55.7	20.1	2.7	0.3	100.0
合计	人数(人)	571	1394	431	70	17	2484
	比例(%)	23.0	56.1	17.4	2.8	0.7	100.0
$P = 0.279$				$X^2 = 12.093$			

注:缺失值23,占比0.9%。

如表3-6-4所示,不同院校类别少数民族大学生对"我国能成功建设中国特色社会主义"表示"很有信心""有信心"的有1965人,累计占比79.1%,表明少数民族大学生对我国成功建设中国特色社会主义抱有坚定的信心和美好的愿望。就读于民族院校的少数民族大学生中有23.8%和56.2%的人表示"很有信心"和"有信心";就读于非民族院校的少数民族大学生中,有21.2%和55.7%的人表示"很有信心"和"有信心"。可见,就读于民族院校的少数民族大学生对此的认同度要高于就读于非民族院校的少数民族大学生,但差异不明显。

从以上分析中可以看出,大部分少数民族大学生对中国特色社会主义共同理想的认同程度都很高。整体而言，就读于民族院校的少数民族大学生比就读于普通高校的少数民族大学生更加了解和坚定中国特色社会主义共同理想，对其具有更高的认同度。

七 不同政治面貌少数民族大学生对中国特色社会主义共同理想认同的比较

课题组从"中共党员""共青团员""其他"三组不同政治面貌出发，探讨不同政治面貌下少数民族大学生对中国特色社会主义共同理想认同的差异性。

（一）不同政治面貌少数民族大学生与"共同理想"的比较分析

表3-7-1 不同政治面貌少数民族大学生与"共同理想"的比较分析统计

政治面貌	问题	建设有中国特色社会主义是当前中国各族人民的共同理想					合计
		很赞同	赞同	不一定	不赞同	很不赞同	
中共党员	人数（人）	45	122	50	11	2	230
	比例（%）	19.6	53.0	21.7	4.8	0.9	100.0
共青团员	人数（人）	452	1249	343	82	15	2141
	比例（%）	21.1	58.3	16.0	3.8	0.7	100.0
其他	人数（人）	25	51	28	5	0	109
	比例（%）	22.9	46.8	25.7	4.6	0.0	100.0
合计	人数（人）	522	1422	421	98	17	2480
	比例（%）	21.0	57.3	17.0	4.0	0.7	100.0
$P = 0.076$					$X^2 = 14.217$		

注：缺失值27，占比1.1%。

如表3-7-1所示,不同政治面貌少数民族大学生对"建设有中国特色社会主义是当前中国各族人民的共同理想"表示"很赞同"、"赞同"占受访总人数的78.3%。但不同政治面貌的少数民族大学生对此认同存在差异。中共党员中,有19.6%和53.0%的人表示"很赞同"和"赞同";共青团员中,有21.1%和58.3%的人表示"很赞同"和"赞同";政治面貌是"其他"的人中,有22.9%和46.8%人表示"很赞同"和"赞同"。可见,不同政治面貌少数民族大学生对建设有中国特色社会主义是中国各族人民的共同理想的认同度都较高,且认同度最高的是共青团员,中共党员次之。

(二)不同政治面貌少数民族大学生与"理想遥远"的比较分析

表3-7-2 不同政治面貌少数民族大学生与"理想遥远"的比较分析统计

政治面貌	问题	中国特色社会主义共同理想离自己远吗?					合计
		非常远	很远	有些远	不远	说不清	
中共党员	人数(人)	27	71	88	38	6	230
	比例(%)	11.7	30.9	38.3	16.5	2.6	100.0
共青团员	人数(人)	153	401	894	552	133	2134
	比例(%)	7.2	18.8	41.9	25.9	6.2	100.0
其他	人数(人)	16	23	51	13	6	109
	比例(%)	14.7	21.1	46.8	11.9	5.5	100.0
合计	人数(人)	196	495	1033	603	145	2473
	比例(%)	7.9	20.0	41.8	24.4	5.9	100.0
P = 0.000					$X^2 = 48.101$		

注:缺失值34,占比1.4%。

如表3-7-2所示,不同政治面貌少数民族大学生对"中国特色社会主义共同理想离自己远吗?"表示"非常远"、"很远"和"有些远"占受访总人数的69.7%。中共党员中,有16.5%的人感到中国特色社会主义共同理想离自己不远。共青团员中,有25.9%的人感到中国特色社会主义共同理想离自己不远。政治面貌是"其他"的人中,有11.9%的人感到中国特色社会主义共同理想离自己不远。可见,大部分少数民族大学生觉得中国特色社会主义共同理想离自己远,但中共党员、共青团员及其他政治面貌三者中,共青团员对中国特色社会主义共同理想与自身的密切关系的认同度最高,中共党员次之。

(三)不同政治面貌少数民族大学生与"继承发展"的比较分析

表3-7-3 不同政治面貌少数民族大学生与"继承发展"的比较分析统计

政治面貌	问题	中国特色社会主义理论体系与马列主义和毛泽东思想是继承与发展的关系					合计
		很赞同	赞同	不一定	不赞同	很不赞同	
中共党员	人数(人)	41	122	50	15	2	230
	比例(%)	17.8	53.0	21.7	6.5	0.9	100.0
共青团员	人数(人)	334	1404	324	58	7	2127
	比例(%)	15.7	66.0	15.2	2.7	0.3	100.0
其他	人数(人)	26	49	28	5	1	109
	比例(%)	23.9	45.0	25.7	4.6	0.9	100.0
合计	人数(人)	401	1575	402	78	10	2466
	比例(%)	16.3	63.9	16.3	3.2	0.4	100.0

$P=0.000$ $X^2=40.435$

注:缺失值41,占比1.6%。

如表3-7-3所示,不同政治面貌少数民族大学生对"中国特色社会主义理论体系与马列主义和毛泽东思想是继承与发展的关系"表示"很赞同"、"赞同"占受访总人数的80.2%。这表明大多数少数民族大学生对这一观点都表示认同，但不同政治面貌的学生认同程度有所差异。中共党员中，有17.8%和53.0%的人表示"很赞同"和"赞同"；共青团员中，有15.7%和66.0%的人表示"很赞同"和"赞同"；政治面貌为"其他"的人中，有23.9%和45.0%的人表示"很赞同"和"赞同"。可见，少数民族大学生共青团员中对"中国特色社会主义理论体系与马列主义和毛泽东思想是继承与发展的关系"这一观点的认同度要比中共党员和政治面貌是"其他"中的少数民族大学生高。

（四）不同政治面貌少数民族大学生与"成功建设"的比较分析

表3-7-4　不同政治面貌少数民族大学生与"成功建设"的比较分析统计

政治面貌	问题	您对我国能成功建设中国特色社会主义					合计
		很有信心	有信心	说不清	没有信心	很没有信心	
中共党员	人数（人）	48	112	57	13	0	230
	比例（%）	20.9	48.7	24.8	5.7	0.0	100.0
共青团员	人数（人）	492	1232	349	53	17	2144
	比例（%）	22.9	57.5	16.3	2.5	0.8	100.0
其他	人数（人）	32	50	25	4	0	111
	比例（%）	28.8	45.0	22.5	3.6	0.0	100.0
合计	人数（人）	572	1394	431	70	17	2485
	比例（%）	23.0	56.1	17.3	2.8	0.7	100.0
$P = 0.001$				$X^2 = 28.504$			

注：缺失值22，占比0.9%。

如表3-7-4所示，不同政治面貌少数民族大学生对"我国能成功建设中国特色社会主义"表示"很有信心"、"有信心"占受访总人数的79.1%。中共党员中,有20.9%和48.7%的人表示"很有信心"和"有信心";共青团员中,有22.9%和57.5%的人表示"很有信心"和"有信心";政治面貌为"其他"的人中,有28.8%和45.0%的人表示"很有信心"和"有信心"。可见,少数民族大学生共青团员中对"我国能成功建设中国特色社会主义"这一观点持肯定态度的比例要高于中共党员和政治面貌是"其他"中的少数民族大学生。

从以上分析可以看出,大部分少数民族大学生对中国特色社会主义共同理想的认同程度都比较高。总的来看,中共党员和共青团员对这一观点的认同比政治面貌是"其他"的学生高,这说明政治面貌的不同影响人们的政治行为以及对国家政治生活的关注;而共青团员对中国特色社会主义共同理想的认同度要高于中共党员。这表明,高校在对少数民族大学生党员的政治教育、党性教育、先进性教育上还有待深入和加强。

八 不同毕业中学少数民族大学生对中国特色社会主义共同理想认同的比较

分析毕业于不同中学类别的少数民族大学生对社会主义核心价值体系的认同差异,对于进一步了解毕业中学类别与少数民族大学生价值体系认同之间的关系具有重要的意义。

(一)不同毕业中学少数民族大学生与"共同理想"的比较分析

表3-8-1 不同毕业中学少数民族大学生与"共同理想"的比较分析统计

中学类别	问题	建设有中国特色社会主义是当前中国各族人民的共同理想					合计
		很赞同	赞同	不一定	不赞同	很不赞同	
民族中学	人数(人)	124	363	136	31	6	660
	比例(%)	18.8	55.0	20.6	4.7	0.9	100.0

续表

问题 中学类别		建设有中国特色社会主义是当前中国各族人民的共同理想					合计
		很赞同	赞同	不一定	不赞同	很不赞同	
普通中学	人数（人）	398	1052	282	66	11	1809
	比例（%）	22.0	58.2	15.6	3.6	0.6	100.0
合计	人数（人）	522	1416	419	97	17	2471
	比例（%）	21.1	57.3	17.0	3.9	0.7	100.0
$P = 0.115$					$X^2 = 18.017$		

注：缺失值36，占比1.4%。

如表3-8-1所示，不同毕业中学的少数民族大学生对"建设有中国特色社会主义是中国各族人民的共同理想"表示"很赞同"和"赞同"占受访总人数的78.4%。毕业于民族中学的少数民族大学生中，有18.8%和55.0%的人表示"很赞同"和"赞同"，26.2%的人对这一观点持怀疑或否定态度；毕业于普通中学的少数民族大学生中，有22.0%和58.2%的人表示"很赞同"和"赞同"，有19.8%的人对这一观点持怀疑或否定态度。可见，毕业于普通中学的少数民族大学生中对中国特色社会主义共同理想的认同度要高于毕业于民族中学的少数民族大学生。

（二）不同毕业中学少数民族大学生与"理想遥远"的比较分析

表3-8-2　不同毕业中学少数民族大学生与"理想遥远"的比较分析统计

问题 中学类别		中国特色社会主义共同理想离自己远吗？					合计
		非常远	很远	有些远	不远	说不清	
民族中学	人数（人）	66	168	247	141	34	656
	比例（%）	10.1	25.6	37.7	21.5	5.2	100.0

续表

中学类别 \ 问题		中国特色社会主义共同理想离自己远吗?					合计
		非常远	很远	有些远	不远	说不清	
普通中学	人数(人)	131	326	780	457	111	1806
	比例(%)	7.3	18.1	43.2	25.3	6.1	100.0
合计	人数(人)	197	495	1027	599	145	2464
	比例(%)	8.0	20.1	41.7	24.3	5.9	100.0
P = 0.005				$X^2 = 33.059$			

注：缺失值 43，占比 1.7%。

如表 3-8-2 所示，毕业于不同中学的少数民族大学生对中国特色社会主义共同理想与自己关系的认识存在差异。总体上看，大部分人认为中国特色社会主义共同理想离自己是远的。毕业于民族中学的少数民族大学生中，有 10.1% 和 25.6% 的人认为"非常远"和"很远"，有 37.7% 的人认为"有些远"，5.2% 的人觉得"说不清"，而只有 21.5% 的人感到中国特色社会主义共同理想离自己不远；毕业于普通中学的少数民族大学生中，有 7.3% 和 18.1% 的人认为"非常远"和"很远"，有 43.2% 的人认为"有些远"，6.1% 的人觉得"说不清"，而 25.3% 的人感到中国特色社会主义共同理想离自己不远。由此可以看出，普通中学毕业的少数民族大学生认为中国特色社会主义共同理想与自己的关系密切的认同度要高于民族中学毕业的少数民族大学生，但差异不明显。

(三) 不同毕业中学少数民族大学生与"继承发展"的比较分析

表3-8-3 不同毕业中学少数民族大学生与"继承发展"的比较分析统计

中学类别	问题	中国特色社会主义理论体系与马列主义和毛泽东思想是继承与发展的关系					合计
		很赞同	赞同	不一定	不赞同	很不赞同	
民族中学毕业	人数(人)	113	376	144	26	2	661
	比例(%)	17.1	56.9	21.8	3.9	0.3	100.0
普通中学毕业	人数(人)	289	1190	257	51	7	1794
	比例(%)	16.1	66.3	14.3	2.8	0.4	100.0
合计	人数(人)	402	1567	401	77	10	2457
	比例(%)	16.4	63.8	16.3	3.1	0.4	100.0
$P = 0.000$				$X^2 = 270.809$			

注：缺失值50，占比2.0%。

如表3-8-3所示，毕业于不同中学的少数民族大学生对"中国特色社会主义理论体系与马列主义和毛泽东思想是继承与发展的关系"表示"很赞同"和"赞同"的有1969人，累计占比80.2%。毕业于民族中学的少数民族大学生中，有17.1%和56.9%的人表示"很赞同"和"赞同"，有26.0%的人持怀疑或否定态度；毕业于普通中学的少数民族大学生中，有16.1%和66.3%的人表示"很赞同"和"赞同"，有17.5%的人持怀疑或否定态度。可见，普通中学毕业的少数民族大学生对"中国特色社会主义理论体系与马列主义和毛泽东思想是继承与发展的关系"这一观点的认同更为集中，且认同程度更高。

(四)不同毕业中学少数民族大学生与"成功建设"的比较分析

表3-8-4 不同毕业中学少数民族大学生与"成功建设"的比较分析统计

中学类别	问题	您对我国能成功建设中国特色社会主义					合计
		很有信心	有信心	说不清	没有信心	很没有信心	
民族中学	人数(人)	141	345	143	31	4	664
	比例(%)	21.2	52.0	21.5	4.7	0.6	100.0
普通中学	人数(人)	433	1041	286	39	11	1811
	比例(%)	23.9	57.5	15.8	2.2	0.6	100.0
合计	人数(人)	574	1387	429	70	15	2476
	比例(%)	23.2	56.0	17.3	2.8	0.6	100.0
$P=0.005$					$X^2=25.421$		

注:缺失值31,占比1.2%。

表3-8-4中显示,不同毕业中学少数民族大学生对"我国能否成功建设中国特色社会主义"表示"很有信心"和"有信心"的占受访总人数的79.2%。毕业于民族中学的少数民族大学生中,有21.2%和52.0%的人表示"很有信心"和"有信心";毕业于普通中学的少数民族大学生中,有23.9%和57.5%的人表示"很有信心"和"有信心"。可见,毕业于普通中学的少数民族大学生对我国能成功建设中国特色社会主义的认同度要高于毕业于民族中学的少数民族大学生。

从以上分析可以看出,大部分少数民族大学生对中国特色社会主义共同理想的认同程度都比较高。但毕业于普通中学的少数民族大学生比毕业于民族中学的少数民族大学生对中国特色社会主义共同理想的认同程度更高。因此,在进行中国特色社会主义共同理想的宣传教育过程中,国家应重视民族中学教学质量的提升,提高教学资源的投入，缩小教育资源分布的不均，以便尽快地提高宣传教育成效。

九 不同经济状况少数民族大学生对中国特色社会主义共同理想认同的比较

课题组按照各调查对象家庭经济收入的不同，比较不同经济收入家庭中成长的少数民族大学生对中国特色社会主义共同理想的认同差异。

（一）不同经济状况少数民族大学生与"共同理想"的比较分析

表 3-9-1　不同经济状况少数民族大学生与"共同理想"的比较分析统计

问题 家庭人均年收入		建设有中国特色社会主义是当前中国各族人民的共同理想					合计
		很赞同	赞同	不一定	不赞同	很不赞同	
1000 元以下	人数（人）	115	266	81	11	2	475
	比例（%）	24.2	56.0	17.1	2.3	0.4	100.0
1000—2500 元	人数（人）	117	289	83	24	2	515
	比例（%）	22.7	56.1	16.1	4.7	0.4	100.0
2500—6000 元	人数（人）	179	536	185	44	9	953
	比例（%）	18.8	56.2	19.4	4.6	0.9	100.0
6000—10000 元	人数（人）	43	165	26	10	2	246
	比例（%）	17.5	67.1	10.6	4.1	0.8	100.0
10000 元以上	人数（人）	63	150	41	9	2	265
	比例（%）	23.8	56.6	15.5	3.4	0.8	100.0

续表

问题 家庭人均年收入		建设有中国特色社会主义是当前中国各族人民的共同理想					合计
		很赞同	赞同	不一定	不赞同	很不赞同	
合计	人数（人）	518	1406	416	98	17	2455
	比例（%）	21.1	57.3	16.9	4.0	0.7	100.0
	P = 0.033			X^2 = 33.086			

注：缺失值52，占比2.1%。

如表3-9-1所示，不同经济状况的少数民族大学生对中国特色社会主义共同理想表示"很赞同"和"赞同"的有1924人，78.4%的少数民族大学生对中国特色社会主义共同理想表示认同。家庭人均年收入为1000元以下、1000—2500元、2500—6000元、6000—10000元及10000元以上的少数民族大学生对"建设有中国特色社会主义是当前中国各族人民的共同理想"表示认同的分别有80.2%、78.8%、75.0%、84.6%、80.4%。可见，少数民族大学生对"建设有中国特色社会主义是当前中国各族人民的共同理想"的认同与其家庭经济收入关系明显，家庭人均年收入在6000—10000元之间的少数民族大学生认同度最高，家庭人均年收入在2500—6000元之间的少数民族大学生认同度最低。

（二）不同经济状况少数民族大学生与"理想遥远"的比较分析

表3-9-2 不同经济状况少数民族大学生与"理想遥远"的比较分析统计

问题 家庭人均年收入		中国特色社会主义共同理想离自己远吗？					合计
		非常远	很远	有些远	不远	说不清	
1000元以下	人数（人）	47	97	171	129	28	472
	比例（%）	10.0	20.6	36.2	27.3	5.9	100.0

续表

问题 家庭人均年收入		中国特色社会主义共同理想离自己远吗?					合计
		非常远	很远	有些远	不远	说不清	
1000—2500元	人数（人）	32	96	239	121	26	514
	比例（%）	6.2	18.7	46.5	23.5	5.1	100.0
2500—6000元	人数（人）	84	207	384	215	60	951
	比例（%）	8.8	21.8	40.4	22.6	6.3	100.0
6000—10000元	人数（人）	10	49	108	65	13	245
	比例（%）	4.1	20.0	44.1	26.5	5.3	100.0
10000元以上	人数（人）	24	43	112	68	18	265
	比例（%）	9.1	16.2	42.3	25.7	6.8	100.0
合计	人数（人）	197	492	1015	598	145	2448
	比例（%）	8.0	20.1	41.5	24.4	5.9	100.0

$P = 0.263 \qquad X^2 = 29.010$

注：缺失值59，占比2.4%。

如表3-9-2所示，不同经济状况的少数民族大学生对中国特色社会主义共同理想离自己表示"非常远"和"很远"的分别有197人和492人，分别占受访总人数的8.0%和20.1%，表示"有些远"的有1015人，占受访总人数的41.5%，累计有1704人，69.6%的少数民族大学生认为离自己远。家庭人均年收入为1000元以下、1000—2500元、2500—6000元、6000—10000元及10000元以上的少数民族大学生对中国特色社会主义共同理想与自身关系的密切表示认同的分别有27.3%、23.5%、22.6%、26.5%、25.7%。可见，家庭人均年收入在1000元以下的少数民族大学生认同度最高，家庭人均年收入在2500—6000之间的少数民族大学生认同度最低。但少数民族大学生对中国特色社会主义共同理想离自己远不远的感受与其家庭经济收入关系并不明显。

（三）不同经济状况少数民族大学生与"继承发展"的比较分析

表3-9-3　不同经济状况少数民族大学生与"继承发展"的比较分析统计

家庭人均年收入	问题	中国特色社会主义理论体系与马列主义和毛泽东思想是继承与发展的关系					合计
		很赞同	赞同	不一定	不赞同	很不赞同	
1000元以下	人数（人）	72	300	84	17	0	473
	比例（%）	15.2	63.4	17.8	3.6	0.0	100.0
1000—2500元	人数（人）	88	344	68	11	2	513
	比例（%）	17.2	67.1	13.3	2.1	0.4	100.0
2500—6000元	人数（人）	153	578	180	34	6	951
	比例（%）	16.1	60.8	18.9	3.6	0.6	100.0
6000—10000元	人数（人）	34	172	34	7	0	247
	比例（%）	13.8	69.6	13.8	2.8	0.0	100.0
10000元以上	人数（人）	52	161	34	9	2	258
	比例（%）	20.2	62.4	13.2	3.5	0.8	100.0
合计	人数（人）	400	1555	400	78	10	2443
	比例（%）	16.4	63.7	16.4	3.2	0.4	100.0
$P = 0.067$					$X^2 = 30.204$		

注：缺失值64，占比2.6%。

如表 3-9-3 所示，不同经济状况的少数民族大学生对"中国特色社会主义理论体系与马列主义和毛泽东思想是继承与发展的关系"表示"很赞同"和"赞同"的有 1955 人，80.1% 的少数民族大学生对此表示认同。家庭人均年收入为 1000 元以下、1000—2500 元、2500—6000 元、6000—10000 元及 10000 元以上的少数民族大学生对"中国特色社会主义理论体系与马列主义和毛泽东思想是继承与发展的关系"表示认同的比例分别为 78.6%、84.3%、76.9%、83.4%、82.6%。可见，少数民族大学生对此认同与其家庭人均年收入关系明显。家庭人均年收入在 2500—6000 元之间的少数民族大学生认同度最低，家庭人均年收入在 1000—2500 元之间的少数民族大学生认同度最高。

（四）不同经济状况少数民族大学生与"成功建设"的比较分析

表 3-9-4　不同经济状况少数民族大学生与"成功建设"的比较分析统计

家庭人均年收入	问题	您对我国能成功建设中国特色社会主义					合计
		很有信心	有信心	说不清	没有信心	很没有信心	
1000 元以下	人数（人）	105	271	87	7	5	475
	比例（%）	22.1	57.1	18.3	1.5	1.1	100.0
1000—2500 元	人数（人）	125	306	70	15	1	517
	比例（%）	24.2	59.2	13.5	2.9	0.2	100.0
2500—6000 元	人数（人）	211	529	174	36	6	956
	比例（%）	22.1	55.3	18.2	3.8	0.6	100.0

续表

问题 家庭人均年收入		您对我国能成功建设中国特色社会主义					合计
		很有信心	有信心	说不清	没有信心	很没有信心	
6000—10000元	人数（人）	55	136	49	6	0	247
	比例（%）	22.3	55.1	19.8	2.4	0.0	100.0
10000元以上	人数（人）	66	145	42	6	5	264
	比例（%）	25.0	54.9	15.9	2.3	1.9	100.0
合计	人数（人）	563	1387	422	70	17	2460
	比例（%）	22.9	56.4	17.2	2.8	0.7	100.0
$P=0.052$				$X^2=37.473$			

注：缺失值47，占比1.9%。

如表3-9-4所示，不同经济状况少数民族大学生对"我国能成功建设中国特色社会主义"表示"很有信心"、"有信心"的有1950人，累计占比79.3%。家庭人均年收入为1000元以下、1000—2500元、2500—6000元、6000—10000元及10000元以上的少数民族大学生对"我国能成功建设中国特色社会主义"表示认同的比例分别为79.2%、83.4%、77.4%、77.4%、79.9%。可见，少数民族大学生对此认同与其家庭人均年收入关系明显。家庭人均年收入在1000—2500元之间的少数民族大学生认同度最高，家庭人均年收入在2500—6000元、6000—10000元之间的少数民族大学生认同度最低。

由上述分析能看出，家庭人均年收入在2500—6000元和6000—10000元的学生，对中国特色社会主义共同理想的认同度较低，且更为分散，认识更为模糊；而家庭人均年收入处在最低和最高的两端的少数民族大学生，对中国特色社会主义共同理想的认同度都较高。

综合以上调查表明，在不同视角下，少数民族大学生对于中国特色社会主义共同理想的认同存在差异。例如，由于性别的差异，少数民族大学生在认同程度上表现出不同的倾向性，女生的认同程度总体上要比男生的认同程度稍高些；由于所学专业的差异，少数民族大学生在共同理想与自己的关系的问题上，看法存在一些分歧，总的来说文科类学生比理工类学生更能清楚地认识到两者之间的辩证关系；由于来自不同地域的差异，少数民族大学生在个人信仰以及对社会主义的了解度和认同度上不尽相同，来自视野广阔、环境复杂、价值观多元的地区的学生较之其他地区的学生思想上越发具有不稳定性，观念更加冗杂。少数民族大学生对中国特色社会主义共同理想的认同差异，进一步表明国家必须坚持民族区域自治制度，重视少数民族地区的经济建设和教育发展问题，制定和实施更加符合民族地区发展建设情况的政策；社会必须以更加开放、包容的心态去关注少数民族群体，了解和学习少数民族优秀文化知识；学校应该更加重视少数民族大学生的知识教育、心理健康、价值观培育等问题，给少数民族大学生营造一个平等、自由、舒适的学习环境和生活环境；教师在给学生授课时，应该充分考虑少数民族大学生的认同倾向和心理需求，摸索出一套灵活有效、针对性强的教学方法。少数民族大学生自己应该利用好身边的学习资源和环境，努力提升自己的思想道德修养、专业知识素养和社会主义国家归属感与认同感。

第四章

少数民族大学生对民族精神与时代精神认同的差异分析

民族精神和时代精神是中华民族自强不息、发展壮大的强大精神支撑,是我们不断开辟新征程、开创新未来的不竭精神动力,是社会主义核心价值体系的精髓。课题组以少数民族大学生对"爱国主义是否应成为民族精神的主要内容?"(简称"民族精神")、"中华民族是一个团结统一的大家庭,各民族应该团结互助,谁也离不开谁"(简称"民族团结")、"改革开放是否应该成为我们今天时代精神的主要内容?"(简称"时代精神")、"必须妥善处理改革开放与社会发展和稳定的关系"(简称"改革稳定")和"爱国主义的民族精神和改革开放的时代精神是和谐统一的"(简称"两者关系")几方面的看法,观测少数民族大学生对民族精神与时代精神的认同。同时,从性别、专业、年级、来源地、民族、就读院校、政治面貌、毕业中学及经济状况等方面对少数民族大学生就民族精神与时代精神的认同进行比较分析。

一 不同性别少数民族大学生对民族精神与时代精神认同的比较

课题组从性别角度,对不同性别少数民族大学生就民族精神与时代精神的认同现状进行统计分析。

（一）不同性别少数民族大学生与"民族精神"的比较分析

表4-1-1　不同性别少数民族大学生与"民族精神"的比较分析统计

性别	问题	爱国主义是否应成为民族精神的主要内容					合计
		很应该	应该	不一定	不应该	很不应该	
男	人数（人）	285	493	161	39	9	987
	比例（%）	28.9	49.9	16.3	4.0	0.9	100.0
女	人数（人）	473	856	147	19	7	1502
	比例（%）	31.5	57.0	9.8	1.3	0.5	100.0
合计	人数（人）	758	1349	308	58	16	2489
	比例（%）	30.5	54.2	12.4	2.3	0.6	100.0
$P=0.000$					$X^2=47.568$		

注：缺失值18，占比0.7%。

如表4-1-1所示，在少数民族大学生中，对"爱国主义是否应成为民族精神的主要内容"的问题上，男生中表示"很应该"、"应该"占受访男生总数的78.8%；女生表示"很应该"、"应该"占受访女生总数的88.5%。可见，不同性别少数民族大学生对爱国主义应成为民族精神的主要内容的看法不一，总体上呈肯定态度。其中，女生在此问题上的认同程度要比男生高，但在男生、女生中仍分别有21.2%和11.6%的少数民族大学生持怀疑与否定态度。

(二) 不同性别少数民族大学生与"民族团结"的比较分析

表4-1-2 不同性别少数民族大学生与"民族团结"的比较分析统计

性别	问题	中华民族是一个团结统一的大家庭,各民族应该团结互助,谁也离不开谁					合计
		很赞同	赞同	不一定	不赞同	很不赞同	
男	人数(人)	319	469	152	41	8	989
	比例(%)	32.3	47.4	15.4	4.1	0.8	100.0
女	人数(人)	623	729	131	16	6	1505
	比例(%)	41.4	48.4	8.7	1.1	0.4	100.0
合计	人数(人)	942	1198	283	57	14	2494
	比例(%)	37.8	48.0	11.3	2.3	0.6	100.0

$P = 0.000 \quad X^2 = 63.293$

注:缺失值13,占比0.5%。

如表4-1-2所示,在少数民族大学生中,对"中华民族是一个团结统一的大家庭,各民族应该团结互助,谁也离不开谁"的问题上,男生中表示"很赞同""赞同"的占受访男生总数的79.7%;在女生中,表示"很赞同""赞同"的占受访女生总数的89.8%。可见,不同性别少数民族大学生对"中华民族是一个团结统一的大家庭,各民族应该团结互助,谁也离不开谁"的总体认同程度很高,女生的认同度普遍比男生要高。

(三) 不同性别少数民族大学生与"时代精神"的比较分析

表 4-1-3　不同性别少数民族大学生与"时代精神"的比较分析统计

性别	问题	改革开放是否应该成为我们今天时代精神的主要内容?					合计
		很应该	应该	不一定	不应该	很不应该	
男	人数（人）	238	548	148	42	12	988
	比例（%）	24.1	55.5	15.0	4.3	1.2	100.0
女	人数（人）	381	888	194	32	11	1506
	比例（%）	25.3	59.0	12.9	2.1	0.7	100.0
合计	人数（人）	619	1436	342	74	23	2494
	比例（%）	24.8	57.6	13.7	3.0	0.9	100.0

$P = 0.007$　　　　　　　　　　$X^2 = 14.141$

注：缺失值13，占比0.5%。

如表4-1-3所示，在少数民族大学生中，对"改革开放是否应该成为我们今天时代精神的主要内容"的问题上，男生中表示"很应该"、"应该"的占受访男生总人数的79.6%；女生中认为"很应该"、"应该"的占受访女生总人数的84.3%。可见，不同性别少数民族大学生对改革开放应该成为时代精神的主要内容的总体认同程度很高，女生的认同度比男生略高。

（四）不同性别少数民族大学生与"改革稳定"的比较分析

表 4-1-4　不同性别少数民族大学生与"改革稳定"的比较分析统计

性别	问题	必须妥善处理改革开放与社会发展和稳定的关系					合计
		很赞同	赞同	不一定	不赞同	很不赞同	
男	人数（人）	273	529	133	34	10	983
	比例（%）	27.8	53.8	13.5	3.5	1.0	100.0
女	人数（人）	465	889	125	16	10	1506
	比例（%）	30.9	59.0	8.3	1.1	0.7	100.0
合计	人数（人）	738	1418	258	50	20	2489
	比例（%）	29.7	57.0	10.4	2.0	0.8	100.0
P = 0.000					$X^2 = 45.175$		

注：缺失值18，占比0.7%。

如表 4-1-4 所示，在少数民族大学生中，对"必须妥善处理改革开放与社会发展和稳定的关系"的问题上，男生中表示"很赞同"、"赞同"的占受访男生总数的81.6%；在女生中，表示"很赞同"、"赞同"的占受访女生总数的89.9%。可见，不同性别少数民族大学生对"必须妥善处理改革开放与社会发展和稳定的关系"总体上持很高的认同态度，女生的认同度要高于男生。

（五）不同性别少数民族大学生与"两者关系"的比较分析

表4-1-5　不同性别少数民族大学生与"两者关系"的比较分析统计

性别	问题	爱国主义的民族精神和改革开放的时代精神是和谐统一的					合计
		很赞同	赞同	不一定	不赞同	很不赞同	
男	人数（人）	244	518	189	30	6	987
	比例（%）	24.7	52.5	19.1	3.0	0.6	100.0
女	人数（人）	367	948	164	26	2	1507
	比例（%）	24.4	62.9	10.9	1.7	0.1	100.0
合计	人数（人）	611	1466	353	56	8	2494
	比例（%）	24.5	58.8	14.2	2.2	0.3	100.0

$P = 0.000$　　　　　　　　$X^2 = 48.637$

注：缺失值13，占比0.5%。

如表4-1-5所示，在少数民族大学生中，对"爱国主义的民族精神和改革开放的时代精神是和谐统一的"的问题上，男生中表示"很赞同"、"赞同"的占受访男生总数的77.2%；女生中表示"很赞同"、"赞同"的占受访女生总人数的87.3%。可见，不同性别的少数民族大学生对爱国主义的民族精神和改革开放的时代精神是和谐统一的认同程度较高，且女生的认同度要高于男生10个百分点。同时，还有19.1%的男生和10.9%的女生对此持模糊态度。

从以上结论中可以看出，总体上不同性别少数民族大学生对民族精神与时代精神的认同程度较高，女生的认同程度总体高于男生，但性别因素对民族精神与时代精神的认同差异并不十分明显。

二 不同专业少数民族大学生对民族精神与时代精神认同的比较

课题组从专业角度,就不同专业少数民族大学生对民族精神与时代精神的认同现状作统计分析。

(一) 不同专业少数民族大学生与"民族精神"的比较分析

表4-2-1 不同专业少数民族大学生与"民族精神"的比较分析统计

专业	问题	爱国主义是否应成为民族精神的主要内容?					合计
		很应该	应该	不一定	不应该	很不应该	
文科类	人数(人)	461	697	134	36	10	1338
	比例(%)	34.5	52.1	10.0	2.7	0.7	100.0
理工类	人数(人)	289	644	171	22	6	1132
	比例(%)	25.5	56.9	15.1	1.9	0.5	100.0
合计	人数(人)	750	1342	305	58	16	2471
	比例(%)	30.4	54.3	12.3	2.3	0.6	100.0

$P = 0.000$ $X^2 = 34.313$

注:缺失值36,占比1.4%。

如表4-2-1所示,在少数民族大学生中,对"爱国主义是否应成为民族精神的主要内容"的问题上,文科类学生中表示"很应该"的有461人,占受访文科生的34.5%,认为"应该"的有697人,

第四章　少数民族大学生对民族精神与时代精神认同的差异分析 / 153

占受访文科生的52.1%，累计86.6%的文科生持肯定态度；理工类学生中表示"很应该"的有289人，占受访理工类学生总数的25.5%，认为"应该"的有644人，占受访理工类学生总数的56.9%，累计82.4%的理工类学生持肯定态度。可见，不同专业少数民族大学生对爱国主义应成为民族精神的主要内容呈肯定态度，文科类学生比理工类学生的认同程度要高。

（二）不同专业少数民族大学生与"民族团结"的比较分析

表4-2-2　不同专业少数民族大学生与"民族团结"的比较分析统计

专业	问题	中华民族是一个团结统一的大家庭，各民族应该团结互助，谁也离不开谁					合计
		很赞同	赞同	不一定	不赞同	很不赞同	
文科类	人数（人）	550	636	125	22	7	1340
	比例（%）	41.0	47.5	9.3	1.6	0.5	100.0
理工类	人数（人）	383	557	154	34	7	1135
	比例（%）	33.7	49.1	13.6	3.0	0.6	100.0
合计	人数（人）	933	1193	280	56	14	2476
	比例（%）	37.7	48.2	11.3	2.3	0.6	100.0

$P = 0.000$　　　　$X^2 = 31.714$

注：缺失值31，占比1.2%。

如表4-2-2所示，在少数民族大学生中，对"中华民族是一个团结统一的大家庭，各民族应该团结互助，谁也离不开谁"的问题上，文科类学生中表示"很赞同"的有550人，占受访文科类学生总数的 41.0%，表示"赞同"的文科类学生人数有 636 人，占受访文科类学生总数的 47.5%，累计占比 88.5%；理工类学生中表示"很赞同"的有 383 人，占受访理工类学生总数的 33.7%，表示赞同的有 557 人，占受访理工类学生总数的 49.1%，累计占比 82.8%。可见，不同专业少数民族大学生对中华民族是一个团结的大家庭的总体认同程度都很高，但少数民族文科类学生的认同度要明显高于理工类学生。

（三）不同专业少数民族大学生与"时代精神"的比较分析

表 4-2-3　不同专业少数民族大学生与"时代精神"的比较分析统计

专业	问题	改革开放是否应该成为我们今天时代精神的主要内容					合计
		很应该	应该	不一定	不应该	很不应该	
文科类	人数（人）	344	777	179	34	8	1342
	比例（%）	25.6	57.9	13.3	2.5	0.6	100.0
理工类	人数（人）	272	648	158	40	15	1133
	比例（%）	24.0	57.2	13.9	3.5	1.3	100.0
合计	人数（人）	616	1426	337	74	23	2476
	比例（%）	24.9	57.6	13.6	3.0	0.9	100.0

$P=0.520$　　　　$X^2=7.155$

注：缺失值 31，占比 1.2%。

如表 4-2-3 所示，在少数民族大学生中，对"改革开放是否应该成为我们今天时代精神的主要内容"的问题上，文科类学生中表示"很应该"的有 344 人，占受访文科类学生总人数的 25.6%，表示"应该"的有 777 人，占受访文科类学生总人数的 57.9%，累计占比

83.5%；理工类学生中表示"很应该"的有272人，表示"应该"的有648人，分别占受访理工类学生总人数的24.0%和57.2%，累计占比81.2%。可见，不同专业少数民族大学生对改革开放应该成为时代精神的主要内容的总体认同程度很高，文科生的认同度略高于理科生。

（四）不同专业少数民族大学生与"改革稳定"的比较分析

表4-2-4 不同专业少数民族大学生与"改革稳定"的比较分析统计

专业	问题	必须妥善处理改革开放与社会发展和稳定的关系					合计
		很赞同	赞同	不一定	不赞同	很不赞同	
文科类	人数（人）	435	766	108	22	4	1340
	比例（%）	32.5	57.2	8.1	1.6	0.3	100.0
理工类	人数（人）	298	642	146	28	16	1130
	比例（%）	26.4	56.8	12.9	2.5	1.4	100.0
合计	人数（人）	733	1408	255	50	20	2471
	比例（%）	29.7	57.0	10.3	2.0	0.8	100.0
P=0.000					$X^2=46.202$		

注：缺失值36，占比1.4%。

如表4-2-4所示，在少数民族大学生中，对"必须妥善处理改革开放与社会发展和稳定的关系"的问题上，文科类学生中表示"很赞同"的有435人，占受访文科类学生总数的32.5%，表示"赞同"的有766人，占受访文科类学生总数的57.2%，累计占比89.7%。理工类学生中表示"很赞同"的有298人，占受访理工类学生总数的26.4%，表示"赞同"的有642人，占受访理工类学生总数的56.8%，累计占比83.2%。可见，不同专业少数民族大学生对必须妥善处理改革开放与社会发展和稳定的关系的总体认同程度很高，文科生比理科生的认同度略高。

（五）不同专业少数民族大学生与"两者关系"的比较分析

表4-2-5 不同专业少数民族大学生与"两者关系"的比较分析统计

专业	问题	爱国主义的民族精神和改革开放的时代精神是和谐统一的					合计
		很赞同	赞同	不一定	不赞同	很不赞同	
文科类	人数（人）	355	790	164	30	4	1343
	比例（%）	26.4	58.8	12.2	2.2	0.3	100.0
理工类	人数（人）	253	663	187	25	4	1132
	比例（%）	22.3	58.6	16.5	2.2	0.4	100.0
合计	人数（人）	608	1454	351	55	8	2476
	比例（%）	24.6	58.7	14.2	2.2	0.3	100.0
		$P = 0.112$			$X^2 = 12.983$		

注：缺失值31，占比1.2%。

如表4-2-5所示，在少数民族大学生中，对"爱国主义的民族精神和改革开放的时代精神是和谐统一的"的问题上，文科类学生中表示"很赞同"的有355人，占受访文科类学生总人数的26.4%，表示"赞同"的文科类学生有790人，占受访文科类学生总数的58.8%，累计占比85.2%；在理工类学生中表示"很赞同"的有253人，占受访理工类学生总人数的22.3%，表示"赞同"的有663人，占受访理工类学生总人数的58.6%；累计占比80.9%。可见，不同专业的少数民族大学生对爱国主义的民族精神和改革开放的时代精神是和谐统一的认同程度较高，文科类学生的认同度要高于理工类学生。

从以上结论中可以看出，不同专业类别少数民族大学生对民族精神与时代精神的认同度较高，文科生的认同程度总体高于理科生，但差异并不明显。

三　不同年级少数民族大学生对民族精神与时代精神认同的比较

课题组从年级角度，对不同年级少数民族大学生就民族精神与时代精神的认同现状作统计分析。

（一）不同年级少数民族大学生与"民族精神"的比较分析

表4-3-1　不同年级少数民族大学生与"民族精神"的比较分析统计

年级	问题	爱国主义是否应成为民族精神的主要内容？					合计
		很应该	应该	不一定	不应该	很不应该	
大一	人数（人）	298	331	60	8	2	699
	比例（%）	42.6	47.4	8.6	1.1	0.3	100.0
大二	人数（人）	212	455	102	17	8	794
	比例（%）	26.7	57.3	12.8	2.1	1.0	100.0
大三	人数（人）	234	530	137	30	6	937
	比例（%）	25.0	56.6	14.6	3.2	0.6	100.0
大四	人数（人）	14	31	8	3	0	56
	比例（%）	25.0	55.4	14.3	5.4	0	100.0

续表

问题 年级		爱国主义是否应成为民族精神的主要内容					合计
		很应该	应该	不一定	不应该	很不应该	
合计	人数（人）	758	1347	308	58	16	2487
	比例（%）	30.5	54.2	12.4	2.3	0.6	100.0
		P = 0.000			$X^2 = 88.193$		

注：缺失值20，占比0.8%。

如表4-3-1所示，在少数民族大学生中，对"爱国主义是否应成为民族精神的主要内容"的问题上，大一学生中表示"很应该"、"应该"的占受访大一学生总数的90.0%；大二学生中表示"很应该"、"应该"的占受访大二学生总数的84.0%；大三学生中表示"很应该"、"应该"的占受访大三学生总人数的81.6%。大四学生中表示"很应该"、"应该"的占受访大四学生总数的80.4%。可见，不同年级少数民族大学生对爱国主义应成为民族精神的主要内容的认同度很高，但认同度随着年级的升高而呈下降趋势。

（二）不同年级少数民族大学生与"民族团结"的比较分析

表4-3-2　不同年级少数民族大学生与"民族团结"的比较分析统计

问题 年级		中华民族是一个团结统一的大家庭，各民族应该团结互助，谁也离不开谁					合计
		很赞同	赞同	不一定	不赞同	很不赞同	
大一	人数（人）	355	285	49	7	2	698
	比例（%）	50.9	40.8	7.0	1.0	0.3	100.0
大二	人数（人）	260	406	101	24	6	797
	比例（%）	32.6	50.9	12.7	3.0	0.8	100.0

续表

年级	问题	中华民族是一个团结统一的大家庭，各民族应该团结互助，谁也离不开谁					合计
		很赞同	赞同	不一定	不赞同	很不赞同	
大三	人数（人）	306	485	120	22	6	939
	比例（%）	32.6	51.7	12.8	2.3	0.6	100.0
大四	人数（人）	20	22	11	4	0	57
	比例（%）	35.1	38.6	19.3	7.0	0	100.0
合计	人数（人）	941	1198	282	57	14	2492
	比例（%）	37.8	48.1	11.3	2.3	0.6	100.0

P = 0.000　　　　　　　　　　$X^2 = 96.426$

注：缺失值15，占比0.6%。

如表4-3-2所示，在少数民族大学生中，对"中华民族是一个团结统一的大家庭，各民族应该团结互助，谁也离不开谁"的问题上，大一学生中表示"很赞同"、"赞同"的占受访大一学生总数的91.7%。大二学生中表示"很赞同"、"赞同"的占受访大二学生总数的83.5%；大三学生中表示"很赞同"、"赞同"的占受访大三学生总数的84.3%；大四学生中表示"很赞同"、"赞同"的占受访学生总数的73.7%。可见，大一学生对中华民族是一个团结统一的大家庭的认同程度最高，大四学生最低。

（三）不同年级少数民族大学生与"时代精神"的比较分析

表4-3-3　不同年级少数民族大学生与"时代精神"的比较分析统计

问题 年级		改革开放是否应该成为我们今天时代精神的主要内容					合计
		很应该	应该	不一定	不应该	很不应该	
大一	人数（人）	226	374	84	12	3	699
	比例（%）	32.3	53.5	12.0	1.7	0.4	100.0
大二	人数（人）	164	481	111	34	6	796
	比例（%）	20.6	60.4	13.9	4.3	0.8	100.0
大三	人数（人）	213	554	135	26	11	939
	比例（%）	22.7	59.0	14.4	2.8	1.2	100.0
大四	人数（人）	15	27	10	2	3	57
	比例（%）	26.3	47.4	17.5	3.5	5.3	100.0
合计	人数（人）	618	1436	341	74	23	2492
	比例（%）	24.8	57.6	13.7	3.0	0.9	100.0
P = 0.000					$X^2 = 59.377$		

注：缺失值15，占比0.6%。

如表4-3-3所示，在少数民族大学生中，对"改革开放是否应该成为我们今天时代精神的主要内容"的问题上，大一学生中表示"很应该"、"应该"的占受访大一学生总人数的85.8%；大二学生中表示"很应该"、"应该"的占受访大二学生总人数的81.0%；大三学生中表示"很应该"、"应该"的占受访大三学生总人数的81.7%；大四学生中表示"很应该"、"应该"的占受访大四学生总数的

73.7%。可见，大一学生的认同度最高，大四学生的认同度明显低于其他三个年级。

（四）不同年级少数民族大学生与"改革稳定"的比较分析

表4-3-4　不同年级少数民族大学生与"改革稳定"的比较分析统计

年级	问题	必须妥善处理改革开放与社会发展和稳定的关系					合计
		很赞同	赞同	不一定	不赞同	很不赞同	
大一	人数（人）	276	365	49	5	3	699
	比例（%）	39.5	52.2	7.0	0.7	0.4	100.0
大二	人数（人）	183	492	84	22	7	792
	比例（%）	23.1	62.1	10.6	2.8	0.9	100.0
大三	人数（人）	258	536	119	20	5	938
	比例（%）	27.5	57.1	12.7	2.1	0.5	100.0
大四	人数（人）	21	23	6	2	5	57
	比例（%）	36.8	40.4	10.5	3.5	8.8	100.0
合计	人数（人）	738	1416	259	49	20	2487
	比例（%）	29.7	56.9	10.4	2.0	0.8	100.0

$P = 0.000$　　　　　　　　　　$X^2 = 134.230$

注：缺失值20，占比0.8%。

如表4-3-4所示，在少数民族大学生中，对"必须妥善处理改革开放与社会发展和稳定的关系"的问题上，大一学生中表示"很赞同"、"赞同"的占受访大一学生总数的91.7%；大二学生中表示"很赞同"、"赞同"的占受访大二学生总数的85.2%；大三学生中表示"很赞同"、"赞同"的占受访大三学生总数的84.6%;大四学生中表示"很赞同"、"赞同"的占受访大四学生总数的77.2%。可见,大一学生对必须妥善处理改革开放与社会发展和稳定的关系的认同程度最高,大四学生最低,不同年级少数民族大学生对此的认同度随着年级的升高而呈下降趋势。

(五)不同年级少数民族大学生与"两者关系"的比较分析

表4-3-5 不同年级少数民族大学生与"两者关系"的比较分析统计

年级	问题	爱国主义的民族精神和改革开放的时代精神是和谐统一的					合计
		很赞同	赞同	不一定	不赞同	很不赞同	
大一	人数(人)	238	372	77	9	4	700
	比例(%)	34.0	53.1	11.0	1.3	0.6	100.0
大二	人数(人)	165	473	128	30	1	797
	比例(%)	20.7	59.3	16.1	3.8	0.1	100.0
大三	人数(人)	196	590	136	13	2	937
	比例(%)	20.7	59.3	16.1	3.8	0.1	100.0
大四	人数(人)	13	28	11	4	1	57
	比例(%)	22.8	49.1	19.3	7.0	1.8	100.0
合计	人数(人)	612	1463	353	56	8	2492
	比例(%)	24.6	58.7	14.2	2.2	0.3	100.0

$P = 0.000$ $X^2 = 83.266$

注:缺失值15,占比0.6%。

如表4-3-5所示,在少数民族大学生中,对"爱国主义的民族精神和改革开放的时代精神是和谐统一的"的问题上,大一学生中表示"很赞同"、"赞同"的占受访大一学生总数的87.1%;大二学生中表示"很赞同"、"赞同"的占受访大二学生总人数的80.0%;大三学生中表示"很赞同"、"赞同"的占受访大三学生总数的80.0%;大四学生中表示"很赞同"、"赞同"的占受访大四学生总数的71.9%。可见,不同年级的少数民族大学生对爱国主义的民族精神和改革开放的时代精神是和谐统一的认同度较高,大一学生的认同度最高,大四学生认同度最低。

从以上结论中可以看出,不同年级少数民族大学生对民族精神与时代精神的认同程度有一定差异,年级因素对民族精神与时代精神的认同程度较为明显,表现为大一年级认同程度最高,大四年级认同程度最低,大二和大三年级认同程度区别不大。

四 不同地域少数民族大学生对民族精神与时代精神认同的比较

课题组从地域角度,对不同地域少数民族大学生就民族精神与时代精神的认同现状进行比较分析。

(一) 不同地域来源少数民族大学生与"民族精神"的比较分析

表4-4-1 不同地域来源少数民族大学生与"民族精神"的比较分析统计

来源地	问题	爱国主义是否应成为民族精神的主要内容?					合计
		很应该	应该	不一定	不应该	很不应该	
少数民族聚居区县城及以上城市	人数(人)	301	471	125	21	2	920
	比例(%)	32.7	51.2	13.6	2.3	0.2	100.0
少数民族聚居区乡镇或农村	人数(人)	193	423	70	13	5	704
	比例(%)	27.4	60.1	9.9	1.8	0.7	100.0

续表

问题 来源地		爱国主义是否应成为民族精神的主要内容？					合计
		很应该	应该	不一定	不应该	很不应该	
少数民族散杂居县城及以上城市	人数（人）	113	189	61	11	8	382
	比例（%）	29.6	49.5	16.0	2.9	2.1	100.0
少数民族散杂居乡镇或农村	人数（人）	119	215	46	13	1	394
	比例（%）	30.2	54.6	11.7	3.3	0.3	100.0
合计	人数（人）	726	1300	302	58	16	2402
	比例（%）	30.2	54.1	12.6	2.4	0.7	100.0
$P=0.001$					$X^2=39.608$		

注：缺失值105，占比4.2%。

如表4-4-1所示，在"爱国主义是否应成为民族精神的主要内容"的问题上，来自少数民族聚居区县城及以上城市与乡镇或农村的少数民族大学生中表示"很应该"、"应该"的分别占该地区受访学生总数的83.9%和87.5%；来自少数民族散杂居县城及以上城市与乡镇或农村的少数民族大学生中，表示"很应该"、"应该"的分别占该地区受访学生总数的79.1%和84.8%。可见，居住于少数民族聚居区县城及以上城市的少数民族大学生对"爱国主义应成为民族精神的主要内容"的认同度要高于居住于少数民族散杂居区县城及以上城市的少数民族大学生；居住于少数民族聚居区乡镇或农村的少数民族大学生对此的认同度要高于居住于少数民族散杂居区乡镇或农村的少数民族大学生。在同一区域类型中，乡镇或农村的少数民族大学生对此的认同度要高于县城及以上城市的少数民族大学生。

（二）不同地域来源少数民族大学生与"民族团结"的比较分析

表 4-4-2 不同地域来源少数民族大学生与"民族团结"的比较分析统计

来源地	问题	中华民族是一个团结统一的大家庭，各民族应该团结互助，谁也离不开谁					合计
		很赞成	赞成	不一定	不赞成	很不赞成	
少数民族聚居区县城及以上城市	人数（人）	362	447	93	17	4	923
	比例（%）	39.2	48.4	10.1	1.8	0.4	100.0
少数民族聚居区乡镇或农村	人数（人）	245	371	73	13	1	703
	比例（%）	34.9	52.8	10.4	1.8	0.1	100.0
少数民族散杂居县城及以上城市	人数（人）	147	150	62	16	7	382
	比例（%）	38.5	39.3	16.2	4.2	1.8	100.0
少数民族散杂居乡镇或农村	人数（人）	148	186	50	11	2	397
	比例（%）	37.3	46.9	12.6	2.8	0.5	100.0
合计	人数（人）	902	1156	278	57	14	2407
	比例（%）	37.5	48.0	11.5	2.4	0.6	100.0
	P = 0.000			$X^2 = 44.541$			

注：缺失值100，占比4.0%。

如表4-4-2所示，在"中华民族是一个团结统一的大家庭，各民族应该团结互助，谁也离不开谁"的问题上，来自少数民族聚居区县城及以上城市与乡镇或农村的少数民族大学生中表示"很赞同"、"赞同"的分别占该地区受访学生总数的87.6%和87.7%；来自少数民族散杂居区县城及以上城市与乡镇或农村的少数民族大学生中，表示"很赞同"、"赞同"的分别占该地区受访学生总数的77.8%和84.2%。可见，来自于少数民族聚居区的少数民族大学生对此的认同度要高于少数民族散杂居区的少数民族大学生；在同一区域类型中，乡镇或农村的少数民族大学生对此的认同度要高于县城及以上城市的少数民族大学生。

（三）不同地域来源少数民族大学生与"时代精神"的比较分析

表4-4-3 不同地域来源少数民族大学生与"时代精神"的比较分析统计

问题 来源地		改革开放是否应该成为时代精神的主要内容					合计
		很应该	应该	不一定	不应该	很不应该	
少数民族聚居区县城及以上城市	人数（人）	254	499	139	25	5	922
	比例（%）	27.5	54.1	15.1	2.7	0.5	100.0
少数民族聚居区乡镇或农村	人数（人）	151	443	87	19	3	703
	比例（%）	21.5	63.0	12.4	2.7	0.4	100.0
少数民族散杂居县城及以上城市	人数（人）	107	193	56	16	11	383
	比例（%）	27.9	50.4	14.6	4.2	2.9	100.0
少数民族散杂居乡镇或农村	人数（人）	83	252	46	12	4	397
	比例（%）	20.9	63.5	11.6	3.0	1.0	100.0
合计	人数（人）	595	1389	328	72	23	2407
	比例（%）	24.7	57.7	13.6	3.0	1.0	100.0

$P = 0.000$ $X^2 = 47.102$

注：缺失值100，占比4.0%。

如表4-4-3所示，在"改革开放是否应该成为时代精神的主要内容"的问题上，来自少数民族聚居区县城及以上城市与乡镇或农村的少数民族大学生中表示"很应该"、"应该"的分别占该地区受访学生总人数的81.6%和84.5%；来自少数民族散杂居区县城及以上城市与乡镇或农村的少数民族大学生中,表示"很应该"、"应该"的分别占该地区受访学生总人数的78.3%和84.4%。可见,来自于少数民族聚居区的少数民族大学生对此的认同度总体要高于来自于少数民族散杂居区的少数民族大学生;来自于少数民族聚居区、散杂居区乡镇或农村的少数民族大学生对此的认同度要高于来自于少数民族聚居区、散杂居区县城及以上城市的少数民族大学生。

(四) 不同地域来源少数民族大学生与"改革稳定"的比较分析

表4-4-4 不同地域来源少数民族大学生与"改革稳定"的比较分析统计

来源地	问题	必须妥善处理改革开放与社会发展和稳定的关系					合计
		很赞同	赞同	不一定	不赞同	很不赞同	
少数民族聚居区县城及以上城市	人数(人)	311	499	91	15	3	919
	比例(%)	33.8	54.3	9.9	1.6	0.3	100.0
少数民族聚居区乡镇或农村	人数(人)	171	429	83	12	3	702
	比例(%)	24.4	61.1	11.8	1.7	0.4	100.0
少数民族散杂居县城及以上城市	人数(人)	116	206	40	10	10	383
	比例(%)	30.3	53.8	10.4	2.6	2.6	100.0
少数民族散杂居乡镇或农村	人数(人)	115	222	44	12	4	397
	比例(%)	29.0	55.9	11.1	3.0	1.0	100.0
合计	人数(人)	713	1358	258	49	20	2403
	比例(%)	29.7	56.5	10.7	2.0	0.8	100.0
$P = 0.005$				$X^2 = 56.607$			

注:缺失值104,占比4.1%。

如表4-4-4所示,在"必须妥善处理改革开放与社会发展和稳定的关系"的问题上,来自少数民族聚居区县城及以上城市与乡镇或农村的少数民族大学生中表示"很赞同"、"赞同"的分别占该地区受访学生总数的 88.1% 和 85.5%;来自少数民族散杂居区县城及以上城市与乡镇或农村的少数民族大学生中,表示"很赞同"、"赞同"的分别占该地区受访学生总数的 84.1% 和 84.9%。可见,来自于少数民族聚居区县城及以上城市、乡镇或农村的少数民族大学生对此的认同度分别要高于散杂居区县城及以上城市、乡镇或农村的少数民族大学生。

(五)不同地域来源少数民族大学生与"两者关系"的比较分析

表 4-4-5　不同地域来源少数民族大学生与"两者关系"的比较分析统计

来源地	问题	爱国主义的民族精神和改革开放的时代精神是和谐统一的					合计
		很赞同	赞同	不一定	不赞同	很不赞同	
少数民族聚居区县城及以上城市	人数(人)	247	526	135	14	1	923
	比例(%)	26.8	57.0	14.6	1.5	0.1	100.0
少数民族聚居区乡镇或农村	人数(人)	151	444	90	13	3	701
	比例(%)	21.5	63.3	12.8	1.9	0.4	100.0
少数民族散杂居县城及以上城市	人数(人)	91	205	70	13	4	383
	比例(%)	23.8	53.5	18.3	3.4	1.0	100.0
少数民族散杂居乡镇或农村	人数(人)	104	229	50	15	0	398
	比例(%)	26.1	57.5	12.6	3.8	0.0	100.0
合计	人数(人)	593	1406	345	55	8	2407
	比例(%)	24.6	58.4	14.3	2.3	0.3	100.0
P = 0.004					$X^2 = 34.947$		

注:缺失值 100,占比 4.0%。

如表4-4-5所示，在"爱国主义的民族精神和改革开放的时代精神是和谐统一的"的问题上，来自少数民族聚居区县城及以上城市与乡镇或农村的少数民族大学生中表示"很赞同"、"赞同"的分别占该地区受访学生总数的83.8%和84.8%；来自少数民族散杂居区县城及以上城市与乡镇或农村的少数民族大学生中，表示"很赞同"、"赞同"的分别占该地区受访学生总数的77.3%和83.6%。可见，来自于少数民族聚居区县城及以上城市、乡镇或农村的少数民族大学生对此的认同度分别要高于散杂居区县城及以上城市、乡镇或农村的少数民族大学生；在同一区域类型中，乡镇或农村的少数民族大学生对此的认同度要高于县城及以上城市的少数民族大学生。

从以上结论中可以看出，总体上不同地区少数民族大学生对民族精神与时代精神的认同程度较高；来自于少数民族聚居区的少数民族大学生认同度要高于来自于少数民族散杂居区的少数民族大学生；来自于乡镇或农村的少数民族大学生认同度要高于来自于县城及以上城市的少数民族大学生。

五 不同民族少数民族大学生对民族精神与时代精神认同的比较

课题组选取调查样本中人数比例较高的藏族、哈萨克族、回族、满族、蒙古族、苗族、土家族、维吾尔族、瑶族和壮族等10个民族共计2075名少数民族大学生对民族精神与时代精神的认同状况进行比较分析。

（一）不同民族少数民族大学生与"民族精神"的比较分析

调查结果显示（见表4-5-1），总体上来看，各民族少数民族大学生高度认同"爱国主义应成为民族精神主要内容"，累计1793人，占比86.8%。但不同民族少数民族大学生对此的认同度存在差异，认同的比例由高到低顺序依次是蒙古族（93.2%）、回族（92.3%）、瑶族（89.6%）、壮族（89.4%）、藏族（87.1%）、满族（86.8%）、土家族（86.3%）、哈萨克族（82.0%）、苗族（81.3%）、维吾尔族（80.6%）。可见，对"爱国主义应成为民族精神主要内容"这一观点的认同度最高的是蒙古族少数民族大学生，赞同人数占同类受访人数的93.2%；最低的是维吾尔族少数民族大学生，赞同人数占同类受访人数的80.6%。从"不一定"选项来看，存在少部分人对"爱国主义应成为民族精神主要内容"认识模糊，其中占同类受访人数比最多的是维吾尔族少数民族大学生，最少的是蒙古族少数民族大学生。对"爱国主义应成为民族精神主要内容"持否定态度的人数占同类受访人数比最高的是苗族少数民族大学生，最低的是壮族少数民族大学生。

表4-5-1 不同民族少数民族大学生与"民族精神"的比较分析统计

民族	问题	爱国主义是否应成为民族精神的主要内容？					合计
		很应该	应该	不一定	不应该	很不应该	
藏族	人数（人）	76	208	37	5	0	326
	比例（%）	23.3	63.8	11.3	1.5	0.0	100.0
哈萨克族	人数（人）	14	36	10	1	0	61
	比例（%）	23.0	59.0	16.4	1.6	0.0	100.0
回族	人数（人）	94	158	16	3	0	273
	比例（%）	34.4	57.9	5.9	1.1	0.0	100.0
满族	人数（人）	34	38	7	4	0	83
	比例（%）	41.0	45.8	8.4	4.8	0.0	100.0
蒙古族	人数（人）	18	37	2	2	0	59
	比例（%）	30.5	62.7	3.4	3.4	0.0	100.0

续表

民族		问题 爱国主义是否应成为民族精神的主要内容?					合计
		很应该	应该	不一定	不应该	很不应该	
苗族	人数（人）	69	174	39	12	5	299
	比例（%）	23.1	58.2	13.0	4.0	1.7	100.0
土家族	人数（人）	38	57	12	2	1	110
	比例（%）	34.5	51.8	10.9	1.8	0.9	100.0
维吾尔族	人数（人）	46	166	48	3	0	263
	比例（%）	17.5	63.1	18.3	1.1	0.0	100.0
瑶族	人数（人）	30	47	5	2	2	86
	比例（%）	34.9	54.7	5.8	2.3	2.3	100.0
壮族	人数（人）	184	269	51	3	0	507
	比例（%）	36.3	53.1	10.1	0.6	0.0	100.0
合计	人数（人）	603	1190	227	37	8	2067
	比例（%）	29.2	57.6	11.0	1.8	0.4	100.0

$P = 0.000$ $X^2 = 134.896$

注：缺失值8，占比0.3%。

（二）不同民族少数民族大学生与"民族团结"的比较分析

调查结果显示（见表4-5-2），总体上来看，各民族少数民族大学生高度认同中华民族是一个团结统一的大家庭，累计1854人，占比89.5%。但不同民族少数民族大学生对此的认同度存在差异，认同的比例由高到低顺序依次是哈萨克族（95.1%）、回族

(94.6%)、藏族（93.3%）、蒙古族（93.1%）、壮族（90.7%）、瑶族（89.5%）、满族（89.2%）、土家族（86.4%）、维吾尔族（84.1%）、苗族（82.6%）。可见，对"中华民族是一个团结统一的大家庭，各民族应该团结互助，谁也离不开谁"这一观点的认同度最高的是哈萨克族少数民族大学生，赞同人数占同类受访人数的95.1%；最低的是苗族少数民族大学生，赞同人数占同类受访人数的82.6%。从"不一定"选项来看，其中占同类受访人数比最多的是维吾尔族少数民族大学生，最少的是藏族与哈萨克族少数民族大学生。持否定态度的人数占同类受访人数比最高的是苗族少数民族大学生，最低的是哈萨克族与满族少数民族大学生。

表4-5-2 不同民族少数民族大学生与"民族团结"的比较分析统计

民族	问题	中华民族是一个团结统一的大家庭，各民族应该团结互助，谁也离不开谁					合计
		很赞同	赞同	不一定	不赞同	很不赞同	
藏族	人数（人）	114	190	16	6	0	326
	比例（%）	35.0	58.3	4.9	1.8	0.0	100.0
哈萨克族	人数（人）	27	31	3	0	0	61
	比例（%）	44.3	50.8	4.9	0.0	0.0	100.0
回族	人数（人）	146	116	14	1	0	277
	比例（%）	52.7	41.9	5.1	0.4	0.0	100.0
满族	人数（人）	34	40	9	0	0	83
	比例（%）	41.0	48.2	10.8	0.0	0.0	100.0
蒙古族	人数（人）	24	30	3	1	0	58
	比例（%）	41.4	51.7	5.2	1.7	0.0	100.0

续表

民族	问题	中华民族是一个团结统一的大家庭，各民族应该团结互助，谁也离不开谁					合计
		很赞同	赞同	不一定	不赞同	很不赞同	
苗族	人数（人）	90	157	35	15	2	299
	比例（%）	30.1	52.5	11.7	5.0	0.7	100.0
土家族	人数（人）	47	49	12	0	3	111
	比例（%）	42.3	44.1	10.8	0.0	2.7	100.0
维吾尔族	人数（人）	108	114	36	6	0	264
	比例（%）	40.9	43.2	13.6	2.3	0.0	100.0
瑶族	人数（人）	45	32	7	2	0	86
	比例（%）	52.3	37.2	8.1	2.3	0.0	100.0
壮族	人数（人）	184	276	41	6	0	507
	比例（%）	36.3	54.4	8.1	1.2	0.0	100.0
合计	人数（人）	819	1035	176	37	5	2072
	比例（%）	39.5	50.0	8.5	1.8	0.2	100.0
$P = 0.000$					$X^2 = 127.470$		

注：缺失值3，占比0.1%。

（三）不同民族少数民族大学生与"时代精神"的比较分析

调查结果显示（见表4-5-3），各民族少数民族大学生高度认同"改革开放应成为时代精神的主要内容"，累计1747人，占比84.6%。但不同民族少数民族大学生对此的认同度存在差异，认同的比例由高到低顺序依次是哈萨克族（91.8%）、藏族（88.9%）、瑶族（88.4%）、蒙古族（88.1%）、满族（87.7%）、回族（86.7%）、壮族（85.2%）、土家族（81.8%）、维吾尔族（80.6%）、苗族（78.0%）。可见，对

"改革开放应成为时代精神的主要内容"这一观点的认同度最高的是哈萨克族少数民族大学生,赞同人数占同类受访人数的91.8%;最低的是苗族少数民族大学生,赞同人数占同类受访人数的78.0%。从"不一定"选项来看,存在少部分人对"改革开放应成为时代精神的主要内容"认识模糊,其中占同类受访人数比最多的是维吾尔族少数民族大学生,最少的是瑶族少数民族大学生。对"改革开放应成为时代精神的主要内容"持否定态度的人数占同类受访人数比最高的是土家族少数民族大学生,最低的是满族少数民族大学生。

表4-5-3 不同民族少数民族大学生与"时代精神"的比较分析统计

民族	问题	改革开放是否应成为时代精神的主要内容?					合计
		很应该	应该	不一定	不应该	很不应该	
藏族	人数(人)	43	246	34	2	0	325
	比例(%)	13.2	75.7	10.5	0.6	0.0	100.0
哈萨克族	人数(人)	26	30	4	1	0	61
	比例(%)	42.6	49.2	6.6	1.6	0.0	100.0
回族	人数(人)	78	162	27	8	2	277
	比例(%)	28.2	58.5	9.7	2.9	0.7	100.0
满族	人数(人)	16	55	10	0	0	81
	比例(%)	19.8	67.9	12.3	0.0	0.0	100.0
蒙古族	人数(人)	14	38	5	2	0	59
	比例(%)	23.7	64.4	8.5	3.4	0.0	100.0
苗族	人数(人)	51	182	50	13	3	299
	比例(%)	17.1	60.9	16.7	4.3	1.0	100.0

续表

问题\民族		改革开放是否应成为时代精神的主要内容?					合计
		很应该	应该	不一定	不应该	很不应该	
土家族	人数(人)	26	64	12	6	2	110
	比例(%)	23.6	58.2	10.9	5.5	1.8	100.0
维吾尔族	人数(人)	61	150	44	6	1	262
	比例(%)	23.3	57.3	16.8	2.3	0.4	100.0
瑶族	人数(人)	17	59	5	3	2	86
	比例(%)	19.8	68.6	5.8	3.5	2.3	100.0
壮族	人数(人)	88	341	62	10	3	504
	比例(%)	17.5	67.7	12.3	2.0	0.6	100.0
合计	人数(人)	420	1327	253	51	13	2064
	比例(%)	20.3	64.3	12.3	2.5	0.6	100.0

$P = 0.000$ $X^2 = 95.470$

注：缺失值11，占比0.5%。

（四）不同民族少数民族大学生与"改革稳定"的比较分析

调查结果显示（见表4-5-4），各民族少数民族大学生高度认同"必须妥善处理改革开放与社会发展和稳定的关系"，累计1825人，占比88.4%。但不同民族少数民族大学生对此的认同度存在差异，认同的比例由高到低顺序依次是蒙古族（96.6%）、回族（96.0%）、满族（93.9%）、土家族（92.7%）、瑶族（91.9%）、藏族（89.8%）、壮族（88.4%）、哈萨克族（85.3%）、苗族（82.9%）、维吾尔族（79.0%）。可见，对"必须妥善处理改革开放与社会发展和稳定的关系"这一观点的认同度最高的是蒙古族少数民族大学生，占同类受访人数的96.6%；最低的是维吾尔族少数民族大学生，占同类受访人数的79.0%。从"不一定"选项来看，存在少部分人对"必须妥善处理改革开放与社会发展和稳定的关系"认识模糊,其中占同类受访人数比最多的是维吾尔族少数民族大学生,最少的是回族少数民族大学生。

表4-5-4　不同民族少数民族大学生与"改革稳定"的比较分析统计

民族	问题	必须妥善处理改革开放与社会发展和稳定的关系					合计
		很赞同	赞同	不一定	不赞同	很不赞同	
藏族	人数(人)	70	220	33	0	0	323
	比例(%)	21.7	68.1	10.2	0.0	0.0	100.0
哈萨克族	人数(人)	14	38	6	3	0	61
	比例(%)	23.0	62.3	9.8	4.9	0.0	100.0
回族	人数(人)	100	164	9	0	2	275
	比例(%)	36.4	59.6	3.3	0.0	0.7	100.0
满族	人数(人)	29	49	5	0	0	83
	比例(%)	34.9	59.0	6.0	0.0	0.0	100.0
蒙古族	人数(人)	22	35	2	0	0	59
	比例(%)	37.3	59.3	3.4	0.0	0.0	100.0
苗族	人数(人)	84	164	43	5	3	299
	比例(%)	28.1	54.8	14.4	1.7	1.0	100.0
土家族	人数(人)	44	58	6	1	1	110
	比例(%)	40.0	52.7	5.5	0.9	0.9	100.0
维吾尔族	人数(人)	51	156	47	7	1	262
	比例(%)	19.5	59.5	17.9	2.7	0.4	100.0

续表

民族	问题	必须妥善处理改革开放与社会发展和稳定的关系					合计
		很赞同	赞同	不一定	不赞同	很不赞同	
瑶族	人数（人）	33	46	5	2	0	86
	比例（%）	38.4	53.5	5.8	2.3	0.0	100.0
壮族	人数（人）	160	288	52	7	0	507
	比例（%）	31.6	56.8	10.3	1.4	0.0	100.0
合计	人数（人）	607	1218	208	25	7	2065
	比例（%）	29.4	59.0	10.1	1.2	0.3	100.0

P = 0.000　　　　　　　　　　　　　$X^2 = 111.763$

注：缺失值10，占比0.5%。

（五）不同民族少数民族大学生与"两者关系"的比较分析

调查结果显示（见表4-5-5），各民族少数民族大学生高度认同"爱国主义的民族精神和改革开放的时代精神是和谐统一的"，累计1773人，占比85.9%。但不同民族少数民族大学生对此的认同度存在差异，认同的比例由高到低顺序依次是蒙古族（91.5%）、瑶族（90.7%）、哈萨克族（88.6%）、藏族（88.1%）、满族（88.0%）、壮族（86.8%）、回族（86.6%）、土家族（85.6%）、苗族（82.3%）、维吾尔族（80.8%）。可见，对"爱国主义的民族精神和改革开放的时代精神是和谐统一的"这一观点的认同度最高的是蒙古族少数民族大学生，占同类受访人数的91.5%；最低的是维吾尔族少数民族大学生，占同类受访人数的80.8%。从"不一定"选项来看，存在少部分人对"爱国主义的民族精神和改革开放的时代精神是和谐统一的"认识模糊，其中占同类受访人数比最多的是维吾尔族少数民族大学生，最少的是蒙古族少数民族大学生。

表4-5-5 不同民族少数民族大学生与"两者关系"的比较分析统计

问题 民族		爱国主义的民族精神和改革开放的时代精神是和谐统一的					合计
		很赞同	赞同	不一定	不赞同	很不赞同	
藏族	人数（人）	67	220	30	9	0	326
	比例（%）	20.6	67.5	9.2	2.8	0.0	100.0
哈萨克族	人数（人）	12	42	6	1	0	61
	比例（%）	19.7	68.9	9.8	1.6	0.0	100.0
回族	人数（人）	94	146	25	9	3	277
	比例（%）	33.9	52.7	9.0	3.2	1.1	100.0
满族	人数（人）	21	52	10	0	0	83
	比例（%）	25.3	62.7	12.0	0.0	0.0	100.0
蒙古族	人数（人）	16	38	4	1	0	59
	比例（%）	27.1	64.4	6.8	1.7	0.0	100.0
苗族	人数（人）	58	188	29	24	0	299
	比例（%）	19.4	62.9	9.7	8.0	0.0	100.0
土家族	人数（人）	29	66	12	4	0	111
	比例（%）	26.1	59.5	10.8	3.6	0.0	100.0

续表

民族	问题	爱国主义的民族精神和改革开放的时代精神是和谐统一的					合计
		很赞同	赞同	不一定	不赞同	很不赞同	
维吾尔族	人数（人）	42	164	46	3	0	255
	比例（%）	16.5	64.3	18.0	1.2	0.0	100.0
瑶族	人数（人）	16	62	8	0	0	86
	比例（%）	18.6	72.1	9.3	0.0	0.0	100.0
壮族	人数（人）	108	332	61	3	3	507
	比例（%）	21.3	65.5	12.0	0.6	0.6	100.0
合计	人数（人）	463	1310	231	54	6	2064
	比例（%）	22.4	63.5	11.2	2.6	0.3	100.0
	$P = 0.000$			$X^2 = 108.353$			

注：缺失值11，占比0.5%。

从以上结论中可以看出，总体上不同民族少数民族大学生对民族精神与时代精神的认同程度都较高，但民族因素对民族精神与时代精神的认同影响情况较为突出，主要表现为蒙古族、回族、哈萨克族等民族的少数民族大学生认同度较高，维吾尔族、苗族等民族的少数民族大学生认同度相对较低。

六 不同院校少数民族大学生对民族精神与时代精神认同的比较

课题组从院校角度，对不同院校少数民族大学生就民族精神与时代精神的认同现状进行统计分析。

（一）不同院校少数民族大学生与"民族精神"的比较分析

表 4-6-1 不同院校少数民族大学生与"民族精神"的比较分析统计

问题 院校类别		爱国主义是否应成为民族精神的主要内容?					合计
		很应该	应该	不一定	不应该	很不应该	
民族院校	人数（人）	556	964	188	48	13	1769
	比例（%）	31.4	54.5	10.6	2.7	0.7	100.0
非民族院校	人数（人）	196	374	115	9	3	697
	比例（%）	28.1	53.7	16.5	1.3	0.4	100.0
合计	人数（人）	755	1345	308	58	16	2482
	比例（%）	30.4	54.2	12.4	2.3	0.6	100.0

$P = 0.001$ $X^2 = 27.614$

注：缺失值25，占比1.0%。

如表4-6-1所示，不同院校类别少数民族大学生对"爱国主义是否应该成为民族精神的主要内容"表示"很应该"、"应该"占受访总人数的84.6%。就读于民族院校的少数民族大学生中有31.4%和54.5%的人表示"很应该"、"应该"，累计占同类受访人数的85.9%；就读于非民族院校的少数民族大学生中，有28.1%和53.7%的人表示"很应该"、"应该"，累计占同类受访人数的81.8%。可见，就读于民族院校的少数民族大学生对这一观点的认同度要高于就读于非民族院校的少数民族大学生。

(二) 不同院校少数民族大学生与"民族团结"的比较分析

表4-6-2 不同院校少数民族大学生与"民族团结"的比较分析统计

院校类别	问题	中华民族是一个团结统一的大家庭，各民族应该团结互助，谁也离不开谁					合计
		很赞同	赞同	不一定	不赞同	很不赞同	
民族院校	人数（人）	704	841	182	34	12	1773
	比例（%）	39.7	47.4	10.3	1.9	0.7	100.0
非民族院校	人数（人）	232	347	94	23	2	698
	比例（%）	33.2	49.7	13.5	3.3	0.3	100.0
合计	人数（人）	939	1196	281	57	14	2487
	比例（%）	37.8	48.1	11.3	2.3	0.6	100.0

P = 0.002　　　　　　　　　　$X^2 = 23.824$

注：缺失值20，占比0.8%。

如表4-6-2所示，不同院校类别少数民族大学生对"中华民族是一个团结统一的大家庭，各民族应该团结互助，谁也离不开谁"表示"很赞同"、"赞同"的有2135人，累计占比85.9%。就读于民族院校的少数民族大学生中，表示"很赞同"、"赞同"的占同类受访人数的87.1%；就读于非民族院校的少数民族大学生中，表示"很赞同"、"赞同"占同类受访人数的82.9%。可见，就读于民族院校的少数民族大学生比就读于非民族院校的少数民族大学生认同度要高。

(三) 不同院校少数民族大学生与"时代精神"的比较分析

表 4-6-3　不同院校少数民族大学生与"时代精神"的比较分析统计

院校类别	问题	改革开放是否应成为时代精神的主要内容?					合计
		很应该	应该	不一定	不应该	很不应该	
民族院校	人数(人)	439	1034	230	51	19	1773
	比例(%)	24.8	58.3	13.0	2.9	1.1	100.0
非民族院校	人数(人)	171	395	106	23	3	698
	比例(%)	24.5	56.6	15.2	3.3	0.4	100.0
合计	人数(人)	615	1436	339	74	23	2487
	比例(%)	24.7	57.7	13.6	3.0	0.9	100.0

$P=0.193$　　　　$X^2=11.149$

注：缺失值 20，占比 0.8%。

如表 4-6-3 所示，不同院校类别少数民族大学生对"改革开放是否应成为时代精神的主要内容"表示"很应该"、"应该"的有 2051 人，累计占比 82.4%。就读于民族院校的少数民族大学生中，表示"很应该"、"应该"的占同类受访人数的 83.1%；就读于非民族院校的少数民族大学生中，表示"很应该"、"应该"的占同类受访人数的 81.1%。可见，就读于民族院校的少数民族大学生对"改革开放应成为时代精神的主要内容"这一观点的认同度要高于就读于非民族院校的少数民族大学生，但差异不明显。

(四) 不同院校少数民族大学生与"改革稳定"的比较分析

表4-6-4 不同院校少数民族大学生与"改革稳定"的比较分析统计

问题 院校类别		必须妥善处理改革开放与社会发展和稳定的关系					合计
		很赞同	赞同	不一定	不赞同	很不赞同	
民族院校	人数（人）	563	1007	139	38	17	1769
	比例（%）	31.8	56.9	7.9	2.1	1.0	100.0
非民族院校	人数（人）	169	397	117	12	3	698
	比例（%）	24.2	56.9	16.8	1.7	0.4	100.0
合计	人数（人）	735	1414	259	50	20	2483
	比例（%）	29.6	56.9	10.4	2.0	0.8	100.0

$P = 0.000$ $X^2 = 54.328$

注：缺失值24，占比1.0%。

如表4-6-4所示，不同院校类别少数民族大学生对"必须妥善处理改革开放与社会发展和稳定的关系"表示"很赞同"、"赞同"的有2149人，累计占比86.5%。就读于民族院校的少数民族大学生中，表示"很赞同"、"赞同"的占同类受访人数的88.7%；就读于非民族院校的少数民族大学生中，表示"很赞同"、"赞同"的占同类受访人数的81.1%。可见，就读于民族院校的少数民族大学生对"必须妥善处理改革开放与社会发展和稳定的关系"这一观点的认同度要高于就读于非民族院校的少数民族大学生。

（五）不同院校少数民族大学生与"两者关系"的比较分析

表 4-6-5　不同院校少数民族大学生与"两者关系"的比较分析统计

院校类别	问题	爱国主义的民族精神和改革开放的时代精神是和谐统一的					合计
		很赞同	赞同	不一定	不赞同	很不赞同	
民族院校	人数（人）	442	1045	239	40	7	1773
	比例（%）	24.9	58.9	13.5	2.3	0.4	100.0
非民族院校	人数（人）	164	410	108	15	1	698
	比例（%）	23.5	58.7	15.5	2.1	0.1	100.0
合计	人数（人）	609	1461	353	56	8	2487
	比例（%）	24.5	58.7	14.2	2.3	0.3	100.0
P = 0.168					$X^2 = 11.647$		

注：缺失值 20，占比 0.8%。

如表 4-6-5 所示，不同院校类别少数民族大学生对"爱国主义的民族精神和改革开放的时代精神是和谐统一的"表示"很赞同"、"赞同"的有 2070 人，累计占比 83.2%。就读于民族院校的少数民族大学生中，表示"很赞同"、"赞同"的占同类受访人数的 83.8%；就读于非民族院校的少数民族大学生中，表示"很赞同"、"赞同"的占同类受访人数的 82.2%。可见，民族院校少数民族大学生对"爱国主义的民族精神和改革开放的时代精神是和谐统一的"认同度要高于非民族院校少数民族大学生。

从以上结论中可以看出，总体上不同院校少数民族大学生对民族精神与时代精神的认同度较高，就读于民族院校的少数民族大学生的认同度要高于就读于非民族院校的少数民族大学生。

七　不同政治面貌少数民族大学生对民族精神与时代精神认同的比较

课题组从政治面貌角度，对不同政治面貌少数民族大学生就民族精神与时代精神的认同状况进行统计分析。

（一）不同政治面貌少数民族大学生与"民族精神"的比较分析

表4-7-1　不同政治面貌少数民族大学生与"民族精神"的比较分析统计

政治面貌	问题	爱国主义是否应成为民族精神的主要内容？					合计
		很应该	应该	不一定	不应该	很不应该	
中共党员	人数（人）	58	108	42	16	5	229
	比例（%）	25.3	47.2	18.3	7.0	2.2	100.0
共青团员	人数（人）	667	1186	242	38	10	2143
	比例（%）	31.1	55.3	11.3	1.8	0.5	100.0
其他	人数（人）	30	52	24	4	1	111
	比例（%）	27.0	46.8	21.6	3.6	0.9	100.0
合计	人数（人）	755	1346	308	58	16	2483
	比例（%）	30.4	54.2	12.4	2.3	0.6	100.0

$P=0.000$　　　　$X^2=57.104$

注：缺失值24，占比1.0%。

如表4-7-1所示，不同政治面貌的少数民族大学生对"爱国主义是否应成为民族精神的主要内容"表示"很应该"、"应该"的有2101人，累计占比84.6%。在中共党员中，表示"很应该"、"应该"的占受访中共党员总数的72.5%；在共青团员中，表示"很应该"、"应该"的占受访共青团员总数的86.4%；在其他政治面貌中，表示"很应该"、"应该"的占此类受访学生总数的73.8%。可见，少数民族大学生中的共青团员对"爱国主义应成为民族精神的主要内容"的认同度最高，其他政治面貌次之，中共党员认同度最低。

（二）不同政治面貌少数民族大学生与"民族团结"的比较分析

表4-7-2 不同政治面貌少数民族大学生与"民族团结"的比较分析统计

政治面貌	问题	中华民族是一个团结统一的大家庭，各民族应该团结互助，谁也离不开谁					合计
		很赞同	赞同	不一定	不赞同	很不赞同	
中共党员	人数（人）	65	103	49	11	2	230
	比例（%）	28.3	44.8	21.3	4.8	0.9	100.0
共青团员	人数（人）	828	1054	214	41	10	2147
	比例（%）	38.6	49.1	10.0	1.9	0.5	100.0
其他	人数（人）	46	38	20	5	2	111
	比例（%）	41.4	34.2	18.0	4.5	1.8	100.0
合计	人数（人）	939	1195	283	57	14	2488
	比例（%）	37.7	48.0	11.4	2.3	0.6	100.0
P = 0.000					$X^2 = 53.397$		

注：缺失值19，占比0.8%。

如表4-7-2所示，不同政治面貌的少数民族大学生对"中华民族是一个团结统一的大家庭，各民族应该团结互助，谁也离不开谁"表示"很赞同"、"赞同"的有2134人，累计占比85.7%。在中共党员中，表示"很赞同"、"赞同"的占受访中共党员总数的73.1%；

在共青团员中,表示"很赞同"、"赞同"的占受访共青团员总数的87.7%;在其他政治面貌中,表示"很赞同"、"赞同"的占此类受访学生总数的75.6%。可见,少数民族大学生中的共青团员对"中华民族是一个团结统一的大家庭,各民族应该团结互助,谁也离不开谁"的认同度最高,其他政治面貌次之,中共党员认同度最低。

(三)不同政治面貌少数民族大学生与"时代精神"的比较分析

表4-7-3 不同政治面貌少数民族大学生与"时代精神"的比较分析统计

政治面貌	问题	改革开放是否应成为时代精神的主要内容?					合计
		很应该	应该	不一定	不应该	很不应该	
中共党员	人数(人)	48	122	43	14	3	230
	比例(%)	20.9	53.0	18.7	6.1	1.3	100.0
共青团员	人数(人)	537	1264	277	55	14	2147
	比例(%)	25.0	58.9	12.9	2.6	0.7	100.0
其他	人数(人)	33	46	21	5	6	111
	比例(%)	29.7	41.4	18.9	4.5	5.4	100.0
合计	人数(人)	618	1432	341	74	23	2488
	比例(%)	24.8	57.6	13.7	3.0	0.9	100.0

P = 0.000　　　　　　　　　$X^2 = 52.201$

注:缺失值19,占比0.8%。

如表4-7-3所示,不同政治面貌的少数民族大学生对"改革开放是否应成为时代精神的主要内容"表示"很应该、"应该"的有2050人,累计占比82.4%。在中共党员中,表示"很应该"、"应该"的占受访中共党员总人数的73.9%;在共青团员中,表示"很应该"、"应该"的占受访共青团员总人数的83.9%。在其他政治面貌中,表示"很应该"、"应该"的占同类受访人数的71.1%。可见,少数民族大学生中的共青团员对"改革开放应成为时代精神的主要内容"的认同度最高。

(四)不同政治面貌少数民族大学生与"改革稳定"的比较分析

表4-7-4 不同政治面貌少数民族大学生与"改革稳定"的比较分析统计

问题 政治面貌		必须妥善处理改革开放与社会发展和稳定的关系					合计
		很赞同	赞同	不一定	不赞同	很不赞同	
中共党员	人数(人)	70	115	32	8	5	230
	比例(%)	30.4	50.0	13.9	3.5	2.2	100.0
共青团员	人数(人)	633	1245	207	40	12	2142
	比例(%)	29.6	58.1	9.7	1.9	0.6	100.0
其他	人数(人)	32	55	19	2	3	111
	比例(%)	28.8	49.5	17.1	1.8	2.7	100.0
合计	人数(人)	735	1415	258	50	20	2483
	比例(%)	29.6	57.0	10.4	2.0	0.8	100.0
$P=0.034$					$X^2=27.685$		

注:缺失值24,占比1.0%。

如表4-7-4所示,不同政治面貌的少数民族大学生对"必须妥善处理改革开放与社会发展和稳定的关系"表示"很赞同"、"赞同"的有2150人,累计占比86.6%。在中共党员中,表示"很赞同"、"赞同"的占受访中共党员总数的80.4%;在共青团员中,表示"很赞同"、"赞同"的占受访共青团员总数的87.7%;在其他政治面貌中,表示"很赞同"、"赞同"的占此类受访学生总数的78.3%。可见,少数民族大学生中共青团员对"必须妥善处理改革开放与社会发展和稳定的关系"的认同度最高,中共党员次之,其他政治面貌的学生认同度最低。

(五)不同政治面貌少数民族大学生与"两者关系"的比较分析

表4-7-5 不同政治面貌少数民族大学生与"两者关系"的比较分析统计

政治面貌	问题	爱国主义的民族精神和改革开放的时代精神是和谐统一的					合计
		很赞同	赞同	不一定	不赞同	很不赞同	
中共党员	人数(人)	48	117	52	12	1	230
	比例(%)	20.9	50.9	22.6	5.2	0.4	100.0
共青团员	人数(人)	528	1298	277	39	7	2149
	比例(%)	24.6	60.4	12.9	1.8	0.3	100.0
其他	人数(人)	34	47	23	5	0	109
	比例(%)	31.2	43.1	21.1	4.6	0.0	100.0
合计	人数(人)	610	1462	352	56	8	2488
	比例(%)	24.5	58.8	14.1	2.3	0.3	100.0

P = 0.000　　　　　　　　　　　$X^2 = 42.852$

注:缺失值19,占比0.8%。

如表4-7-5所示,不同政治面貌的少数民族大学生对"爱国主义的民族精神和改革开放的时代精神是和谐统一的"表示"很赞同"、"赞同"的有2072人,累计占比83.3%。在中共党员中,表示"很赞同"、"赞同"的占受访中共党员总数的71.8%;在共青团员中,表示"很赞同"、"赞同"的占受访共青团员总人数的

85.0%。在其他政治面貌中,表示"很赞同"、"赞同"的占其受访学生总数的74.3%。可见,少数民族大学生中共青团员对"爱国主义的民族精神和改革开放的时代精神是和谐统一的"认同度最高,中共党员认同度最低。

从以上结论中可以看出,少数民族大学生中的共青团员对民族精神与时代精神的认同度最高,中共党员的认同度相对较低。

八 不同毕业中学少数民族大学生对民族精神与时代精神认同的比较

课题组从毕业中学角度,对不同毕业中学少数民族大学生就民族精神与时代精神的认同现状进行统计分析。

(一)不同毕业中学少数民族大学生与"民族精神"的比较分析

表4-8-1 不同毕业中学少数民族大学生与"民族精神"的比较分析统计

中学类别	问题	爱国主义是否应成为民族精神的主要内容?					合计
		很应该	应该	不一定	不应该	很不应该	
民族中学	人数(人)	166	370	102	18	6	662
	比例(%)	25.1	55.9	15.4	2.7	0.9	100.0
普通中学	人数(人)	590	967	205	39	9	1810
	比例(%)	32.6	53.4	11.3	2.2	0.5	100.0
合计	人数(人)	756	1339	307	57	15	2474
	比例(%)	30.6	54.1	12.4	2.3	0.6	100.0

$P = 0.072$ $X^2 = 19.731$

注:缺失值33,占比1.3%。

如表4-8-1所示,不同毕业中学的少数民族大学生对"爱国主义是否应成为民族精神的主要内容"表示"很应该"、"应该"的有2095人,累计占比84.7%。毕业于民族中学的少数民族大学生中,表示"很应该"、"应该"的占同类受访总数的81.0%;毕业于普通中学的少数民族大学生中,表示"很应该"、"应该"的占同类受访总人数的86.0%。可见,毕业于普通中学的少数民族大学生对"爱国主义应成为民族精神的主要内容"的认同度要高于毕业于民族中学的少数民族大学生。

(二)不同毕业中学少数民族大学生与"民族团结"的比较分析

表4-8-2 不同毕业中学少数民族大学生与"民族团结"的比较分析统计

中学类别	问题	中华民族是一个团结统一的大家庭,各民族应该团结互助,谁也离不开谁					合计
		很赞同	赞同	不一定	不赞同	很不赞同	
民族中学	人数(人)	225	304	100	29	5	663
	比例(%)	33.9	45.9	15.1	4.4	0.8	100.0
普通中学	人数(人)	714	884	180	27	9	1814
	比例(%)	39.4	48.7	9.9	1.5	0.5	100.0
合计	人数(人)	939	1190	280	56	14	2479
	比例(%)	37.9	48.0	11.3	2.3	0.6	100.0

$P = 0.000$ $X^2 = 36.694$

注:缺失值28,占比1.1%。

如表4-8-2所示,不同毕业中学的少数民族大学生对"中华民族是一个团结统一的大家庭,各民族应该团结互助,谁也离不开谁"表示"很赞同"、"赞同"的有2129人,累计占比85.9%。毕业于民族中学的少数民族大学生中，表示"很赞同"、"赞同"的占受访民族中学学生总数的 79.8%；毕业于普通中学的少数民族大学生中，表示"很赞同"、"赞同"的占受访普通中学学生总数的 88.1%。可见，毕业于普通中学的少数民族大学生对"中华民族是一个团结统一的大家庭，各民族应该团结互助，谁也离不开谁"的认同度明显高于毕业于民族中学的少数民族大学生。

（三）不同毕业中学少数民族大学生与"时代精神"的比较分析

表 4-8-3　不同毕业中学少数民族大学生与"时代精神"的比较分析统计

中学类别	问题	改革开放是否应成为时代精神的主要内容？					合计
		很应该	应该	不一定	不应该	很不应该	
民族中学	人数（人）	150	375	105	24	10	664
	比例（%）	22.6	56.5	15.8	3.6	1.5	100.0
普通中学	人数（人）	466	1054	232	49	12	1813
	比例（%）	25.7	58.1	12.8	2.7	0.7	100.0
合计	人数（人）	616	1431	337	73	22	2479
	比例（%）	24.8	57.7	13.6	2.9	0.9	100.0
$P=0.436$						$X^2=12.121$	

注：缺失值 28，占比 1.1%。

如表 4-8-3 所示，毕业于民族中学的少数民族大学生对"改革开放是否应成为时代精神的主要内容"表示"很应该"、"应该"的占受访民族中学学生总人数的 79.1%；毕业于普通中学的少数民族大学生中，表示"很应该"、"应该"的占受访普通中学学生总人数的 83.8%。可见，毕业于普通中学的少数民族大学生对"改革开放应成为时代精神的主要内容"的认同度高于毕业于民族中学的少数民族大学生。

(四)不同毕业中学少数民族大学生与"改革稳定"的比较分析

表4-8-4 不同毕业中学少数民族大学生与"改革稳定"的比较分析统计

问题 中学类别		必须妥善处理改革开放与社会发展和稳定的关系					合计
		很赞同	赞同	不一定	不赞同	很不赞同	
民族中学	人数(人)	165	376	89	22	10	664
	比例(%)	24.8	56.6	13.4	3.3	1.5	100.0
普通中学	人数(人)	573	1027	168	27	10	1808
	比例(%)	31.7	56.8	9.3	1.5	0.6	100.0
合计	人数(人)	738	1405	257	49	20	2474
	比例(%)	29.8	56.8	10.4	2.0	0.8	100.0
$P = 0.042$					$X^2 = 37.182$		

注：缺失值33，占比1.3%。

如表4-8-4所示，不同毕业中学的少数民族大学生对"必须妥善处理改革开放与社会发展和稳定的关系"表示"很赞同""赞同"的有2143人，累计占比86.6%。毕业于民族中学的少数民族大学生中，表示"很赞同"、"赞同"的占受访民族中学学生总数的81.4%；毕业于普通中学的学生中，表示"很赞同"、"赞同"的占受访普通中学学生总人数的88.5%。可见，毕业于普通中学的少数民族大学生对"必须妥善处理改革开放与社会发展和稳定的关系"的认同度要高于毕业于民族中学的少数民族大学生。

（五）不同毕业中学少数民族大学生与"两者关系"的比较分析

表4-8-5　不同毕业中学少数民族大学生与"两者关系"的比较分析统计

中学类别	问题	爱国主义的民族精神和改革开放的时代精神是和谐统一的					合计
		很赞同	赞同	不一定	不赞同	很不赞同	
民族中学	人数（人）	143	365	138	16	0	662
	比例（%）	21.6	55.1	20.8	2.4	0.0	100.0
普通中学	人数（人）	469	1089	211	38	8	1815
	比例（%）	25.8	60.0	11.6	2.1	0.4	100.0
合计	人数（人）	612	1456	349	54	8	2479
	比例（%）	24.7	58.7	14.1	2.2	0.3	100.0
P = 0.000					$X^2 = 39.338$		

注：缺失值28，占比1.1%。

如表4-8-5所示，不同毕业中学的少数民族大学生对"爱国主义的民族精神和改革开放的时代精神是和谐统一的"表示"很赞同"、"赞同"的有2068人，累计占比83.4%。毕业于民族中学的少数民族大学生中，表示"很赞同"、"赞同"的占受访民族中学学生总数的76.7%；毕业于普通中学的学生中，表示"很赞同"、"赞同"的占受访普通中学学生总人数的85.8%。可见，毕业于普通中学的少数民族大学生对"爱国主义的民族精神和改革开放的时代精神是和谐统一的"认同度要高于毕业于民族中学的少数民族大学生。

从以上结论中可以看出，总体上不同毕业中学少数民族大学生对民族精神与时代精神的认同度较高，但毕业于普通中学的少数民族大学生对民族精神与时代精神的认同度要高于毕业于民族中学的少数民族大学生。

九 不同经济状况少数民族大学生对民族精神与时代精神认同的比较

课题组从经济状况角度，对不同经济状况少数民族大学生就民族精神与时代精神的认同状况进行统计分析。

（一）不同经济状况少数民族大学生与"民族精神"的比较分析

表4-9-1 不同经济状况少数民族大学生与"民族精神"的比较分析统计

问题 家庭人均年收入		爱国主义是否应成为民族精神的主要内容？					合计
		很应该	应该	不一定	不应该	很不应该	
1000元以下	人数（人）	120	270	67	15	2	474
	比例（%）	25.3	57.0	14.1	3.2	0.4	100.0
1000—2500元	人数（人）	177	282	51	9	0	519
	比例（%）	34.1	54.3	9.8	1.7	0.0	100.0
2500—6000元	人数（人）	264	519	138	26	10	957
	比例（%）	27.6	54.2	14.4	2.7	1.0	100.0
6000—10000元	人数（人）	75	141	22	3	3	244
	比例（%）	30.7	57.8	9.0	1.2	1.2	100.0
10000元以上	人数（人）	111	116	30	5	1	263
	比例（%）	42.2	44.1	11.4	1.9	0.4	100.0

续表

问题 家庭人均年收入		爱国主义是否应成为民族精神的主要内容?					合计
		很应该	应该	不一定	不应该	很不应该	
合计	人数（人）	748	1328	308	58	16	2458
	比例（%）	30.4	54.0	12.5	2.4	0.7	100.0
P = 0.000				$X^2 = 50.624$			

注：缺失值49，占比2.0%。

如表4-9-1所示，不同经济状况的少数民族大学生对"爱国主义是否应成为民族精神的主要内容"表示"很应该"、"应该"的有2076人，累计占比84.4%。家庭人均年收入为1000元以下、1000—2500元、2500—6000元、6000—10000元及10000元以上的少数民族大学生对"爱国主义应成为民族精神主要内容"表示认同的比例分别为82.3%、88.4%、81.8%、88.5%、86.3%。可见，少数民族大学生对"爱国主义应成为民族精神主要内容"的认同度与其家庭人均年收入关系明显。家庭人均年收入为6000—10000元的少数民族大学生认同度最高，家庭人均年收入为2500—6000元的少数民族大学生认同度最低。

（二）不同经济状况少数民族大学生与"民族团结"的比较分析

表4-9-2　不同经济状况少数民族大学生与"民族团结"的比较分析统计

问题 家庭人均年收入		中华民族是一个团结统一的大家庭，各民族应该团结互助，谁也离不开谁					合计
		很赞同	赞同	不一定	不赞同	很不赞同	
1000元以下	人数（人）	179	233	54	10	0	476
	比例（%）	37.6	48.9	11.3	2.1	0.0	100.0

续表

问题 家庭人均年收入		中华民族是一个团结统一的大家庭，各民族应该团结互助，谁也离不开谁					合计
		很赞同	赞同	不一定	不赞同	很不赞同	
1000—2500 元	人数（人）	217	230	62	9	2	520
	比例（%）	41.7	44.2	11.9	1.7	0.4	100.0
2500—6000 元	人数（人）	320	473	118	34	10	955
	比例（%）	33.5	49.5	12.4	3.6	1.0	100.0
6000—10000 元	人数（人）	88	136	19	3	1	247
	比例（%）	35.6	55.1	7.7	1.2	0.4	100.0
10000 元以上	人数（人）	127	109	26	1	1	264
	比例（%）	48.1	41.3	9.8	0.4	0.4	100.0
合计	人数（人）	932	1181	279	57	14	2463
	比例（%）	37.8	47.9	11.3	2.3	0.6	100.0
$P = 0.000$				$X^2 = 47.706$			

注：缺失值 44，占比 1.8%。

如表 4-9-2 所示，不同经济状况的少数民族大学生对"中华民族是一个团结统一的大家庭，各民族应该团结互助，谁也离不开谁"表示"很赞同"、"赞同"的有 2113 人，累计占比 85.7%。家庭人均年收入为 1000 元以下、1000—2500 元、2500—6000 元、6000—10000 元及 10000 元以上的少数民族大学生对"中华民族是一个团结统一的大家庭，各民族应该团结互助，谁也离不开谁"表示认同的比例分别为 86.5%、85.9%、83.0%、90.7%、89.4%。可见，少数民族大学生对"中华民族是一个团结统一的大家庭，各民族应该团结互助，谁也离不开谁"的认同度与其家庭经济收入关系明显。家庭人均年收入为 6000—10000 元之间的少数民族大学生认同度最高，家庭人均年收入为 2500—6000 元之间的少数民族大学生认同度相对较低。

(三) 不同经济状况少数民族大学生与"时代精神"的比较分析

表 4-9-3 不同经济状况少数民族大学生与"时代精神"的比较分析统计

问题 家庭人均年收入		改革开放是否应成为时代精神的主要内容?					合计
		很应该	应该	不一定	不应该	很不应该	
1000 元以下	人数(人)	114	272	71	13	6	476
	比例(%)	23.9	57.1	14.9	2.7	1.3	100.0
1000—2500 元	人数(人)	114	318	70	17	0	519
	比例(%)	22.0	61.3	13.5	3.3	0.0	100.0
2500—6000 元	人数(人)	237	534	147	27	12	957
	比例(%)	24.8	55.8	15.4	2.8	1.3	100.0
6000—10000 元	人数(人)	55	158	24	7	2	246
	比例(%)	22.4	64.2	9.8	2.8	0.8	100.0
10000 元以上	人数(人)	81	142	28	10	3	264
	比例(%)	30.7	53.8	10.6	3.8	1.1	100.0
合计	人数(人)	602	1424	340	74	23	2463
	比例(%)	24.4	57.8	13.8	3.0	0.9	100.0
$P = 0.111$					$X^2 = 27.924$		

注: 缺失值 44, 占比 1.8%。

如表 4-9-3 所示, 不同经济状况的少数民族大学生对"改革开放是否应成为时代精神的主要内容"表示"很应该"、"应该"的有 2026 人, 累计占比 82.2%。家庭人均年收入为 1000 元以下、1000—

2500元、2500—6000元、6000—10000元及10000元以上的少数民族大学生对"改革开放应成为时代精神的主要内容"表示认同的比例分别为81.0%、83.3%、80.6%、86.6%、84.5%。可见，少数民族大学生对"改革开放应成为时代精神的主要内容"的认同度与其家庭经济收入关系明显。家庭人均年收入为6000—10000元之间的少数民族大学生认同度最高，家庭人均年收入为2500—6000元之间的少数民族大学生认同度相对较低。

（四）不同经济状况少数民族大学生与"改革稳定"的比较分析

表4-9-4　不同经济状况少数民族大学生与"改革稳定"的比较分析统计

问题 家庭人均年收入		必须妥善处理改革开放与社会发展和稳定的关系					合计
		很赞同	赞同	不一定	不赞同	很不赞同	
1000元以下	人数（人）	124	276	59	12	3	475
	比例（%）	26.1	58.1	12.4	2.5	0.6	100.0
1000—2500元	人数（人）	156	305	46	6	2	515
	比例（%）	30.3	59.2	8.9	1.2	0.4	100.0
2500—6000元	人数（人）	272	516	132	23	12	958
	比例（%）	28.4	53.9	13.8	2.4	1.3	100.0
6000—10000元	人数（人）	75	154	10	6	0	245
	比例（%）	30.6	62.9	4.1	2.4	0.0	100.0
10000元以上	人数（人）	96	149	12	3	3	264
	比例（%）	36.4	56.4	4.5	1.1	1.1	100.0

续表

问题 家庭人均年收入		必须妥善处理改革开放与社会发展和稳定的关系					合计
		很赞同	赞同	不一定	不赞同	很不赞同	
合计	人数（人）	724	1400	259	50	20	2458
	比例（%）	29.5	57.0	10.5	2.0	0.8	100.0
P = 0.002				$X^2 = 71.359$			

注：缺失值49，占比2.0%。

如表4-9-4所示，不同经济状况的少数民族大学生对"必须妥善处理改革开放与社会发展和稳定的关系"表示"很赞同"、"赞同"的有2124人，累计占比86.5%。家庭人均年收入为1000元以下、1000—2500元、2500—6000元、6000—10000元及10000元以上的少数民族大学生对"必须妥善处理改革开放与社会发展和稳定的关系"表示认同的比例分别为84.2%、89.5%、82.3%、93.5%、92.8%。可见，少数民族大学生对"必须妥善处理改革开放与社会发展和稳定的关系"的认同度总体很高，且与其家庭经济收入关系明显。家庭人均年收入为6000—10000元之间的少数民族大学生认同度最高，家庭人均年收入为2500—6000元的少数民族大学生认同度最低。

（五）不同经济状况少数民族大学生与"两者关系"的比较分析

表4-9-5　不同经济状况少数民族大学生与"两者关系"的比较分析统计

问题 家庭人均年收入		爱国主义的民族精神和改革开放的时代精神是和谐统一的					合计
		很赞同	赞同	不一定	不赞同	很不赞同	
1000元以下	人数（人）	115	274	74	12	1	476
	比例（%）	24.2	57.6	15.5	2.5	0.2	100.0

续表

问题 家庭人均年收入		爱国主义的民族精神和改革开放的时代精神是和谐统一的					合计
		很赞同	赞同	不一定	不赞同	很不赞同	
1000—2500元	人数（人）	131	313	60	14	0	518
	比例（%）	25.3	60.4	11.6	2.7	0.0	100.0
2500—6000元	人数（人）	225	534	173	21	5	958
	比例（%）	23.5	55.7	18.1	2.2	0.5	100.0
6000—10000元	人数（人）	54	169	18	5	0	246
	比例（%）	22.0	68.7	7.3	2.0	0.0	100.0
10000元以上	人数（人）	72	159	27	4	2	264
	比例（%）	27.3	60.2	10.2	1.5	0.8	100.0
合计	人数（人）	598	1449	352	56	8	2463
	比例（%）	24.3	58.8	14.3	2.3	0.3	100.0

$P = 0.003$ $X^2 = 41.947$

注：缺失值44，占比1.8%。

如表4-9-5所示，不同经济状况的少数民族大学生对"爱国主义的民族精神和改革开放的时代精神是和谐统一的"表示"很赞同"、"赞同"的有2047人，累计占比83.1%。家庭人均年收入为1000元以下、1000—2500元、2500—6000元、6000—10000元及10000元以上的少数民族大学生对"爱国主义的民族精神和改革开放的时代精神是和谐统一的"表示认同的比例分别为81.8%、85.7%、79.2%、90.7%、87.5%。可见，少数民族大学生对"爱国主义的民族精神和改革开放的时代精神是和谐统一的"认同度总体较高,且与其家庭经济收入关系明显。家庭人均年收入为10000元以上的少数民族大学生认同度最高,家庭人均年收入为2500—6000元的少数民族大学生认同度相对较低。

从以上结论中可以看出,经济因素对民族精神与时代精神的认同差异较为明显,主要表现为家庭人均年收入为6000—10000元的学生认同度最高,家庭人均年收入为2500—6000元的学生认同度最低。

民族精神和时代精神是中华民族自立于世界之林、生生不息和创新发展的精神支柱。以爱国主义为核心的民族精神和以改革创新为核心的时代精神,不仅是社会主义核心价值体系的精髓,也是鼓励我们斗志的精神源泉。因此,研究少数民族大学生对民族精神与时代精神的认同极具现实意义。通过以上分析我们可以直观地看到由于性别、专业、年级、来源地、民族、就读院校、政治面貌、毕业中学及经济状况的不同,少数民族大学生对民族精神与时代精神的认同程度也不同。总体而言,女生的认同程度要高于男生,文科生的认同程度要高于理科生,低年级学生的认同程度要高于高年级学生,生活于少数民族聚居区乡镇或农村的学生认同程度高于生活于少数民族散杂居区县城及以上城市的学生,毕业于普通中学学生的认同度高于毕业于民族中学学生,共青团员的认同度反而较中共党员的认同度要高。

第五章

少数民族大学生对社会主义荣辱观认同的差异分析

少数民族大学生作为青年大学生中的一个重要特殊群体，在新的形势下，对社会主义荣辱观认同的状况如何，不仅事关个人的成长成才、本民族道德的传承，更涉及社会主义道德的建设与弘扬。本课题主要从"社会主义荣辱观是我国社会生活的主流价值观念"（简称"价值观念"）、"人生中最大的乐趣在于奉献"（简称"奉献精神"）、"应该继续坚持勤俭节约、艰苦朴素的优良传统"（简称"勤俭朴素"）、"有钱就有一切，有权就掌握真理"（简称"权钱至上"）、"在公共汽车上应该主动给老、弱、病、残、孕让座"（简称"主动让座"）等五个方面观测少数民族大学生对社会主义荣辱观的认同情况，并从不同性别、不同专业、不同年级、不同地域、不同民族、不同院校、不同政治面貌、不同毕业中学、不同经济状况等九个方面进行考察分析少数民族大学生对社会主义荣辱观认同的差异。

一 不同性别少数民族大学生对社会主义荣辱观认同的比较

课题组从性别角度，对不同性别少数民族大学生就社会主义荣辱观的认同现状进行统计分析。

（一）不同性别少数民族大学生与"价值观念"的比较分析

表 5-1-1　不同性别少数民族大学生与"价值观念"的比较分析统计

性别	问题	社会主义荣辱观是我国社会生活的主流价值观念					合计
		很赞同	赞同	不一定	不赞同	很不赞同	
男	人数（人）	195	619	129	37	3	983
	比例（%）	19.8	63.0	13.1	3.8	0.3	100.0
女	人数（人）	279	1010	164	23	6	1482
	比例（%）	18.8	68.2	11.1	1.6	0.4	100.0
合计	人数（人）	474	1629	293	60	9	2465
	比例（%）	19.2	66.0	11.9	2.4	0.4	100.0
$P = 0.001$					$X^2 = 19.864$		

注：缺失值42，占比1.6%。

如表5-1-1所示，不同性别的少数民族大学生对"社会主义荣辱观是我国社会生活的主流价值观念"表示"很赞同"、"赞同"的有2103人，累计占比85.2%。少数民族大学生男生中，表示"很赞同"、"赞同"的占受访男生总数的82.8%；在女生中，表示"很赞同"、"赞同"的占受访女生总数的87.0%。可见，少数民族大学生女生对社会主义荣辱观是我国社会生活主流价值观念的认同上要高于少数民族大学生男生。

（二）不同性别少数民族大学生与"奉献精神"的比较分析

表 5-1-2　不同性别少数民族大学生与"奉献精神"的比较分析统计

性别	问题	人生中最大的乐趣在于奉献					合计
		很赞同	赞同	不一定	不赞同	很不赞同	
男	人数（人）	183	491	251	60	9	994
	比例（%）	18.4	49.4	25.3	6.0	0.9	100.0

续表

性别	问题	人生中最大的乐趣在于奉献					合计
		很赞同	赞同	不一定	不赞同	很不赞同	
女	人数（人）	240	782	416	61	3	1502
	比例（%）	16.0	52.1	27.7	4.1	0.2	100.0
合计	人数（人）	423	1273	667	121	12	2496
	比例（%）	16.9	51.0	26.7	4.8	0.5	100.0
	$P=0.004$				$X^2=15.268$		

注：缺失值11，占比0.4%。

如表5-1-2所示，不同性别的少数民族大学生对"人生的最大乐趣在于奉献"表示"很赞同"、"赞同"的有1696人，累计占比67.9%。少数民族大学生男生中，表示"很赞同"、"赞同"的占受访男生总数的67.8%；少数民族大学生女生中，表示"很赞同"、"赞同"的占受访女生总数的68.1%。可见，对人生的最大乐趣在于奉献的问题回答上，少数民族大学生男女生态度比较一致，但女生的认同度要略高于男生。

（三）不同性别少数民族大学生与"勤俭朴素"的比较分析

表5-1-3　不同性别少数民族大学生与"勤俭朴素"的比较分析统计

性别	问题	应该继续坚持勤俭节约、艰苦朴素的优良传统					合计
		很赞同	赞同	不一定	不赞同	很不赞同	
男	人数（人）	280	512	151	43	8	994
	比例（%）	28.2	51.5	15.2	4.3	0.8	100.0
女	人数（人）	482	801	191	20	8	1502
	比例（%）	32.1	53.3	12.7	1.3	0.5	100.0
合计	人数（人）	762	1313	342	63	16	2496
	比例（%）	30.5	52.6	13.7	2.5	0.6	100.0
	$P=0.000$				$X^2=28.669$		

注：缺失值11，占比0.4%。

如表 5-1-3 所示，不同性别的少数民族大学生对"应该继续坚持勤俭节约、艰苦朴素的优良传统"表示"很赞同"、"赞同"的有 2075 人，累计占比 83.1%。少数民族大学生男生中，表示"很赞同"、"赞同"的占受访男生总数的 79.7%；少数民族大学生女生中，表示"很赞同"、"赞同"的占受访女生总数的 85.4%。可见，不同性别的少数民族大学生对"应该继续坚持勤俭节约、艰苦朴素的优良传统"的认同度较高，但女生的认同度要高于男生。

（四）不同性别少数民族大学生与"权钱至上"的比较分析

表 5-1-4　不同性别少数民族大学生与"权钱至上"的比较分析统计

性别	问题	有钱就有一切，有权就掌握真理					合计
		很不赞同	不赞同	不一定	赞同	非常赞同	
男	人数（人）	239	422	239	66	27	993
	比例（%）	24.1	42.5	24.1	6.6	2.7	100.0
女	人数（人）	412	693	321	62	16	1504
	比例（%）	27.4	46.1	21.3	4.1	1.1	100.0
合计	人数（人）	651	1115	560	128	43	2497
	比例（%）	26.1	44.7	22.4	5.1	1.7	100.0
	$P = 0.000$				$X^2 = 23.183$		

注：缺失值 10，占比 0.4%。

如表 5-1-4 所示，不同性别的少数民族大学生对"有钱就有一切，有权就掌握真理"表示"很不赞同"、"不赞同"的有 1766 人，累计占比 70.8%。少数民族大学生男生中，表示"很不赞同"、"不赞同"的占受访男生总数的 66.6%；少数民族大学生女生中，表示"很不赞同"、"不赞同"的占受访女生总数的 73.5%。可见，绝大部分少数民族大学生对"有钱就有一切，有权就掌握真理"是持批判态度的，但少数民族大学生女生对此的否定比例要高于男生。

（五）不同性别少数民族大学生与"主动让座"的比较分析

表5-1-5　不同性别少数民族大学生与"主动让座"的比较分析统计

性别	问题	在公共汽车上应该主动给老、弱、病、残、孕让座					合计
		很应该	应该	不一定	不应该	很不应该	
男	人数（人）	389	425	132	31	14	991
	比例（%）	39.3	42.9	13.3	3.1	1.4	100.0
女	人数（人）	787	596	98	9	6	1496
	比例（%）	52.6	39.8	6.6	0.6	0.4	100.0
合计	人数（人）	1176	1021	230	40	20	2487
	比例（%）	47.3	41.1	9.2	1.6	0.8	100.0
P = 0.000					$X^2 = 64.616$		

注：缺失值20，占比0.6%。

如表5-1-5所示，不同性别的少数民族大学生对"在公共汽车上应该主动给老、弱、病、残、孕让座"表示"很应该"、"应该"的有2197人，累计占比88.4%。少数民族大学生男生中，表示"很应该"、"应该"的占受访男生总数的82.2%；少数民族大学生女生中，表示"很应该"、"应该"的占受访女生总数的92.4%。可见，在对这一问题的回答上，少数民族大学生女生的愿意度明显要高于男生。

从以上结论中可以看出，总体上不同性别少数民族大学生对社会主义荣辱观的认同度比较高，少数民族大学生女生对社会主义荣辱观的认同度要高于少数民族大学生男生。

二　不同专业少数民族大学生对社会主义荣辱观认同的比较

课题组从专业角度，对不同专业少数民族大学生就社会主义荣辱观的认同现状进行统计分析。

（一）不同专业少数民族大学生与"价值观念"的比较分析

表 5-2-1　不同专业少数民族大学生与"价值观念"的比较分析统计

专业	问题	社会主义荣辱观是我国社会生活的主流价值观念					合计
		很赞同	赞同	不一定	不赞同	很不赞同	
文科类	人数（人）	262	884	144	29	7	1326
	比例（%）	19.8	66.7	10.9	2.2	0.5	100.0
理工类	人数（人）	209	734	147	29	2	1121
	比例（%）	18.6	65.5	13.1	2.6	0.2	100.0
合计	人数（人）	471	1618	291	58	9	2447
	比例（%）	19.2	66.1	11.9	2.4	0.4	100.0
$P = 0.127$						$X^2 = 15.129$	

注：缺失值60，占比2.4%。

如表 5-2-1 所示，不同专业的少数民族大学生对"社会主义荣辱观是我国社会生活的主流价值观念"表示"很赞同"、"赞同"的有 2089 人，累计占比 85.3%。文科类少数民族大学生中，表示"很赞同"、"赞同"的占同类受访总数的 86.5%；在理工类少数民族大学生中，表示"很赞同"、"赞同"的占同类受访总数的 84.1%。可见，少数民族大学生对社会主义荣辱观是我国社会生活主流价值观念的认同度较高，但文科类少数民族大学生对此的认同度要高于理工类少数民族大学生。

（二）不同专业少数民族大学生与"奉献精神"的比较分析

表 5-2-2　不同专业少数民族大学生与"奉献精神"的比较分析统计

专业	问题	人生中最大的乐趣在于奉献					合计
		很赞同	赞同	不一定	不赞同	很不赞同	
文科类	人数（人）	243	653	375	64	5	1340
	比例（%）	18.1	48.8	28.0	4.8	0.4	100.0

续表

专业	问题	人生中最大的乐趣在于奉献					合计
		很赞同	赞同	不一定	不赞同	很不赞同	
理工类	人数（人）	177	608	290	55	7	1137
	比例（%）	15.6	53.5	25.5	4.8	0.6	100.0
合计	人数（人）	420	1261	665	119	12	2477
	比例（%）	17.0	50.9	26.8	4.8	0.5	100.0
	P = 0.004				$X^2 = 15.268$		

注：缺失值30，占比1.2%。

如表5-2-2所示，不同专业的少数民族大学生对"人生的最大乐趣在于奉献"表示"很赞同"、"赞同"的有1681人，累计占比67.9%。文科类少数民族大学生中，表示"很赞同"、"赞同"的占同类受访总人数的66.9%；理工类少数民族大学生中，表示"很赞同"、"赞同"的占同类受访总人数的69.1%。可见，对人生的最大乐趣在于奉献的问题回答上，理工类少数民族大学生的认同度要略高于文科类少数民族大学生。

（三）不同专业少数民族大学生与"勤俭朴素"的比较分析

表5-2-3　不同专业少数民族大学生与"勤俭朴素"的比较分析统计

专业	问题	应该继续坚持勤俭节约、艰苦朴素的优良传统					合计
		很赞同	赞同	不一定	不赞同	很不赞同	
文科类	人数（人）	412	721	171	32	5	1342
	比例（%）	30.7	53.8	12.7	2.4	0.4	100.0
理工类	人数（人）	344	582	168	31	11	1136
	比例（%）	30.3	51.2	14.8	2.7	1.0	100.0
合计	人数（人）	756	1303	339	63	16	2478
	比例（%）	30.5	52.6	13.7	2.5	0.6	100.0
	P = 0.191				$X^2 = 13.615$		

注：缺失值29，占比1.2%。

如表 5-2-3 所示，不同专业的少数民族大学生对"应该继续坚持勤俭节约、艰苦朴素的优良传统"表示"很赞同"、"赞同"的有 2059 人，累计占比 83.1%。文科类少数民族大学生中，表示"很赞同"、"赞同"的占同类受访总人数的 84.5%；理工类少数民族大学生中，表示"很赞同"、"赞同"的占同类受访总人数的 81.5%。可见，不同专业的少数民族大学生对"应该继续坚持勤俭节约、艰苦朴素的优良传统"的认同度较高，但文科生的认同度要高于理科生。

（四）不同专业少数民族大学生与"权钱至上"的比较分析

表 5-2-4 不同专业少数民族大学生与"权钱至上"的比较分析统计

专业	问题	有钱就有一切，有权就掌握真理					合计
		很不赞同	不赞同	不一定	赞同	非常赞同	
文科类	人数（人）	373	610	281	56	17	1341
	比例（%）	27.8	45.5	21.2	4.2	1.3	100.0
理工类	人数（人）	275	497	269	70	26	1137
	比例（%）	24.2	43.7	23.7	6.2	2.3	100.0
合计	人数（人）	648	1107	554	126	43	2478
	比例（%）	26.2	44.7	22.4	5.1	1.7	100.0
	$P = 0.029$				$X^2 = 17.134$		

注：缺失值 29，占比 1.2%。

如表 5-2-4 所示，不同专业的少数民族大学生对"有钱就有一切，有权就掌握真理"表示"很不赞同"、"不赞同"的有 1755 人，累计占比 70.9%。文科类少数民族大学生中，表示"很不赞同"、"不赞同"的占同类受访总人数的 73.3%；理工类少数民族大学生中，表示"很不赞同"、"不赞同"的占同类受访总人数的 67.9%。文科类与理工类少数民族大学生中各有 21.2% 和 23.7% 对此持"不一定"态度。可见，绝大部分少数民族大学生对"有钱就有一切，有权就掌握真理"是持批判态度的，但文科类少数民族大学生对此的否定比例要高于理工类少数民族大学生。

(五) 不同专业少数民族大学生与"主动让座"的比较分析

表 5-2-5　不同专业少数民族大学生与"主动让座"的比较分析统计

专业	问题	在公共汽车上应该主动给老、弱、病、残、孕让座					合计
		很应该	应该	不一定	不应该	很不应该	
文科类	人数（人）	667	559	97	14	3	1340
	比例（%）	49.8	41.7	7.2	1.0	0.2	100.0
理工类	人数（人）	499	457	135	25	17	1133
	比例（%）	44.0	40.4	11.9	2.2	1.5	100.0
合计	人数（人）	1166	1016	232	39	20	2473
	比例（%）	47.1	41.1	9.4	1.6	0.8	100.0
	$P = 0.000$				$X^2 = 49.328$		

注：缺失值34，占比1.4%。

如表5-2-5所示，不同专业的少数民族大学生对"在公共汽车上应该主动给老、弱、病、残、孕让座"表示"很应该"、"应该"的有2182人，累计占比88.2%。文科类少数民族大学生中，表示"很应该"、"应该"的占同类受访总人数的91.5%；理工类少数民族大学生中，表示"很应该"、"应该"的占同类受访总人数的84.4%。可见，在对这一问题的回答上，不同专业的少数民族大学生对在公共汽车上主动给老、弱、病、残、孕让座的认同度较高，但文科类少数民族大学生的愿意度明显要高于理工类少数民族大学生。

从以上结论中可以看出，不同专业少数民族大学生对社会主义荣辱观的认同度比较高，但总体上文科类少数民族大学生对社会主义荣辱观的认同度要高于理工类少数民族大学生。

三 不同年级少数民族大学生对社会主义荣辱观认同的比较

课题组从年级角度,对不同年级少数民族大学生就社会主义荣辱观的认同现状进行统计分析。

(一)不同年级少数民族大学生与"价值观念"的比较分析

表5-3-1 不同年级少数民族大学生与"价值观念"的比较分析统计

年级	问题	社会主义荣辱观是我国社会生活的主流价值观念					合计
		很赞同	赞同	不一定	不赞同	很不赞同	
大一	人数(人)	185	436	54	8	3	686
	比例(%)	27.0	63.6	7.9	1.2	0.4	100.0
大二	人数(人)	131	525	103	25	2	788
	比例(%)	16.6	66.9	13.1	3.2	0.3	100.0
大三	人数(人)	149	637	121	26	1	934
	比例(%)	16.0	68.2	13.0	2.8	0.1	100.0
大四	人数(人)	9	30	13	1	3	56
	比例(%)	16.1	53.6	23.2	1.8	5.4	100.0
合计	人数(人)	474	1628	291	60	9	2464
	比例(%)	19.2	66.1	11.8	2.4	0.4	100.0
$P = 0.000$				$X^2 = 101.511$			

注:缺失值43,占比1.7%。

如表5-3-1所示,不同年级的少数民族大学生对"社会主义荣辱观是我国社会生活的主流价值观念"表示"很赞同"、"赞同"的有 2102 人，累计占比 85.3%。就具体年级来看，大一学生中表示"很赞同"、"赞同"的占受访大一学生总数的 90.6%；大二学生中表示"很赞同"、"赞同"的占受访大二学生总数的 83.5%；大三学生中表示"很赞同"、"赞同"的占受访大三学生总数的 84.2%；大四学生中表示"很赞同"、"赞同"的占受访大四学生总数的 69.7%。可见，各年级少数民族大学生对"社会主义荣辱观是我国社会生活的主流价值观念"的认同度都比较高，大一学生的认同度最高，大四学生的认同度最低。

（二）不同年级少数民族大学生与"奉献精神"的比较分析

表 5-3-2　不同年级少数民族大学生与"奉献精神"的比较分析统计

年级	问题	人生最大的乐趣在于奉献					合计
		很赞同	赞同	不一定	不赞同	很不赞同	
大一	人数（人）	138	351	180	27	2	698
	比例（%）	19.8	50.3	25.8	3.9	0.3	100.0
大二	人数（人）	127	411	212	40	5	795
	比例（%）	16.0	51.7	26.7	5.0	0.6	100.0
大三	人数（人）	154	481	258	47	3	943
	比例（%）	16.3	51.0	27.4	5.0	0.3	100.0
大四	人数（人）	5	27	16	7	2	57
	比例（%）	8.8	47.4	28.1	12.3	3.5	100.0
合计	人数（人）	424	1270	666	121	12	2493
	比例（%）	17.0	51.0	26.7	4.9	0.5	100.0

$P = 0.031$　　　　　　　　　　$X^2 = 28.080$

注：缺失值 14，占比 0.5%。

如表5-3-2所示，不同年级的少数民族大学生对"人生最大的乐趣在于奉献"表示"很赞同"、"赞同"的有1694人，累计占比68.0%。就具体年级来看，大一学生中表示"很赞同"、"赞同"的占受访大一学生总数的70.1%；大二学生中表示"很赞同"、"赞同"的占受访大二学生总人数的67.7%；大三学生中表示"很赞同"、"赞同"的占受访大三学生总数的67.3%；大四学生中表示"很赞同"、"赞同"的占受访大四学生总数的56.2%。可见，各年级少数民族大学生对"人生最大的乐趣在于奉献"的认同度呈递减趋势，大一学生的认同度最高，大四学生的认同度最低。

（三）不同年级少数民族大学生与"勤俭朴素"的比较分析

表5-3-3　不同年级少数民族大学生与"勤俭朴素"的比较分析统计

年级	问题	应该继续坚持勤俭节约、艰苦朴素的优良传统					合计
		很赞同	赞同	不一定	不赞同	很不赞同	
大一	人数（人）	256	350	81	8	3	698
	比例（%）	36.7	50.1	11.6	1.1	0.4	100.0
大二	人数（人）	225	436	113	20	2	796
	比例（%）	28.3	54.8	14.2	2.5	0.3	100.0
大三	人数（人）	270	496	140	30	7	943
	比例（%）	28.6	52.6	14.8	3.2	0.7	100.0
大四	人数（人）	10	30	9	5	4	57
	比例（%）	17.5	52.6	14.0	8.8	7.0	100.0
合计	人数（人）	761	1311	343	63	16	2495
	比例（%）	30.5	52.5	13.7	2.5	0.6	100.0
$P=0.000$				$X^2=81.302$			

注：缺失值12，占比0.5%。

如表 5-3-3 所示，不同年级的少数民族大学生对"应该继续坚持勤俭节约、艰苦朴素的优良传统"表示"很赞同"、"赞同"的有 2072 人，累计占比 83.0%。就具体年级来看，大一学生中表示"很赞同"、"赞同"的占受访大一学生总数的 86.8%；大二学生中表示"很赞同"、"赞同"的占受访大二学生总数的 83.1%；大三学生中表示"很赞同"、"赞同"的占受访大三学生总数的 81.2%；大四学生中表示"很赞同"、"赞同"的占受访大四学生总数的 70.1%。可见，各年级少数民族大学生对"应该继续坚持勤俭节约、艰苦朴素的优良传统"的认同度较高，但呈现递减趋势，大一学生的认同度最高，大四学生的认同度最低。

（四）不同年级少数民族大学生与"权钱至上"的比较分析

表 5-3-4　不同年级少数民族大学生与"权钱至上"的比较分析统计

年级	问题	有钱就有一切，有权就掌握真理					合计
		很不赞同	不赞同	不一定	赞同	非常赞同	
大一	人数（人）	220	310	131	28	8	697
	比例（%）	31.6	44.5	18.8	4.0	1.1	100.0
大二	人数（人）	204	372	171	41	8	796
	比例（%）	25.6	46.7	21.5	5.2	1.0	100.0
大三	人数（人）	215	413	237	54	25	944
	比例（%）	22.8	43.8	25.1	5.7	2.6	100.0
大四	人数（人）	12	20	18	5	2	57
	比例（%）	21.1	35.1	31.6	8.8	3.5	100.0

续表

年级	问题	有钱就有一切，有权就掌握真理					合计
		很不赞同	不赞同	不一定	赞同	非常赞同	
合计	人数（人）	651	1115	557	128	43	2494
	比例（%）	26.1	44.7	22.4	5.1	1.7	100.0
	P = 0.001				$X^2 = 41.029$		

注：缺失值13，占比0.5%。

如表5-3-4所示，不同年级的少数民族大学生对"有钱就有一切，有权就掌握真理"表示"很不赞同"、"不赞同"的有1766人，累计占比70.8%。就具体年级来看，大一学生中表示"很不赞同"、"不赞同"的占受访大一学生总数的76.1%；大二学生中表示"很不赞同"、"不赞同"的占受访大二学生总数的72.3%；大三学生中表示"很不赞同"、"不赞同"的占受访大三学生总数的66.6%；大四学生中表示"很不赞同"、"不赞同"的占受访大四学生总数的56.2%。另有大一、大二、大三、大四年级受访学生表示"不一定"的占同类受访学生总数的18.8%、21.5%、25.1%、31.6%。可见，各年级少数民族大学生对"有钱就有一切，有权就掌握真理"持极大的否定态度，但呈现递减趋势，大一学生的不认同度最高，大四学生的不认同度最低。

（五）不同年级少数民族大学生与"主动让座"的比较分析

表5-3-5　不同年级少数民族大学生与"主动让座"的比较分析统计

年级	问题	在公共汽车上应该主动给老、弱、病、残、孕让座					合计
		很应该	应该	不一定	不应该	很不应该	
大一	人数（人）	406	240	39	8	5	698
	比例（%）	58.2	34.4	5.6	1.1	0.7	100.0

续表

年级	问题	在公共汽车上应该主动给老、弱、病、残、孕让座					合计
		很应该	应该	不一定	不应该	很不应该	
大二	人数（人）	319	362	94	14	3	792
	比例（%）	40.3	45.7	11.8	1.8	0.4	100.0
大三	人数（人）	432	395	90	17	8	942
	比例（%）	45.9	41.9	9.6	1.8	0.8	100.0
大四	人数（人）	21	23	8	1	4	57
	比例（%）	36.8	40.4	14.0	1.8	7.0	100.0
合计	人数（人）	1178	1020	232	40	20	2490
	比例（%）	47.3	41.0	9.3	1.6	0.8	100.0

$P = 0.000 \qquad X^2 = 102.843$

注：缺失值17，占比0.7%。

如表5-3-5所示，不同年级的少数民族大学生对"在公共汽车上应该主动给老、弱、病、残、孕让座"表示"很应该"、"应该"的有2198人，累计占比88.3%。就具体年级来看，大一学生中表示"很应该"、"应该"的占受访大一学生总数的92.6%；大二学生中表示"很应该"、"应该"的占受访大二学生总人数的86.0%；大三学生中表示"很应该"、"应该"的占受访大三学生总数的87.8%；大四学生中表示"很应该"、"应该"的占受访大四学生总数的77.2%。可见，各年级学生对在公共汽车上应该主动给老、弱、病、残、孕让座的认同度都比较高，但低年级学生对此的认同度要高于高年级的学生。

从以上结论中可以看出，总体而言，不同年级少数民族大学生对社会主义荣辱观的认同度普遍较高，但少数民族大学生对社会主义荣辱观的认同度呈递减趋势，大一学生的认同度最高，大四学生的认同度最低。

四 不同地域少数民族大学生对社会主义荣辱观认同的比较

课题组以不同区域为划分,对来自不同区域的少数民族大学生就社会主义荣辱观的认同现状进行比较分析。

(一)不同地域来源少数民族大学生与"价值观念"的比较分析

表 5-4-1 不同地域来源少数民族大学生与"价值观念"的比较分析统计

问题 来源地		社会主义荣辱观是我国社会生活的主流价值观念					合计
		很赞同	赞同	不一定	不赞同	很不赞同	
少数民族聚居区县城及以上城市	人数(人)	188	588	115	20	4	915
	比例(%)	20.5	64.3	12.6	2.2	0.4	100.0
少数民族聚居区乡镇或农村	人数(人)	115	502	67	15	1	700
	比例(%)	16.4	71.7	9.6	2.1	0.1	100.0
少数民族散杂居县城及以上城市	人数(人)	80	219	58	17	3	377
	比例(%)	21.2	58.1	15.4	4.5	0.8	100.0
少数民族散杂居乡镇或农村	人数(人)	78	264	45	8	1	396
	比例(%)	19.3	67.0	11.4	2.0	0.3	100.0
合计	人数(人)	463	1573	285	60	9	2390
	比例(%)	19.4	65.8	11.9	2.5	0.4	100.0
$P=0.007$					$X^2=38.797$		

注:缺失值117,占比4.7%。

如表5-4-1,在"社会主义荣辱观是我国社会生活的主流价值观念"的问题上,来自少数民族聚居区县城及以上城市与乡镇或农村的少数民族大学生中表示"很赞同"、"赞同"的分别占同类受访学生总数的84.8%和88.1%;来自少数民族散杂居县城及以上城市与乡镇或农村的少数民族大学生中,表示"很赞同"、"赞同"的分别占同类受访学生总数的79.3%和86.3%。可见,来自于少数民族聚居区县城及以上城市、乡镇或农村的少数民族大学生对"社会主义荣辱观是我国社会生活的主流价值观念"的认同度分别要高于散杂居区县城及以上城市、乡镇或农村的少数民族大学生;无论是在少数民族聚居区,还是在少数民族散杂居区,县城及以上城市的少数民族大学生对"社会主义荣辱观是我国社会生活的主流价值观念"的认同度都要低于乡镇或农村的少数民族大学生。

(二) 不同地域来源少数民族大学生与"奉献精神"的比较分析

表5-4-2 不同地域来源少数民族大学生与"奉献精神"的比较分析统计

问题 来源地		人生中最大的乐趣在于奉献					合计
		很赞同	赞同	不一定	不赞同	很不赞同	
少数民族聚居区县城及以上城市	人数(人)	185	457	241	37	2	922
	比例(%)	20.1	49.6	26.1	4.0	0.2	100.0
少数民族聚居区乡镇或农村	人数(人)	105	399	158	44	0	706
	比例(%)	14.9	56.5	22.4	6.2	0.0	100.0
少数民族散杂居县城及以上城市	人数(人)	59	170	127	22	7	385
	比例(%)	15.4	44.4	32.6	5.7	1.8	100.0
少数民族散杂居乡镇或农村	人数(人)	62	206	113	13	3	397
	比例(%)	15.6	51.9	28.5	3.3	0.8	100.0

续表

问题 来源地		人生中最大的乐趣在于奉献					合计
		很赞同	赞同	不一定	不赞同	很不赞同	
合计	人数（人）	411	1232	639	116	12	2410
	比例（%）	17.1	51.1	26.5	4.8	0.5	100.0
		P = 0.000			$X^2 = 57.921$		

注：缺失值97，占比3.9%。

如表5-4-2，在"人生中最大的乐趣在于奉献"的问题上，来自少数民族聚居区县城及以上城市与乡镇或农村的少数民族大学生中表示"很赞同"、"赞同"的分别占同类受访学生总数的69.7%和71.4%；来自少数民族散杂居区县城及以上城市与乡镇或农村的少数民族大学生中，表示"很赞同"、"赞同"的分别占同类受访学生总数的59.8%和67.5%。可见，来自于少数民族聚居区县城及以上城市、乡镇或农村的少数民族大学生对"人生中最大的乐趣在于奉献"的认同度分别要高于散杂居区县城及以上城市、乡镇或农村的少数民族大学生；无论是在少数民族聚居区，还是在少数民族散杂居区，县城及以上城市的少数民族大学生对"人生中最大的乐趣在于奉献"的认同度都要低于乡镇或农村的少数民族大学生。

（三）不同地域来源少数民族大学生与"勤俭朴素"的比较分析

表5-4-3 不同地域来源少数民族大学生与"勤俭朴素"的比较分析统计

问题 来源地		应该继续坚持勤俭节约、艰苦朴素的优良传统					合计
		很赞同	赞同	不一定	不赞同	很不赞同	
少数民族聚居区县城及以上城市	人数（人）	305	450	144	19	4	922
	比例（%）	33.1	48.8	15.6	2.1	0.4	100.0

续表

问题 来源地		应该继续坚持勤俭节约、艰苦朴素的优良传统					合计
		很赞同	赞同	不一定	不赞同	很不赞同	
少数民族聚居区乡镇或农村	人数（人）	205	401	80	19	4	709
	比例（%）	28.9	56.6	11.3	2.7	0.6	100.0
少数民族散杂居县城及以上城市	人数（人）	106	199	59	11	8	383
	比例（%）	27.7	52.0	15.4	2.9	2.1	100.0
少数民族散杂居乡镇或农村	人数（人）	127	207	50	12	0	396
	比例（%）	32.1	52.3	12.6	3.0	0.0	100.0
合计	人数（人）	743	1257	333	61	16	2410
	比例（%）	30.8	52.1	13.8	2.5	0.7	100.0

$P = 0.001$　　　　　　$X^2 = 47.099$

注：缺失值97，占比3.9%。

如表5-4-3，在"应该继续坚持勤俭节约、艰苦朴素的优良传统"的问题上，来自少数民族聚居区县城及以上城市与乡镇或农村的少数民族大学生中表示"很赞同"、"赞同"的分别占同类受访学生总数的81.9%和85.5%；来自少数民族散杂居区县城及以上城市与乡镇或农村的少数民族大学生中，表示"很赞同"、"赞同"的分别占同类受访学生总数的79.7和84.4%。可见，来自于少数民族聚居区县城及以上城市、乡镇或农村的少数民族大学生对"应该继续坚持勤俭节约、艰苦朴素的优良传统"的认同度分别要高于散杂居区县城及以上城市、乡镇或农村的少数民族大学生；无论是在少数民族聚居区，还是在少数民族散杂居区，县城及以上城市的少数民族大学生对"应该继续坚持勤俭节约、艰苦朴素的优良传统"的认同度都要低于乡镇或农村的少数民族大学生。

(四) 不同地域来源少数民族大学生与"权钱至上"的比较分析

表5-4-4 不同地域来源少数民族大学生与"权钱至上"的比较分析统计

来源地	问题	有钱就有一切，有权就掌握真理					合计
		很不赞同	不赞同	不一定	赞同	非常赞同	
少数民族聚居区县城及以上城市	人数（人）	250	412	208	40	12	922
	比例（%）	27.1	44.7	22.6	4.3	1.3	100.0
少数民族聚居区乡镇或农村	人数（人）	190	320	145	44	9	708
	比例（%）	26.8	45.2	20.5	6.2	1.3	100.0
少数民族散杂居县城及以上城市	人数（人）	105	147	97	24	10	383
	比例（%）	27.4	38.4	25.3	6.3	2.6	100.0
少数民族散杂居乡镇或农村	人数（人）	81	190	98	17	11	397
	比例（%）	20.4	47.9	24.7	4.3	2.8	100.0
合计	人数（人）	626	1069	548	125	42	2410
	比例（%）	26.0	44.4	22.7	5.2	1.7	100.0
		$P = 0.022$			$X^2 = 29.222$		

注：缺失值97，占比3.9%。

如表5-4-4，在"有钱就有一切，有权就掌握真理"的问题上，来自少数民族聚居区县城及以上城市与乡镇或农村的少数民族大学生中表示"很不赞同"、"不赞同"的分别占同类受访学生总数的71.8%和72.0%；来自少数民族散杂居县城及以上城市与乡镇或农村的少数民族大学生中，表示"很不赞同"、"不赞同"的分别占同类受访学生总数的65.8%和68.3%。可见，来自于少数民族聚居区县城及以上城市、乡镇或农村的少数民族大学生对"有钱就有一切，有权就掌握真理"的认同度分别要略高于散杂居区县城及以上城市、乡镇或农村的少数民族大学生；无论是在少数民族聚居区，还是在少数民族散杂居区，县城及以上城市的少数民族大学生对"有钱就有一切，有权就掌握真理"的认同度都要略低于乡镇或农村的少数民族大学生。

（五）不同地域来源少数民族大学生与"主动让座"的比较分析

表 5-4-5　不同地域来源少数民族大学生与"主动让座"的比较分析统计

来源地	问题	在公共汽车上应该主动给老、弱、病、残、孕让座					合计
		很应该	应该	不一定	不应该	很不应该	
少数民族聚居区县城及以上城市	人数（人）	468	357	80	12	4	921
	比例（%）	50.8	38.8	8.7	1.3	0.4	100.0
少数民族聚居区乡镇或农村	人数（人）	343	283	63	14	2	705
	比例（%）	48.7	40.1	8.9	2.0	0.3	100.0
少数民族散杂居县城及以上城市	人数（人）	148	165	52	7	12	384
	比例（%）	38.5	43.0	13.5	1.8	3.1	100.0
少数民族散杂居乡镇或农村	人数（人）	174	181	31	7	2	395
	比例（%）	44.1	45.8	7.8	1.8	0.5	100.0
合计	人数（人）	1133	986	226	40	20	2405
	比例（%）	47.1	41.0	9.4	1.7	0.8	100.0
P = 0.000				$X^2 = 76.491$			

注：缺失值 102，占比 4.1%。

如表 5-4-5，在"在公共汽车上应该主动给老、弱、病、残、孕让座"的问题上，来自少数民族聚居区县城及以上城市与乡镇或农村的少数民族大学生中表示"很应该"、"应该"的分别占同类受访学生总数的 89.6% 和 88.8%；来自少数民族散杂居区县城及以上城市与乡镇或农村的少数民族大学生中，表示"很应该"、"应该"的分别占同类受访学生总数的 81.5% 和 89.9%。可见，无论是来自于少数民族聚居区，还是少数民族散杂居区，少数民族大学生对应该主动给老、弱、病、残、孕让座的认同度都较高，来自于少数民族聚居区县城及以上城市的少数民族大学生对此的认同度分别要高于散杂居区县城及以上城市的少数民族大学生。

从以上结论中可以看出，总体而言，不同地域来源的少数民族大学生对社会主义荣辱观的认同度普遍较高。来自于少数民族聚居区县城及以上城市、乡镇或农村的少数民族大学生对社会主义荣辱观的认同度分别要高于散杂居区县城及以上城市、乡镇或农村的少数民族大学生；无论是在少数民族聚居区，还是在少数民族散杂居区，县城及以上城市的少数民族大学生对社会主义荣辱观的认同度都要低于乡镇或农村的少数民族大学生。

五　不同民族少数民族大学生对社会主义荣辱观认同的比较

课题组以不同民族为区分，选取调查样本中人数比例较高的藏族、哈萨克族、回族、满族、蒙古族、苗族、土家族、维吾尔族、瑶族和壮族等 10 个民族共计 2075 名少数民族大学生对社会主义荣辱观的认同状况进行比较分析。

（一）不同民族少数民族大学生与"价值观念"的比较分析

调查结果显示（见表 5-5-1），各民族少数民族大学生对"社会主义荣辱观是我国社会生活的主流价值观念"的认同度很高，累计 1785 人，占比 87.0%。但不同民族少数民族大学生对此的认同度存在差异，认同的比例由高到低顺序依次是回族（93.3%）、瑶族

(91.8%)、藏族(90.4%)、哈萨克族(90.1%)、蒙古族(89.7%)、满族(87.9%)、壮族(85.1%)、维吾尔族(83.6%)、苗族(83.0%)、土家族(82.9%)。可见,对社会主义荣辱观是我国社会生活的主流价值观念认同度最高的是回族少数民族大学生,最低的是土家族少数民族大学生。从"不一定"选项来看,存在少部分人对"社会主义荣辱观是我国社会生活的主流价值观念"认识模糊,其中占同类受访人数比最多的是维吾尔族少数民族大学生,最少的是回族少数民族大学生。对"社会主义荣辱观是我国社会生活的主流价值观念"持否定态度的人数占同类受访人数比最高的是苗族少数民族大学生,最低的是蒙古族和满族少数民族大学生。

表5-5-1　不同民族少数民族大学生与"价值观念"的比较分析统计

民族	问题	社会主义荣辱观是我国社会生活的主流价值观念					合计
		很赞同	赞同	不一定	不赞同	很不赞同	
藏族	人数(人)	24	266	27	4	0	321
	比例(%)	7.5	82.9	8.4	1.2	0.0	100.0
哈萨克族	人数(人)	8	47	5	1	0	61
	比例(%)	13.1	77.0	8.2	1.6	0.0	100.0
回族	人数(人)	64	185	15	2	1	267
	比例(%)	24.0	69.3	5.6	0.7	0.4	100.0
满族	人数(人)	10	63	10	0	0	83
	比例(%)	12.0	75.9	12.0	0.0	0.0	100.0
蒙古族	人数(人)	11	41	6	0	0	58
	比例(%)	19.0	70.7	10.3	0.0	0.0	100.0

续表

民族 \ 问题		社会主义荣辱观是我国社会生活的主流价值观念					合计
		很赞同	赞同	不一定	不赞同	很不赞同	
苗族	人数（人）	37	211	32	16	3	299
	比例（%）	12.4	70.6	10.7	5.4	1.0	100.0
土家族	人数（人）	16	76	13	5	1	111
	比例（%）	14.4	68.5	11.7	4.5	0.9	100.0
维吾尔族	人数（人）	24	195	36	5	2	262
	比例（%）	9.2	74.4	13.7	1.9	0.8	100.0
瑶族	人数（人）	18	61	5	2	0	86
	比例（%）	20.9	70.9	5.8	2.3	0.0	100.0
壮族	人数（人）	75	353	64	11	0	503
	比例（%）	14.9	70.2	12.7	2.2	0.0	100.0
合计	人数（人）	287	1498	213	46	7	2051
	比例（%）	14.0	73.0	10.4	2.2	0.3	100.0
	P = 0.000				X^2 = 92.414		

注：缺失值24，占比1.2%。

（二）不同民族少数民族大学生与"奉献精神"的比较分析

调查结果显示（见表5-5-2），各民族少数民族大学生对"人生最大的乐趣在于奉献"的认同度较高，累计1391人，占比67.3%。但不同民族少数民族大学生对此的认同度存在差异，认同的比例由高到低顺序依次是哈萨克族（85.2%）、藏族（82.2%）、维吾尔族（76.7%）、回族（66.1%）、土家族（65.7%）、壮族（65.2%）、瑶族（59.3%）、苗族（56.1%）、蒙古族（52.6%）、满族（42.1%）。可见，对社会主义荣辱观是我国社会生活的主流价值观念认同度最高的是哈萨克族少数民族大学生,最低的是满族少数民族大学生。从"不一定"选项来看,存在少部分人对"社会主义荣辱观是我国社会生活的主流价值观念"认识模糊,其中占同类受访人数比最多的是满族少数民族大学生,最少的是哈萨克族少数民族大学生。对"社会主义荣辱观是我国社会生活的主流价值观念"持否定态度的人数占同类受访人数比最高的是瑶族少数民族大学生,最低的是藏族少数民族大学生。

表5-5-2 不同民族少数民族大学生与"奉献精神"的比较分析统计

民族	问题	人生最大的乐趣在于奉献					合计
		很赞同	赞同	不一定	不赞同	很不赞同	
藏族	人数(人)	44	224	52	6	0	326
	比例(%)	13.5	68.7	16.0	1.8	0.0	100.0
哈萨克族	人数(人)	13	39	7	2	0	61
	比例(%)	21.3	63.9	11.5	3.3	0.0	100.0
回族	人数(人)	55	128	77	15	2	277
	比例(%)	19.9	46.2	27.8	5.4	0.7	100.0
满族	人数(人)	9	26	42	6	0	83
	比例(%)	10.8	31.3	50.6	7.2	0.0	100.0
蒙古族	人数(人)	8	23	23	5	0	59
	比例(%)	13.6	39.0	39.0	8.5	0.0	100.0
苗族	人数(人)	37	129	106	21	3	296
	比例(%)	12.5	43.6	35.8	7.1	1.0	100.0

续表

民族 \ 问题		人生最大的乐趣在于奉献					合计
		很赞同	赞同	不一定	不赞同	很不赞同	
土家族	人数（人）	18	55	25	11	2	111
	比例（%）	16.2	49.5	22.5	9.9	1.8	100.0
维吾尔族	人数（人）	64	137	50	10	1	262
	比例（%）	24.4	52.3	19.1	3.8	0.4	100.0
瑶族	人数（人）	10	41	23	12	0	86
	比例（%）	11.6	47.7	26.7	14.0	0.0	100.0
壮族	人数（人）	58	273	164	12	0	507
	比例（%）	11.4	53.8	32.3	2.4	0.0	100.0
合计	人数（人）	316	1075	569	100	8	2068
	比例（%）	15.3	52.0	27.5	4.8	0.4	100.0

$P = 0.000 \qquad X^2 = 176.958$

注：缺失值7，占比0.3%。

（三）不同民族少数民族大学生与"勤俭朴素"的比较分析

调查结果显示（见表5-5-3），各民族少数民族大学生对"应该继续坚持勤俭节约、艰苦朴素的优良传统"的认同度较高，累计1765人，占比85.6%。但不同民族少数民族大学生对此的认同度存在差异，认同的比例由高到低顺序依次是瑶族（94.0%）、藏族（91.7%）、满族（88.0%）、壮族（87.3%）、回族（87.3%）、土家族（84.6%）、哈萨克族（83.6%）、蒙古族（81.3%）、维吾尔族（79.3%）、苗族（78.4%）。可见，对"应该继续坚持勤俭节约、艰苦朴素的优良传统"认同度最高的是瑶族少数民族大学生，最低的是苗族少数民族大学生。从"不一定"选项来看，存在少部分人认识模糊，其中占同类受访人数比最多的是蒙古族少数民族大学生，最少的是瑶族少数民族大学生。

表5-5-3 不同民族少数民族大学生与"勤俭朴素"的比较分析统计

民族	问题	应该继续坚持勤俭节约、艰苦朴素的优良传统					合计
		很赞同	赞同	不一定	不赞同	很不赞同	
藏族	人数（人）	116	183	23	4	0	326
	比例（%）	35.6	56.1	7.1	1.2	0.0	100.0
哈萨克族	人数（人）	21	30	9	1	0	61
	比例（%）	34.4	49.2	14.8	1.6	0.0	100.0
回族	人数（人）	112	130	28	5	2	277
	比例（%）	40.4	46.9	10.1	1.8	0.7	100.0
满族	人数（人）	32	41	8	2	0	83
	比例（%）	38.6	49.4	9.6	2.4	0.0	100.0
蒙古族	人数（人）	16	32	10	1	0	59
	比例（%）	27.1	54.2	16.9	1.7	0.0	100.0
苗族	人数（人）	81	151	47	11	6	296
	比例（%）	27.4	51.0	15.9	3.7	2.0	100.0
土家族	人数（人）	46	48	15	2	0	111
	比例（%）	41.4	43.2	13.5	1.8	0.0	100.0

续表

问题 民族		应该继续坚持勤俭节约、艰苦朴素的优良传统					合计
		很赞同	赞同	不一定	不赞同	很不赞同	
维吾尔族	人数（人）	88	119	41	11	2	261
	比例（%）	33.7	45.6	15.7	4.2	0.8	100.0
瑶族	人数（人）	17	62	5	0	0	84
	比例（%）	20.2	73.8	6.0	0.0	0.0	100.0
壮族	人数（人）	162	278	50	14	0	504
	比例（%）	32.1	55.2	9.9	2.8	0.0	100.0
合计	人数（人）	691	1074	236	51	10	2062
	比例（%）	33.5	52.1	11.4	2.5	0.5	100.0
P = 0.000				$X^2 = 83.720$			

注：缺失值13，占比0.6%。

（四）不同民族少数民族大学生与"权钱至上"的比较分析

调查结果显示（见表5-5-4），各民族少数民族大学生对"有钱就有一切，有权就掌握真理"的否定比例较高，累计1448人，占比70.1%。但不同民族少数民族大学生对此的不认同度存在差异，不认同的比例由高到低顺序依次是回族（76.9%）、哈萨克族（75.4%）、壮族（75.0%）、土家族（70.2%）、苗族（68.6%）、瑶族（66.3%）、满族（66.2%）、藏族（65.3%）、蒙古族（64.4%）、维吾尔族（63.7%）。可见，对"有钱就有一切，有权就掌握真理"不认同比例最高的是回族少数民族大学生，最低的是维吾尔族少数民族大学生。从"不一定"选项来看，部分人认识模糊，其中占同类受访人数比最多的是瑶族少数民族大学生，最少的是回族少数民族大学生。

表5-5-4 不同民族少数民族大学生与"权钱至上"的比较分析统计

民族	问题	有钱就有一切,有权就掌握真理					合计
		很不赞同	不赞同	不一定	赞同	非常赞同	
藏族	人数(人)	75	138	80	30	3	326
	比例(%)	23.0	42.3	24.5	9.2	0.9	100.0
哈萨克族	人数(人)	12	34	13	1	1	61
	比例(%)	19.7	55.7	21.3	1.6	1.6	100.0
回族	人数(人)	96	117	49	9	6	277
	比例(%)	34.7	42.2	17.7	3.2	2.2	100.0
满族	人数(人)	30	25	24	4	0	83
	比例(%)	36.1	30.1	28.9	4.8	0.0	100.0
蒙古族	人数(人)	13	25	14	5	2	59
	比例(%)	22.0	42.4	23.7	8.5	3.4	100.0
苗族	人数(人)	64	141	67	19	8	299
	比例(%)	21.4	47.2	22.4	6.4	2.7	100.0
土家族	人数(人)	29	49	25	4	4	111
	比例(%)	26.1	44.1	22.5	3.6	3.6	100.0
维吾尔族	人数(人)	44	121	64	23	7	259
	比例(%)	17.0	46.7	24.7	8.9	2.7	100.0

续表

民族 \ 问题		有钱就有一切,有权就掌握真理					合计
		很不赞同	不赞同	不一定	赞同	非常赞同	
瑶族	人数(人)	17	40	25	4	0	86
	比例(%)	19.8	46.5	29.1	4.7	0.0	100.0
壮族	人数(人)	155	223	111	0	15	504
	比例(%)	30.8	44.2	22.0	0.0	3.0	100.0
合计	人数(人)	535	913	472	99	46	2065
	比例(%)	25.9	44.2	22.9	4.8	2.2	100.0

P = 0.000　　　　$X^2 = 83.720$

注：缺失值10,占比0.5%。

（五）不同民族少数民族大学生与"主动让座"的比较分析

调查结果显示（见表5-5-5），各民族少数民族大学生对"在公共汽车上应该主动给老、弱、病、残、孕让座"的认同度非常高，累计有1881名，占受访总人数的91.0%。但不同民族少数民族大学生对此的认同度存在差异，认同比例由高到低顺序依次是回族（97.1%）、哈萨克族（95.1%）、满族（95.1%）、土家族（93.7%）、藏族（93.3%）、蒙古族（93.1%）、维吾尔族（91.6%）、苗族（88.6%）、壮族（86.8%）、瑶族（83.7%）。可见，对"在公共汽车上应该主动给老、弱、病、残、孕让座"认同比例最高的是回族少数民族大学生，最低的是瑶族少数民族大学生。从"不一定"选项来看，少部分人认识模糊，其中占同类受访人数比最多的是瑶族少数民族大学生，最少的是回族少数民族大学生。

表 5-5-5 不同民族少数民族大学生与"主动让座"的比较分析统计

民族	问题	在公共汽车上应该主动给老、弱、病、残、孕让座					合计
		很应该	应该	不一定	不应该	很不应该	
藏族	人数（人）	174	130	19	3	0	326
	比例（%）	53.4	39.9	5.8	0.9	0.0	100.0
哈萨克族	人数（人）	35	23	2	1	0	61
	比例（%）	57.4	37.7	3.3	1.6	0.0	100.0
回族	人数（人）	182	84	5	2	1	274
	比例（%）	66.4	30.7	1.8	0.7	0.4	100.0
满族	人数（人）	49	30	4	0	0	83
	比例（%）	59.0	36.1	4.8	0.0	0.0	100.0
蒙古族	人数（人）	28	26	3	0	1	58
	比例（%）	48.3	44.8	5.2	0.0	1.7	100.0
苗族	人数（人）	117	148	26	8	0	299
	比例（%）	39.1	49.5	8.7	2.7	0.0	100.0
土家族	人数（人）	65	39	4	2	1	111
	比例（%）	58.6	35.1	3.6	1.8	0.9	100.0
维吾尔族	人数（人）	149	90	17	3	2	261
	比例（%）	57.1	34.5	6.5	1.1	0.8	100.0

续表

民族 \ 问题		在公共汽车上应该主动给老、弱、病、残、孕让座					合计
		很应该	应该	不一定	不应该	很不应该	
瑶族	人数（人）	46	26	14	0	0	86
	比例（%）	53.5	30.2	16.3	0.0	0.0	100.0
壮族	人数（人）	224	216	67	0	0	507
	比例（%）	44.2	42.6	13.2	0.0	0.0	100.0
合计	人数（人）	1069	812	161	19	5	2066
	比例（%）	51.7	39.3	7.8	0.9	0.2	100.0
P = 0.000				$X^2 = 128.935$			

注：缺失值9，占比0.4%。

从以上分析可以看出，总体而言，不同民族的少数民族大学生对社会主义荣辱观的认同度普遍较高。回族大学生对社会主义荣辱观是我国社会生活的主流价值观念的认同度最高；哈萨克族大学生对人生的最大乐趣在于奉献的认同度最高；瑶族大学生对继续坚持勤俭节约艰苦朴素的优良传统的认同度最高；回族大学生对有钱就有一切有权就掌握真理的不认同度最高；回族大学生对公共汽车应该主动给老弱病残孕让座的认同度最高。

六 不同院校少数民族大学生对社会主义荣辱观认同的比较

课题组以"民族院校"和"非民族院校"为区分，以实地调研数据为基础，探析不同院校少数民族大学生对社会主义荣辱观认同的相关性及其差异。

（一）不同院校少数民族大学生与"价值观念"的比较分析

表 5-6-1　不同院校少数民族大学生与"价值观念"的比较分析统计

院校类别	问题	社会主义荣辱观是我国社会生活的主流价值观念					合计
		很赞同	赞同	不一定	不赞同	很不赞同	
民族院校	人数（人）	327	1184	205	40	7	1763
	比例（%）	18.5	67.2	11.6	2.3	0.4	100.0
非民族院校	人数（人）	145	443	87	20	2	697
	比例（%）	20.8	63.6	12.5	2.9	0.3	100.0
合计	人数（人）	472	1627	292	60	9	2460
	比例（%）	19.2	66.1	11.9	2.4	0.4	100.0
$P = 0.588$				$X^2 = 8.415$			

注：缺失值 47，占比 1.9%。

如表 5-6-1 所示，不同院校类别少数民族大学生，对"社会主义荣辱观是我国社会生活的主流价值观念"表示"很赞同"、"赞同"的有 2099 人，累计占比 85.3%。来自民族院校的少数民族大学生中，对"社会主义荣辱观是我国社会生活的主流价值观念"表示"很赞同"和"赞同"的占同类受访总人数的 85.7%；来自非民族院校的少数民族大学生中，对"社会主义荣辱观是我国社会生活的主流价值观念"表示"很赞同"和"赞同"的占同类受访总人数的 84.4%。可见，不同院校类别少数民族大学生对"社会主义荣辱观是我国社会生活的主流价值观念"的认同度较高，但在民族院校就读的少数民族大学生对此的认同度要高于非民族院校的少数民族大学生。

（二）不同院校少数民族大学生与"奉献精神"的比较分析

表5-6-2 不同院校少数民族大学生与"奉献精神"的比较分析统计

问题 院校类别		人生中最大的乐趣在于奉献					合计
		很赞同	赞同	不一定	不赞同	很不赞同	
民族院校	人数（人）	292	910	496	84	10	1792
	比例（%）	16.4	50.7	27.6	4.7	0.6	100.0
非民族院校	人数（人）	130	362	166	37	2	697
	比例（%）	18.7	51.9	23.8	5.3	0.3	100.0
合计	人数（人）	422	1272	662	121	12	2489
	比例（%）	17.0	51.1	26.6	4.9	0.5	100.0

$P = 0.428$ $X^2 = 8.058$

注：缺失值18，占比0.7%。

如表5-6-2所示，不同院校类别少数民族大学生，对"人生中最大的乐趣在于奉献"表示"很赞同"、"赞同"的有1694人，累计占比68.1%。来自民族院校的少数民族大学生中，对"人生中最大的乐趣在于奉献"表示"很赞同"和"赞同"的占同类受访总人数的67.1%；来自非民族院校的少数民族大学生中，对"人生中最大的乐趣在于奉献"表示"很赞同"和"赞同"的占同类受访总人数的70.6%。可见，非民族院校就读的少数民族大学生对"人生中最大的乐趣在于奉献"的认同度要高于民族院校的少数民族大学生。

（三）不同院校少数民族大学生与"勤俭朴素"的比较分析

表5-6-3 不同院校少数民族大学生与"勤俭朴素"的比较分析统计

院校类别	问题	应该继续坚持勤俭节约、艰苦朴素的优良传统					合计
		很赞同	赞同	不一定	不赞同	很不赞同	
民族院校	人数（人）	567	958	215	40	12	1792
	比例（%）	31.6	53.5	12.0	2.2	0.7	100.0
非民族院校	人数（人）	193	351	127	23	4	698
	比例（%）	27.7	50.2	18.2	3.3	0.6	100.0
合计	人数（人）	760	1309	342	63	16	2490
	比例（%）	30.5	52.5	13.7	2.5	0.6	100.0
P = 0.000				X^2 = 31.845			

注：缺失值17，占比0.7%。

如表5-6-3所示，不同院校类别少数民族大学生，对"应该继续坚持勤俭节约、艰苦朴素的优良传统"表示"很赞同"、"赞同"的有2069人，累计占比83.0%。来自民族院校的少数民族大学生中，对"应该继续坚持勤俭节约、艰苦朴素的优良传统"表示"很赞同"和"赞同"的占同类受访总人数的85.1%；来自非民族院校的少数民族大学生中，对"应该继续坚持勤俭节约、艰苦朴素的优良传统"表示"很赞同"和"赞同"的占同类受访总人数的77.9%。可见，民族院校就读的少数民族大学生对"应该继续坚持勤俭节约、艰苦朴素的优良传统"的认同度要高于非民族院校的少数民族大学生。

（四）不同院校少数民族大学生与"权钱至上"的比较分析

表5-6-4　不同院校少数民族大学生与"权钱至上"的比较分析统计

院校类别		问题 有钱就有一切，有权就掌握真理					合计
		很不赞同	不赞同	不一定	赞同	非常赞同	
民族院校	人数（人）	458	820	392	93	30	1793
	比例（%）	25.5	45.7	21.9	5.2	1.7	100.0
非民族院校	人数（人）	191	293	165	35	13	697
	比例（%）	27.4	42.0	23.7	5.0	1.9	100.0
合计	人数（人）	649	1113	557	128	43	2490
	比例（%）	26.1	44.7	22.4	5.1	1.7	100.0
P = 0.000				$X^2 = 31.845$			

注：缺失值17，占比0.7%。

如表5-6-4所示，不同院校类别少数民族大学生，对"有钱就有一切，有权就掌握真理"表示"很不赞同"、"不赞同"的有1762人，累计占比70.8%。来自民族院校的少数民族大学生中，对"有钱就有一切，有权就掌握真理"表示"很不赞同"和"不赞同"的占同类受访总人数的71.2%；来自非民族院校的少数民族大学生中，对"有钱就有一切，有权就掌握真理"表示"很不赞同"和"不赞同"的占同类受访总人数的69.4%。可见，民族院校就读的少数民族大学生对"有钱就有一切，有权就掌握真理"持否定态度的比例要略高于非民族院校的少数民族大学生。

(五)不同院校少数民族大学生与"主动让座"的比较分析

表 5-6-5 不同院校少数民族大学生与"主动让座"的比较分析统计

问题 院校类别		在公共汽车上应该主动给老、弱、病、残、孕让座					合计
		很愿意	愿意	不一定	不愿意	很不愿意	
民族院校	人数(人)	875	730	143	29	11	1788
	比例(%)	48.9	40.8	8.0	1.6	0.6	100.0
非民族院校	人数(人)	298	290	89	11	9	697
	比例(%)	42.8	41.6	12.8	1.6	1.3	100.0
合计	人数(人)	1173	1020	232	40	20	2485
	比例(%)	47.2	41.0	9.3	1.6	0.8	100.0

$P = 0.001$ $X^2 = 34.955$

注:缺失值22,占比0.9%。

如表 5-6-5 所示,不同院校类别少数民族大学生,对"在公共汽车上应该主动给老、弱、病、残、孕让座"表示"很愿意"、"愿意"的有2193人,累计占比88.2%。来自民族院校的少数民族大学生中,对"在公共汽车上应该主动给老、弱、病、残、孕让座"表示"很愿意"和"愿意"的占同类受访总人数的89.7%;来自非民族院校的少数民族大学生中,对"在公共汽车上应该主动给老、弱、病、残、孕让座"表示"很愿意"和"愿意"的占同类受访总人数的84.4%。可见,民族院校就读的少数民族大学生对在公共汽车上应该主动给老、弱、病、残、孕让座意愿度要高于非民族院校的少数民族大学生。

从以上结论中可以看出,总体而言,不同院校少数民族大学生对社会主义荣辱观的认同较高,就读于民族院校的少数民族大学生对社会主义荣辱观的认同度普遍高于就读于非民族院校的少数民族大学生。

七　不同政治面貌少数民族大学生对社会主义荣辱观认同的比较

课题组基于"中共党员""共青团员""其他"三组不同政治面貌的视角，探讨不同政治面貌下少数民族大学生对社会主义荣辱观的认同状况进行比较分析。

（一）不同政治面貌少数民族大学生与"价值观念"的比较分析

表5-7-1　不同政治面貌少数民族大学生与"价值观念"的比较分析统计

政治面貌	问题	社会主义荣辱观是我国社会生活的主流价值观念					合计
		很赞同	赞同	不一定	不赞同	很不赞同	
中共党员	人数（人）	46	134	37	11	1	229
	比例（%）	20.1	58.5	16.2	4.8	0.4	100.0
共青团员	人数（人）	403	1430	239	43	7	2122
	比例（%）	19.0	67.4	11.3	2.0	0.3	100.0
其他	人数（人）	24	62	17	6	1	110
	比例（%）	21.8	56.4	15.5	5.5	0.9	100.0
合计	人数（人）	473	1626	293	60	9	2461
	比例（%）	19.2	66.1	11.9	2.4	0.4	100.0
$P=0.261$					$X^2=12.369$		

注：缺失值46，占比1.8%。

如表5-7-1所示，不同政治面貌的少数民族大学生对"社会主义荣辱观是我国社会生活的主流价值观念"表示"很赞同"、"赞同"的有2099人，累计占比85.3%。在中共党员中，表示"很赞同"、"赞同"的占同类受访总数的78.6%；在共青团员中，表示"很赞同"、"赞同"的占同类受访总数的86.4%；在其他政治面貌中，表示"很赞同"、"赞同"的占此类受访学生总数的78.2%。可见，少数民族大学生中的共青团员对"社会主义荣辱观是我国社会生活的主流价值观念"认同的比例最高，中共党员次之。

（二）不同政治面貌少数民族大学生与"奉献精神"的比较分析

表5-7-2　不同政治面貌少数民族大学生与"奉献精神"的比较分析统计

政治面貌	问题	人生中最大的乐趣在于奉献					合计
		很赞同	赞同	不一定	不赞同	很不赞同	
中共党员	人数（人）	38	112	60	18	2	230
	比例（%）	16.5	48.7	26.1	7.8	0.9	100.0
共青团员	人数（人）	362	1104	580	94	9	2149
	比例（%）	16.8	51.4	27.0	4.4	0.4	100.0
其他	人数（人）	22	54	26	8	1	111
	比例（%）	19.8	48.6	23.4	7.2	0.9	100.0
合计	人数（人）	422	1270	666	120	12	2490
	比例（%）	16.9	51.0	26.7	4.8	0.5	100.0

$P=0.314$　　　　　　　　　　　$X^2=9.315$

注：缺失值17，占比0.7%。

如表5-7-2所示，不同政治面貌的少数民族大学生对"人生中最大的乐趣在于奉献"表示"很赞同"、"赞同"的有1692人，累计占比67.9%。在中共党员中，表示"很赞同"、"赞同"的占受访中共党员总数的 65.2%；在共青团员中，表示"很赞同"、"赞同"的占受访共青团员总数的 68.2%；在其他政治面貌中，表示"很赞同"、"赞同"的占此类受访学生总数的 68.4%。可见，"其他"政治面貌的少数民族大学生对"人生中最大的乐趣在于奉献"认同度的比例最高，共青团员次之，中共党员认同度比例最低。

（三）不同政治面貌少数民族大学生与"勤俭朴素"的比较分析

表 5-7-3　不同政治面貌少数民族大学生与"勤俭朴素"的比较分析统计

政治面貌	问题	应该继续坚持勤俭节约、艰苦朴素的优良传统					合计
		很赞同	赞同	不一定	不赞同	很不赞同	
中共党员	人数（人）	51	122	44	9	4	230
	比例（%）	22.2	53.0	19.1	3.9	1.7	100.0
共青团员	人数（人）	683	1141	273	43	10	2150
	比例（%）	31.8	53.0	12.7	2.0	0.5	100.0
其他	人数（人）	27	46	25	11	2	111
	比例（%）	24.3	41.4	22.5	9.9	1.8	100.0
合计	人数（人）	761	1309	342	63	16	2491
	比例（%）	30.5	52.5	13.7	2.5	0.6	100.0

$P = 0.000$　　　　$X^2 = 59.120$

注：缺失值 16，占比 0.6%。

如表 5-7-3 所示，不同政治面貌的少数民族大学生对"应该继续坚持勤俭节约、艰苦朴素的优良传统"表示"很赞同"、"赞同"的有 2070 人，累计占比 83.0%。在中共党员中，表示"很赞同"、"赞同"的占受访中共党员总数的 75.2%；在共青团员中，表示"很赞同"、"赞同"的占受访共青团员总数的84.8%；在其他政治面貌中，表示"很赞同"、"赞同"的占此类受访学生总数的65.7%。可见，少数民族大学生中的共青团员对"应该继续坚持勤俭节约、艰苦朴素的优良传统"的认同度最高，中共党员次之，"其他"政治面貌的认同度比例最低。

（四）不同政治面貌少数民族大学生与"权钱至上"的比较分析

表5-7-4 不同政治面貌少数民族大学生与"权钱至上"的比较分析统计

政治面貌	问题	有钱就有一切，有权就掌握真理					合计
		很不赞同	不赞同	不一定	赞同	非常赞同	
中共党员	人数（人）	42	115	54	13	6	230
	比例（%）	18.3	50.0	23.5	5.7	2.6	100.0
共青团员	人数（人）	584	938	486	109	33	2150
	比例（%）	27.2	43.6	22.6	5.1	1.5	100.0
其他	人数（人）	23	60	18	6	4	111
	比例（%）	20.7	54.1	16.2	5.4	3.6	100.0
合计	人数（人）	649	1113	558	128	43	2491
	比例（%）	26.1	44.7	22.4	5.1	1.7	100.0

$P = 0.023$ $X^2 = 17.728$

注：缺失值16，占比0.6%。

如表5-7-4所示，不同政治面貌的少数民族大学生对"有钱就有一切，有权就掌握真理"表示"很不赞同"、"不赞同"的有1762人，累计占比70.8%。在中共党员中，表示"很不赞同"、"不赞同"的占受访中共党员总数的68.3%；在共青团员中，表示"很不赞同"、"不赞同"的占受访共青团员总数的70.8%；在其他政治面貌中，表示"很不赞同"、"不赞同"的占此类受访学生总数的74.8%。可见，少数民族大学生中的"其他"政治面貌的学生对"有钱就有一切，有权就掌握真理"的不赞同度高于中共党员和共青团员。

（五）不同政治面貌少数民族大学生与"主动让座"的比较分析

表5-7-5　不同政治面貌少数民族大学生与"主动让座"的比较分析统计

政治面貌	问题	在公共汽车上应该主动给老、弱、病、残、孕让座					合计
		很应该	应该	不一定	不应该	很不应该	
中共党员	人数（人）	91	94	31	12	1	229
	比例（%）	39.7	41.0	13.5	5.2	0.4	100.0
共青团员	人数（人）	1043	885	178	24	16	2146
	比例（%）	48.6	41.2	8.3	1.1	0.7	100.0
其他	人数（人）	41	40	23	4	3	111
	比例（%）	36.0	36.0	20.7	3.6	2.7	100.0
合计	人数（人）	1175	1019	232	40	20	2486
	比例（%）	47.2	40.9	9.3	1.6	0.8	100.0
P = 0.000					$X^2 = 70.465$		

注：缺失值21，占比0.8%。

如表5-7-5所示，不同政治面貌的少数民族大学生对"在公共汽车上应该主动给老、弱、病、残、孕让座"表示"很应该"、"应该"的有2194人，累计占比88.1%。在中共党员中，表示"很应该"、"应该"的占同类受访总数的80.7%；在共青团员中，表示"很应该"、"应该"的占同类受访总数的89.8%；在其他政治面貌中，表示"很应该"、"应该"的占此类受访总数的72.0%。可见，少数民族大学生对"在公共汽车上应该主动给老、弱、病、残、孕让座"的认同度都较高，但少数民族大学生中的共青团员对此的认同度要高于中共党员和其他政治面貌的学生。

从以上结论中可以看出，不同政治面貌少数民族大学生对社会主义荣辱观的认同较高。总体而言，少数民族大学生中的共青团员对社会主义荣辱观的认同度普遍高于少数民族大学生中的中共党员和其他政治面貌的学生。

八 不同毕业中学少数民族大学生对社会主义荣辱观认同的比较

课题组以不同中学毕业生为区分，探析少数民族大学生对社会主义荣辱观是我国社会生活的主流价值观的认同差异。

（一）不同毕业中学少数民族大学生与"价值观念"的比较分析

表5-8-1 不同毕业中学少数民族大学生与"价值观念"的比较分析统计

中学类别	问题	社会主义荣辱观是我国社会生活的主流价值观念					合计
		很赞同	赞同	不一定	不赞同	很不赞同	
民族中学	人数（人）	126	425	89	18	2	660
	比例（%）	19.1	64.4	13.5	2.7	0.3	100.0
普通中学	人数（人）	348	1197	199	42	6	1792
	比例（%）	19.4	66.8	11.1	2.3	0.3	100.0
合计	人数（人）	474	1622	288	60	8	2452
	比例（%）	19.3	66.2	11.7	2.4	0.3	100.0

$P = 0.995$　　　　　　　　　$X^2 = 4.644$

注：缺失值55，占比2.2%。

如表 5-8-1 所示，不同毕业中学的少数民族大学生对"社会主义荣辱观是我国社会生活的主流价值观念"表示"很赞同"、"赞同"的有 2096 人，累计占比 85.5%。毕业于民族中学的少数民族大学生中，表示"很赞同"、"赞同"的占同类受访总数的 83.5%；毕业于普通中学的少数民族大学生中，表示"很赞同"、"赞同"的占同类受访总数的 86.2%。可见，毕业于普通中学的少数民族大学生对"社会主义荣辱观是我国社会生活的主流价值观念"的认同度要高于毕业于民族中学的少数民族大学生。

（二）不同毕业中学少数民族大学生与"奉献精神"的比较分析

表 5-8-2　不同毕业中学少数民族大学生与"奉献精神"的比较分析统计

中学类别	问题	人生中最大的乐趣在于奉献					合计
		很赞同	赞同	不一定	不赞同	很不赞同	
民族中学	人数（人）	115	347	167	34	2	665
	比例（%）	17.3	52.2	25.1	5.1	0.3	100.0
普通中学	人数（人）	307	921	492	86	10	1816
	比例（%）	16.9	50.7	27.1	4.7	0.6	100.0
合计	人数（人）	422	1268	659	120	12	2481
	比例（%）	17.0	51.1	26.6	4.8	0.5	100.0
$P = 0.988$				$X^2 = 3.684$			

注：缺失值 26，占比 1.0%。

如表 5-8-2 所示，不同毕业中学的少数民族大学生对"人生中最大的乐趣在于奉献"表示"很赞同"、"赞同"的有 1690 人，累计占比 68.1%。毕业于民族中学的少数民族大学生中，表示"很赞同"、"赞同"的占同类受访总数的 69.5%；毕业于普通中学的少数民族大学生中，表示"很赞同"、"赞同"的占同类受访总数的67.6%。可见，毕业于民族中学的少数民族大学生对"人生中最大的乐趣在于奉献"的认同度要高于毕业于普通中学的少数民族大学生。

（三）不同毕业中学少数民族大学生与"勤俭朴素"的比较分析

表5-8-3 不同毕业中学少数民族大学生与"勤俭朴素"的比较分析统计

中学类别	问题	应该继续坚持勤俭节约、艰苦朴素的优良传统					合计
		很赞同	赞同	不一定	不赞同	很不赞同	
民族中学	人数（人）	166	366	105	22	6	665
	比例（%）	25.0	55.0	15.8	3.3	0.9	100.0
普通中学	人数（人）	594	938	237	39	9	1817
	比例（%）	32.7	51.6	13.0	2.1	0.5	100.0
合计	人数（人）	760	1304	342	61	15	2482
	比例（%）	30.6	52.5	13.8	2.5	0.6	100.0

$P = 0.988$ $X^2 = 3.684$

注：缺失值25，占比1.0%。

如表5-8-3所示，不同毕业中学的少数民族大学生对"应该继续坚持勤俭节约、艰苦朴素的优良传统"表示"很赞同"、"赞同"的有2064人，累计占比83.1%。毕业于民族中学的少数民族大学生中，表示"很赞同"、"赞同"的占同类受访总数的80.0%；毕业于普通中学的少数民族大学生中，表示"很赞同"、"赞同"的占同类受访总数的84.3%。可见，毕业于普通中学的少数民族大学生对"应该继续坚持勤俭节约、艰苦朴素的优良传统"的认同度要高于毕业于民族中学的少数民族大学生。

(四) 不同毕业中学少数民族大学生与"权钱至上"的比较分析

表5-8-4 不同毕业中学少数民族大学生与"权钱至上"的比较分析统计

中学类别	问题	有钱就有一切,有权就掌握真理					合计
		很不赞同	不赞同	不一定	赞同	非常赞同	
民族中学	人数(人)	147	301	166	41	10	665
	比例(%)	22.1	45.3	25.0	6.2	1.5	100.0
普通中学	人数(人)	498	811	390	87	31	1817
	比例(%)	27.4	44.6	21.4	4.8	1.7	100.0
合计	人数(人)	645	1112	556	128	41	2482
	比例(%)	26.0	44.8	22.4	5.2	1.7	100.0

$P = 0.260 \qquad X^2 = 14.673$

注:缺失值25,占比1.0%。

如表5-8-4所示,不同毕业中学的少数民族大学生对"有钱就有一切,有权就掌握真理"表示"很不赞同"、"不赞同"的有1757人,累计占比70.8%。毕业于民族中学的少数民族大学生中,表示"很不赞同"、"不赞同"的占同类受访者总数的67.4%;毕业于普通中学的少数民族大学生中,表示"很不赞同"、"不赞同"的占同类受访者总数的72.0%。可见,毕业于普通中学的少数民族大学生对"有钱就有一切,有权就掌握真理"的不认同度要高于毕业于民族中学的少数民族大学生。

（五）不同毕业中学少数民族大学生与"主动让座"的比较分析

表 5-8-5　不同毕业中学少数民族大学生与"主动让座"的比较分析统计

中学类别	问题	在公共汽车上应该主动给老、弱、病、残、孕让座					合计
		很应该	应该	不一定	不应该	很不应该	
民族中学	人数（人）	273	280	77	26	10	666
	比例（%）	41.0	42.0	11.6	3.9	1.5	100.0
普通中学	人数（人）	903	731	154	14	9	1811
	比例（%）	49.9	40.4	8.5	0.8	0.5	100.0
合计	人数（人）	1176	1011	231	40	19	2477
	比例（%）	47.4	40.8	9.2	1.6	0.8	100.0

$P = 0.000$　　　　　　　　$X^2 = 53.800$

注：缺失值30，占比1.2%。

如表5-8-5所示，不同毕业中学的少数民族大学生对"在公共汽车上应该主动给老、弱、病、残、孕让座"表示"很应该"、"应该"的有2187人，累计占比88.2%。毕业于民族中学的少数民族大学生中，表示"很应该"、"应该"的占同类受访总数的83.0%；毕业于普通中学的少数民族大学生中，表示"很应该"、"应该"的占同类受访总数的90.3%。可见，毕业于普通中学的少数民族大学生对"在公共汽车上应该主动给老、弱、病、残、孕让座"的认同度要高于毕业于民族中学的少数民族大学生。

从以上结论中可以看出，总体而言，不同毕业中学少数民族大学生对社会主义荣辱观的认同度较高，但在具体的维度中，尚有一定区别。毕业于普通中学的少数民族大学生在对社会主义荣辱观是我国社会生活的主流价值观念的认同度、对继续坚持勤俭节约艰苦朴素的优良传统的认同度、对有钱就有一切和有权就掌握真理的不认同度、对在公共汽车上应该主动给老弱病残孕让座的认同度等方面要高于毕业于民族中学的少数民族大学生。毕业于民族中学的少数民族大学生在对人生的最大乐趣在于奉献的认同度等方面要高于毕业于普通中学的少数民族大学生。

九 不同经济状况少数民族大学生对社会主义荣辱观认同的比较

课题组按照各调查对象家庭经济收入状况的不同，对不同经济收入家庭中成长的少数民族大学生就社会主义荣辱观是我国社会生活中的主流价值观的认同情况进行比较分析。

（一）不同经济状况少数民族大学生与"价值观念"的比较分析

表 5-9-1 不同经济状况少数民族大学生与"价值观念"的比较分析统计

问题 家庭人均年收入		社会主义荣辱观是我国社会生活的主流价值观念					合计
		很赞同	赞同	不一定	不赞同	很不赞同	
1000 元以下	人数（人）	88	326	49	11	0	474
	比例（%）	18.6	68.8	10.3	2.3	0.0	100.0
1000—2500 元	人数（人）	94	344	58	14	1	511
	比例（%）	18.4	67.3	11.4	2.7	0.2	100.0
2500—6000 元	人数（人）	175	603	144	26	6	954
	比例（%）	18.3	63.2	15.1	2.7	0.6	100.0
6000—10000 元	人数（人）	48	170	16	6	1	241
	比例（%）	19.9	70.5	6.6	2.5	0.4	100.0

续表

问题 家庭人均年收入		社会主义荣辱观是我国社会生活的主流价值观念					合计
		很赞同	赞同	不一定	不赞同	很不赞同	
10000元以上	人数（人）	63	167	23	3	1	257
	比例（%）	24.5	65.0	8.9	1.2	0.4	100.0
合计	人数（人）	468	1610	290	60	9	2437
	比例（%）	19.2	66.1	11.9	2.5	0.4	100.0
P=0.071				$X^2=36.013$			

注：缺失值70，占比2.8%。

如表5-9-1所示，不同经济状况的少数民族大学生对"社会主义荣辱观是我国社会生活的主流价值观念"表示"很赞同"、"赞同"的有2078人，累计占比85.3%。家庭经济收入为1000元以下、1000—2500元、2500—6000元、6000—10000元及10000元以上的少数民族大学生对"社会主义荣辱观是我国社会生活的主流价值观念"表示认同的比例分别为87.4%、85.7%、81.5%、90.4%、89.5%。可见，家庭人均年收入为6000—10000元的少数民族大学生对"社会主义荣辱观是我国社会生活的主流价值观念"的认同度最高，家庭人均年收入为2500—6000元之间的少数民族大学生对此认同度最低。

（二）不同经济状况少数民族大学生与"奉献精神"的比较分析

表5-9-2　不同经济状况少数民族大学生与"奉献精神"的比较分析统计

问题 家庭人均年收入		人生中最大的乐趣在于奉献					合计
		很赞同	赞同	不一定	不赞同	很不赞同	
1000元以下	人数（人）	97	240	112	23	3	475
	比例（%）	20.4	50.5	23.6	4.8	0.6	100.0

续表

问题 家庭人均年收入		人生中最大的乐趣在于奉献					合计
		很赞同	赞同	不一定	不赞同	很不赞同	
1000—2500 元	人数（人）	76	285	129	30	0	520
	比例（%）	14.6	54.8	24.8	5.8	0.0	100.0
2500—6000 元	人数（人）	148	498	266	40	7	959
	比例（%）	15.4	51.9	27.7	4.2	0.7	100.0
6000—10000 元	人数（人）	43	125	66	12	1	247
	比例（%）	17.4	50.6	26.7	4.9	0.4	100.0
10000 元以上	人数（人）	55	111	82	15	1	264
	比例（%）	20.8	42.0	31.1	5.7	0.4	100.0
合计	人数（人）	419	1259	655	120	12	2465
	比例（%）	17.0	51.1	26.6	4.9	0.5	100.0
$P = 0.061$					$X^2 = 30.584$		

注：缺失值 42，占比 1.7%。

如表 5-9-2 所示，不同经济状况的少数民族大学生对"人生中最大的乐趣在于奉献"表示"很赞同"、"赞同"的有 1678 人，累计占比 68.1%。家庭经济收入为 1000 元以下、1000—2500 元、2500—6000 元、6000—10000 元及 10000 元以上的少数民族大学生对"人生中最大的乐趣在于奉献"表示认同的比例分别为 70.9%、69.4%、67.3%、68.0%、62.8%。可见，家庭人均年收入为 1000 元以下的少数民族大学生对"人生中最大的乐趣在于奉献"的认同度最高，家庭人均年收入为 10000 元以上的少数民族大学生对此认同度最低。

（三）不同经济状况少数民族大学生与"勤俭朴素"的比较分析

表5-9-3 不同经济状况少数民族大学生与"勤俭朴素"的比较分析统计

问题 家庭人均年收入		应该继续坚持勤俭节约、艰苦朴素的优良传统					合计
		很赞同	赞同	不一定	不赞同	很不赞同	
1000元以下	人数（人）	166	239	61	6	3	475
	比例（%）	34.9	50.3	12.8	1.3	0.6	100.0
1000—2500元	人数（人）	177	271	65	6	2	521
	比例（%）	34.0	52.0	12.5	1.2	0.3	100.0
2500—6000元	人数（人）	255	512	145	39	8	959
	比例（%）	26.6	53.4	15.1	4.1	0.8	100.0
6000—10000元	人数（人）	75	138	29	4	1	247
	比例（%）	30.4	55.9	11.7	1.6	0.4	100.0
10000元以上	人数（人）	78	135	41	8	2	264
	比例（%）	29.5	51.1	15.5	3.0	0.8	100.0
合计	人数（人）	751	1295	341	63	16	2466
	比例（%）	30.5	52.5	13.8	2.6	0.6	100.0
$P = 0.039$					$X^2 = 38.738$		

注：缺失值41，占比1.6%。

如表5-9-3所示，不同经济状况的少数民族大学生对"应该继续坚持勤俭节约、艰苦朴素的优良传统"表示"很赞同"、"赞同"的有2046人，累计占比83.0%。家庭经济收入为1000元以下、1000—2500元、2500—6000元、6000—10000元及10000元以上的少数民族大学生对"应该继续坚持勤俭节约、艰苦朴素的优良传统"表示认同的比例分别为85.2%、86.0%、80.0%、86.3%、80.6%。可见,家庭人均年收入为6000—10000元之间的少数民族大学生对"应该继续坚持勤俭节约、艰苦朴素的优良传统"的认同度最高,家庭人均年收入为10000元以上的少数民族大学生对此认同度最低。

(四)不同经济状况少数民族大学生与"权钱至上"的比较分析

表5-9-4 不同经济状况少数民族大学生与"权钱至上"的比较分析统计

问题 家庭人均年收入		有钱就有一切,有权就掌握真理					合计
		很不赞同	不赞同	不一定	赞同	非常赞同	
1000元以下	人数(人)	109	234	100	23	9	475
	比例(%)	22.9	49.3	21.1	4.8	1.9	100.0
1000—2500元	人数(人)	158	216	107	32	8	521
	比例(%)	30.3	41.5	20.5	6.2	1.5	100.0
2500—6000元	人数(人)	242	423	228	50	16	959
	比例(%)	25.2	44.1	23.8	5.2	1.7	100.0
6000—10000元	人数(人)	66	129	40	8	4	247
	比例(%)	26.7	52.2	16.2	3.2	1.6	100.0
10000元以上	人数(人)	67	97	80	15	5	264
	比例(%)	25.4	36.7	30.3	5.7	1.9	100.0
合计	人数(人)	642	1099	555	128	42	2466
	比例(%)	26.0	44.6	22.5	5.2	1.7	100.0
$P=0.018$					$X^2=35.432$		

注:缺失值41,占比1.6%。

如表 5-9-4 所示，不同经济状况的少数民族大学生对"有钱就有一切，有权就掌握真理"表示"很不赞同"、"不赞同"的有 1741 人，累计占比 70.6%。家庭经济收入为 1000 元以下、1000—2500 元、2500—6000 元、6000—10000 元及 10000 元以上的少数民族大学生对"有钱就有一切，有权就掌握真理"表示不认同的比例分别为 72.2%、71.8%、69.3%、78.9%、62.1%。可见，家庭人均年收入为 6000—10000 元之间的少数民族大学生对"有钱就有一切，有权就掌握真理"的不认同度最高，家庭人均年收入为 10000 元以上的少数民族大学生对此不认同度最低。

（五）不同经济状况少数民族大学生与"主动让座"的比较分析

表 5-9-5　不同经济状况少数民族大学生与"主动让座"的比较分析统计

家庭人均年收入	问题	在公共汽车上应该主动给老、弱、病、残、孕让座					合计
		很应该	应该	不一定	不应该	很不应该	
1000 元以下	人数（人）	215	202	42	11	3	473
	比例（%）	45.5	42.7	8.9	2.3	0.6	100.0
1000—2500 元	人数（人）	263	206	47	5	0	521
	比例（%）	50.5	39.5	9.0	1.0	0.0	100.0
2500—6000 元	人数（人）	430	397	100	19	12	958
	比例（%）	44.9	41.4	10.4	2.0	1.3	100.0
6000—10000 元	人数（人）	114	112	16	4	1	247
	比例（%）	46.2	45.3	6.5	1.6	0.4	100.0
10000 元以上	人数（人）	138	96	24	1	4	263
	比例（%）	52.5	36.5	9.1	0.4	1.5	100.0

续表

<table>
<tr><th colspan="2">问题
家庭人均年收入</th><th colspan="5">在公共汽车上应该主动给老、弱、病、残、孕让座</th><th rowspan="2">合计</th></tr>
<tr><th>很应该</th><th>应该</th><th>不一定</th><th>不应该</th><th>很不应该</th></tr>
<tr><td rowspan="2">合计</td><td>人数（人）</td><td>1160</td><td>1013</td><td>229</td><td>40</td><td>20</td><td>2462</td></tr>
<tr><td>比例（%）</td><td>47.1</td><td>41.1</td><td>9.3</td><td>1.6</td><td>0.8</td><td>100.0</td></tr>
<tr><td colspan="2">P = 0.034</td><td colspan="6">X^2 = 51.751</td></tr>
</table>

注：缺失值45，占比1.8%。

如表5-9-5所示，不同经济状况的少数民族大学生对"在公共汽车上应该主动给老、弱、病、残、孕让座"表示"很应该"、"应该"的有2173人，累计占比88.2%。家庭经济收入为1000元以下、1000—2500元、2500—6000元、6000—10000元及10000元以上的少数民族大学生对"在公共汽车上应该主动给老、弱、病、残、孕让座"表示愿意的比例分别为88.2%、90.0%、86.3%、91.5%、89.0%。可见，家庭人均年收入为6000—10000元之间的少数民族大学生对"在公共汽车上应该主动给老、弱、病、残、孕让座"的认同度最高，家庭人均年收入为2500—6000元之间的少数民族大学生对此认同度最低。

从以上结论中可以看出，总体而言，不同家庭经济状况的少数民族大学生对社会主义荣辱观的认同度较高，但在具体的维度中，尚有一定区别。家庭人均年收入在1000元以下的少数民族大学生对人生的最大乐趣在于奉献的认同度最高，家庭人均年收入为6000—10000元之间的少数民族大学生对社会主义荣辱观是我国社会生活的主流价值观念、公共汽车上应该主动给老弱病残孕让座、继续坚持勤俭节约艰苦朴素的优良传统的认同度最高以及对有钱就有一切，有权就掌握真理的不赞同度最高。

本章从不同维度、不同视角、不同方面对少数民族大学生社会主义荣辱观认同的差异进行了比较分析。纵观整章的数据分析情况可以得出，少数民族大学生对社会主义荣辱观的认同基本保持一致，普遍认同度较高。但在具体的维度中，尚有一定区别：对社会主义荣辱观是我国社会生活的主流价值观念的认同情况上，少数民族聚居区乡镇或农村中的少数民族大学生赞同程度最高；在民族身份上，回族大学生对社会主义荣辱观是我国社会生活的主流价值观念的认同度相对较高；对社会主义荣辱观是我国社会生活的主流价值观念的认同情况上，民族院校的学生赞同度高于非民族院校学生的赞同度；少数民族大学生共青团员对社会主义荣辱观的认同度高于党员和其他政治面貌的学生；毕业于普通中学的少数民族大学生对社会主义荣辱观的认同程度相对较高；整体来讲，家庭人均年收入为6000—10000元之间的少数民族大学生对社会主义荣辱观的认同度较高。从以上的数据分析中我们可以看出，少数民族大学生对社会主义荣辱观的内涵具有科学的认识，对社会主义荣辱观作为我国社会的主流价值观持肯定态度，但对社会主义荣辱观的形成发展及思想基础缺乏科学的认识；对社会主义荣辱观在实践层面的践行存在分化现象，少数民族大学生对社会主义荣辱观的践行具有一定的随意性。因此，在少数民族大学生中开展社会主义荣辱观教育活动，要在进一步加强基本知识认知的同时，深化少数民族大学生对社会主义荣辱观形成发展及思想基础的认识，提升少数民族大学生全面践行社会主义荣辱观的思想动力。

第六章

少数民族大学生社会主义核心价值体系认同与行为倾向的关系分析

认同是指个人对自我及其自我的社会角色或身份的理性确认，它虽然包含了行为倾向（行为意向）的成分，但它不等同于行为倾向（行为意向）。行为倾向则是一个人所形成的进行或不进行某种未来行为的意识程度。正如前文所述，认同或态度与行为关系存在以下几种模式：态度和行为直接相关；态度和行为通过其他的中介、调节变量共同作用于行为；态度的不同构成对行为起不同的作用。[①] 本书前面五章主要研究了少数民族大学生社会主义核心价值体系认同的整体状况，及其社会主义核心价值体系认同的差异与特点。那么，少数民族大学生社会主义核心价值体系的认同与其行为倾向之间有着什么关系？这种关系能否有效预测价值体系冲突情境下少数民族大学生的行为倾向？这正是本章所要探索的问题。

一　行为倾向因素分析

本研究所编制的行为倾向问卷，参考了赵玉芳、张庆林的社会问题应对问卷[②]，并根据实际情况做了修改。行为倾向测试的被试与少

[①] 张红涛、王二平：《态度与行为关系研究现状及发展趋势》，《心理科学进展》2007年第1期。

[②] 赵玉芳、张庆林：《西部民众对西部大开发中社会问题应对策略的研究》，《心理科学》2005年第3期。

数民族大学生社会主义核心价值体系认同的被试相同，其中符合本调查要求的被试共计1417人。问卷由一个问题和行为应对倾向的10项备选择项构成（见附录3），问题是："假如在您的身边由于以上差异（见问卷2）发生了社会主义核心价值体系与非主流价值体系相冲突的现象或事件，您会怎么办？请从以下备选答案中选出您可能采取的行动（可多选）。"问卷的备选择项中"其他"项被选择的频数占总选择频数的9.0%，所占比率较小，所以不作分析。余下九项均符合项目负荷值与共同度。具体如下：

①只忍受，什么也不做。
②私下议论，发牢骚。
③坚持主流价值观，并尽自己的能力进行引导和劝阻。
④通过写文章等方式提出建议或批评意见。
⑤邀请一些人集体讨论，并提出解决对策。
⑥向学校等组织有关领导部门反映意见。
⑦当面对当事人进行批评指责。
⑧以某种社会反抗方式进行发泄。
⑨寻求网络和媒体的支持与帮助。
⑩其他。

以上行为倾向从个人与社会视角可以分为"个人消极行为"，主要是指对问题的忍让，如只忍受，什么也不做、私下议论，发牢骚等，这种行为无助于问题的解决，但不与社会对抗；"社会消极行为"，即用对抗的方式通过社会渠道来解决问题，如以某种社会反抗方式进行发泄、当面对当事人进行批评指责；"个人积极行为"，是指个体通过个人的积极努力来解决问题，如坚持主流价值观，并尽自己的能力进行引导和劝阻、通过写文章等方式提出建议或批评意见；"社会积极行为"，主要是指通过合理的社会渠道来解决问题，如寻求网络和媒体的支持与帮助、邀请一些人集体讨论，并提出解决对策、向学校等组织有关领导部门反映意见等。如表6-1-1所示。

表6-1-1

个人消极行为	①②
社会消极行为	⑦⑧
个人积极行为	③④
社会积极行为	⑤⑥⑨

二 价值体系认同冲突情境下少数民族大学生行为倾向的频率分析

在回收的2507份问卷中，抽取了符合本项研究调查样本1417份。根据前文所述，主要从九个方面对少数民族大学生在主流价值观与非主流价值观冲突情境下的行为倾向进行频率分析，以此考察少数民族大学生在个人层面与社会层面所采取行为倾向的整体状况。

（一）反对"只忍受，什么也不做"

表6-2-1

结果＼选项	只忍受，什么也不做		
	是	否	合计
人数（人）	143	1273	1416
比例（%）	10.1	89.9	100.0

注：缺失值1，占比0.07%。

调查结果显示，在面对主流价值观与非主流价值观冲突情境下，在"只忍受，什么也不做"方面，有1273名少数民族大学生持反对意见，占总数的89.9%，而表示赞成的仅占10.1%。这表明，绝大部分少数民族大学生会采取积极的个人行为倾向。

（二）反对"私下议论，发牢骚"

表6-2-2

选项 结果	私下议论，发牢骚		
	是	否	合计
人数（人）	234	1182	1416
比例（%）	16.5	83.5	100.0

注：缺失值1，占比0.07%。

调查结果显示，在面对主流价值观与非主流价值观冲突情境下，在"私下议论，发牢骚"方面，有1182名少数民族大学生持反对意见，占总数的83.5%，这表明绝大部分少数民族大学生会采取积极的个人行为倾向。表示赞成的为234人，占总数的16.5%。但相对于"只忍受，什么也不做"而言，少数民族大学生更愿意采取相应的行为方式。

（三）愿意尽自己的能力采取相应行为倾向坚持主流价值观

表6-2-3

选项 结果	坚持主流价值观尽自己的能力进行引导和劝阻		
	是	否	合计
人数（人）	845	571	1416
比例（%）	59.7	40.3	100.0

注：缺失值1，占比0.07%。

由表6-2-3所知，在面对主流价值观与非主流价值观冲突情境下，在"坚持主流价值观尽自己的能力进行引导和劝阻"方面，有845名少数民族大学生持赞同意见，占总数的59.7%，这表明大部分少数民族大学生会采取积极的个人行为倾向。但也有571人不会选择采取相应行为倾向坚持主流价值观，占总数的40.3%，这说明高校要进一步加强少数民族大学生社会主义核心价值体系认同的教育，主动、积极践行社会主义核心价值体系。

（四）不太愿意通过写文章等方式提出建议或批评意见

表6-2-4

结果＼选项	通过写文章等方式提出建议或批评意见		
	是	否	合计
人数（人）	430	986	1416
比例（％）	30.4	69.6	100.0

注：缺失值1，占比0.07％。

调查结果显示，在面对主流价值观与非主流价值观冲突情境下，在"通过写文章等方式提出建议或批评意见"方面，有986名少数民族大学生持反对意见，占总数的69.6％，而表示赞成的为430人，占总数的30.4％。这表明，大部分少数民族大学生可能会受到社会环境或本民族文化的影响，不愿意采取比较激烈的个人行为方式。

（五）不太认可邀请一些人集体讨论并提出解决对策

表6-2-5

结果＼选项	邀请一些人集体讨论并提出解决对策		
	是	否	合计
人数（人）	583	832	1415
比例（％）	41.2	58.8	100.0

注：缺失值2，占比0.1％。

调查结果显示，在面对主流价值观与非主流价值观冲突情境下，在"邀请一些人集体讨论并提出解决对策"方面，有832名少数民族大学生持反对意见，占总数的58.8％，而表示赞成的为583人，占总数的41.2％。这表明，相对于比较激烈的个人行为方式而言，少数民族大学生更愿意采取积极的社会行为方式。

(六) 不太赞同向学校等组织有关领导部门反映意见

表 6-2-6

选项 结果	向学校等组织有关领导部门反映意见		
	是	否	合计
人数 (人)	504	911	1415
比例 (%)	35.6	64.4	100.0

注：缺失值 2，占比 0.1%。

调查结果显示，在面对主流价值观与非主流价值观冲突情境下，在"向学校等组织有关领导部门反映意见"方面，有 911 名少数民族大学生持反对意见，占总数的 64.4%，而表示赞成的为 504 人，占总数的 35.6%。这表明，学校应进一步引导少数民族大学生采取积极的社会行为方式。

(七) 不赞同当面对当事人进行批评指责

表 6-2-7

选项 结果	当面对当事人进行批评指责		
	是	否	合计
人数 (人)	178	1237	1415
比例 (%)	12.6	87.4	100.0

注：缺失值 2，占比 0.1%。

调查结果显示，在面对主流价值观与非主流价值观冲突情境下，在"当面对当事人进行批评指责"方面，有 1237 名少数民族大学生持反对意见，占总数的 87.4%，而表示赞成的为 178 人，占总数的 12.6%。这表明，受到社会环境或本民族文化的影响，少数民族大学生不愿意采取比较激烈的社会行为方式。

（八）不赞同以某种社会反抗方式进行发泄

表 6-2-8

选项 结果	以某种社会反抗方式进行发泄		
	是	否	合计
人数（人）	125	1290	1415
比例（%）	8.8	91.2	100.0

注：缺失值 2，占比 0.1%。

调查结果显示，在面对主流价值观与非主流价值观冲突情境下，在"以某种社会反抗方式进行发泄"方面，有 1290 名少数民族大学生持反对意见，占总数的 91.2%，而表示赞成的为 125 人，占总数的 8.8%。这表明，绝大部分少数民族大学生不愿意采取社会反抗的消极社会行为方式。

（九）较少寻求网络和媒体的支持与帮助

表 6-2-9

选项 结果	寻求网络和媒体的支持与帮助		
	是	否	合计
人数（人）	558	856	1414
比例（%）	39.5	60.5	100.0

注：缺失值 3，占比 0.2%。

调查结果显示，在面对主流价值观与非主流价值观冲突情境下，在"寻求网络和媒体的支持与帮助"方面，有 856 名少数民族大学生持反对意见，占总数的 60.5%，而表示赞成的为 558 人，占总数的 39.5%。这表明，受本民族社会经济发展比较落后的影响，少数民族大学生新媒体运用意识有待增强，学校应进一步提升少数民族大学生的网络媒介素养，引导少数民族大学生采取积极有效的社会途径。

三　价值体系认同冲突情境下少数民族大学生行为倾向的比较分析

在对少数民族大学生社会主义核心价值体系认同所采取的不同行为倾向进行频率分析的基础上，有必要从个人积极行为、个人消极行为、社会积极行为和社会消极行为四个层面对少数民族大学生在价值体系认同冲突情境下所采取的行为倾向从性别、政治面貌、地域、毕业中学、就读院校等进行人口学的分析，以此更加深入、具体地考察少数民族大学生社会主义核心价值体系认同在采取行为倾向上的差异性，以及为分析影响少数民族大学生社会主义核心价值体系认同与行为倾向上相关性的因素提供参考。

（一）不同性别少数民族大学生的行为倾向比较分析

表6-3-1

结果	选项		只忍受什么也不做		合计
			是	否	
性别	男	人数（人）	66	472	538
		比例（%）	12.3	87.7	100.0
	女	人数（人）	77	798	875
		比例（%）	8.8	91.2	100.0
合计		人数（人）	143	1270	1413
		比例（%）	10.1	89.9	100.0

表6-3-2

结果	选项		私下议论发牢骚		合计
			是	否	
性别	男	人数（人）	87	451	538
		比例（%）	16.2	83.8	100.0
	女	人数（人）	147	728	875
		比例（%）	16.8	83.2	100.0

续表

结果 \ 选项		私下议论发牢骚		合计
		是	否	
合计	人数（人）	234	1179	1413
	比例（%）	16.6	83.4	100.0

从表6-3-1、6-3-2中可以看出，在个人消极行为倾向方面，对"只忍受什么也不做"表示"是"的男性、女性少数民族大学生分别各自总人数的12.3%、8.8%，而89.9%的少数民族大学生表示"否"；对"私下议论发牢骚"表示"是"的男性、女性少数民族大学生分别各自总人数的16.2%、16.8%，而83.4%的少数民族大学生表示"否"。这说明少数民族大学生不管男性还是女性绝大部分不会采取个人消极行为倾向。

表6-3-3

结果 \ 选项			坚持主流价值观尽自己的能力进行引导和劝阻		合计
			是	否	
性别	男	人数（人）	293	245	538
		比例（%）	54.5	45.5	100.0
	女	人数（人）	551	324	875
		比例（%）	63.0	37.0	100.0
合计		人数（人）	844	569	1413
		比例（%）	59.7	40.3	100.0

表6-3-4

结果 \ 选项			通过写文章等方式提出建议或批评意见		合计
			是	否	
性别	男	人数（人）	171	367	538
		比例（%）	31.8	68.2	100.0
	女	人数（人）	258	617	875
		比例（%）	29.5	70.5	100.0

续表

结果 \ 选项		通过写文章等方式提出建议或批评意见		合计
		是	否	
合计	人数（人）	429	984	1413
	比例（%）	30.4	69.6	100.0

从表6-3-3、6-3-4中可以看出，在个人积极行为倾向方面，少数民族大学生对"坚持主流价值观尽自己的能力进行引导和劝阻"表示"是"的男性、女性少数民族大学生分别占各自总人数的54.5%、63.0%，持赞成态度占总人数的59.7%；"通过写文章等方式提出建议或批评意见"表示"是"的男性、女性少数民族大学生分别占各自总人数的31.8%、29.5%，持赞成态度占总人数的30.4%，这说明男性与女性在个人积极的行为倾向方面差异不大。但这又与表6-3-1、6-3-2的绝大部分少数民族大学生不会采取消极的个人行为方式形成鲜明的反差，说明在少数民族大学生采取"个人积极行为"方面，应加强引导。

表6-3-5

结果 \ 选项			邀请一些人集体讨论并提出解决对策		合计
			是	否	
性别	男	人数（人）	206	332	538
		比例（%）	38.3	61.7	100.0
	女	人数（人）	376	498	874
		比例（%）	43.0	57.0	100.0
合计		人数（人）	582	830	1412
		比例（%）	41.2	58.8	100.0

表6-3-6

结果		选项	向学校等组织有关领导部门反映意见		合计
			是	否	
性别	男	人数（人）	189	349	538
		比例（%）	35.1	64.9	100.0
	女	人数（人）	313	561	874
		比例（%）	35.8	64.2	100.0
合计		人数（人）	502	910	1412
		比例（%）	35.6	64.4	100.0

表6-3-7

结果		选项	寻求网络和媒体的支持与帮助		合计
			是	否	
性别	男	人数（人）	226	311	537
		比例（%）	42.1	57.9	100.0
	女	人数（人）	329	545	874
		比例（%）	37.6	62.4	100.0
合计		人数（人）	555	856	1411
		比例（%）	39.3	60.7	100.0

由表6-3-5、6-3-6和6-3-7调查可知，在社会积极行为倾向方面，少数民族大学生对"邀请一些人集体讨论并提出解决对策"、"向学校等组织有关领导部门反映意见"、"寻求网络和媒体的支持与帮助"表示"是"的男性、女性少数民族大学生在社会积极行为倾向表现方面没有什么差异，但持赞成态度的分别占总人数的41.2%、35.6%和39.3%，说明在少数民族大学生采取"社会积极行为"方面，应加强宣传和引导。

表6-3-8

结果	选项		当面对当事人进行批评指责		合计
			是	否	
性别	男	人数（人）	85	453	538
		比例（%）	15.8	84.2	100.0
	女	人数（人）	93	781	874
		比例（%）	10.6	89.4	100.0
合计		人数（人）	178	1234	1412
		比例（%）	12.6	87.4	100.0

表6-3-9

结果	选项		以某种社会反抗方式进行发泄		合计
			是	否	
性别	男	人数（人）	60	478	538
		比例（%）	11.2	88.8	100.0
	女	人数（人）	64	810	874
		比例（%）	7.3	92.7	100.0
合计		人数（人）	124	1288	1412
		比例（%）	8.8	91.2	100.0

由表6-3-8、6-3-9调查可知，少数民族大学生对"当面对当事人进行批评指责"表示"是"的男性、女性少数民族大学生分别占各自总人数的15.8%、10.6%，持否定态度的占总人数的87.4%；"以某种社会反抗方式进行发泄"表示"是"的男性、女性少数民族大学生分别占各自总人数的11.2%、7.3%，而持否定态度占总人数的91.2%，说明少数民族大学生在"社会消极行为"倾向方面总体上没有性别的差异，绝大部分反对采取过激的社会行为方式。综合表6-3-5、6-3-6和6-3-7"社会积极行为"倾向方面的表现，说明少数民族大学生在价值体系冲突情境下，一方面采取"社会积极行为"倾向不太鲜明，另一方面却又极力反对采取"社会消极行为"。因此，要进一步加强少数民族大学生在价值体系冲突情

境下"社会积极行为"的引导与教育。

由上表可以看出,少数民族大学生不管是男性还是女性,在冲突情境下,少数民族大学生社会主义核心价值体系认同与行为倾向之间存在相关性,不会采取个人消极与社会消极行为,但在个人积极行为、社会积极行为方面还需加强引导。

(二) 不同专业少数民族大学生的行为倾向比较分析

表6-3-10

结果	选项		只忍受什么也不做		合计
			是	否	
专业	文科类	人数(人)	67	746	813
		比例(%)	8.2	91.8	100.0
	理工类	人数(人)	73	500	573
		比例(%)	12.7	87.3	100.0
合计		人数(人)	140	1246	1386
		比例(%)	10.1	89.9	100.0

表6-3-11

结果	选项		私下议论发牢骚		合计
			是	否	
专业	文科类	人数(人)	138	675	813
		比例(%)	17.0	83.0	100.0
	理工类	人数(人)	89	484	573
		比例(%)	15.5	84.5	100.0
合计		人数(人)	227	1159	1386
		比例(%)	16.4	83.6	100.0

由表6-3-10、6-3-11中可以看出,在个人消极行为倾向方面,对"只忍受什么也不做"表示"否"的少数民族大学生中,文科类与理工类专业分别占各自总人数的91.8%、87.3%;对"私下

议论发牢骚"表示"否"的少数民族大学生中，文科类与理工类专业分别占各自总人数的83.0%、84.5%。这说明文理科少数民族大学生绝大部分不会采取个人消极行为倾向。

表6-3-12

结果		选项	坚持主流价值观尽自己的能力进行引导和劝阻		合计
			是	否	
专业	文科类	人数（人）	516	297	813
		比例（%）	63.5	36.5	100.0
	理工类	人数（人）	314	259	573
		比例（%）	54.8	45.2	100.0
合计		人数（人）	830	556	1386
		比例（%）	59.9	40.1	100.0

表6-3-13

结果		选项	通过写文章等方式提出建议或批评意见		合计
			是	否	
专业	文科类	人数（人）	264	549	813
		比例（%）	32.5	67.5	100.0
	理工类	人数（人）	155	418	573
		比例（%）	27.1	72.9	100.0
合计		人数（人）	419	967	1386
		比例（%）	30.2	69.8	100.0

从表6-3-12、6-3-13中可以看出，在个人积极行为倾向方面，少数民族大学生对"坚持主流价值观尽自己的能力进行引导和劝阻"表示"是"的文科类、理工类少数民族大学生分别占各自总人数的63.5%、54.8%，持赞成态度的占总人数的59.9%；"通过写文章等方式提出建议或批评意见"表示"是"的文科类、理工类少数民族大学生分别占各自总人数的32.5%、27.1%，持赞成态度占总人数的30.2%，这说明文科、理工科学生在个人积极的行为倾向方面差异不大，但在少数民族大学生采取"个人积极行为"方面，应加强引导。

表6-3-14

结果	选项	邀请一些人集体讨论并提出解决对策		合计
		是	否	
专业	文科类 人数（人）	319	493	812
	比例（%）	39.3	60.7	100.0
	理工类 人数（人）	250	323	573
	比例（%）	43.6	56.4	100.0
合计	人数（人）	569	816	1385
	比例（%）	41.1	58.9	100.0

表6-3-15

结果	选项	向学校等组织有关领导部门反映意见		合计
		是	否	
专业	文科类 人数（人）	266	546	812
	比例（%）	32.8	67.2	100.0
	理工类 人数（人）	226	347	573
	比例（%）	39.4	60.6	100.0
合计	人数（人）	492	893	1385
	比例（%）	35.5	64.5	100.0

表6-3-16

结果	选项	寻求网络和媒体的支持与帮助		合计
		是	否	
专业	文科类 人数（人）	311	501	812
	比例（%）	38.3	61.7	100.0
	理工类 人数（人）	236	336	572
	比例（%）	41.3	58.7	100.0
合计	人数（人）	547	837	1384
	比例（%）	39.5	60.5	100.0

由表6-3-14、6-3-15和6-3-16调查可知，在社会积极行为倾向方面，文理科少数民族大学生对"邀请一些人集体讨论并提出解

决对策"、"向学校等组织有关领导部门反映意见"、"寻求网络和媒体的支持与帮助"表示"是"分别占各自总人数的41.1%、35.5%和39.5%,表明少数民族大学生采取社会积极行为倾向比例较低。这说明在采取"社会积极行为"方面,应加强对少数民族大学生的引导。

表6-3-17

结果	选项		当面对当事人进行批评指责		合计
			是	否	
专业	文科类	人数(人)	100	712	812
		比例(%)	12.3	87.7	100.0
	理工类	人数(人)	75	498	573
		比例(%)	13.1	86.9	100.0
合计		人数(人)	175	1210	1385
		比例(%)	12.6	87.4	100.0

表6-3-18

结果	选项		以某种社会反抗方式进行发泄		合计
			是	否	
专业	文科类	人数(人)	57	755	812
		比例(%)	7.0	93.0	100.0
	理工类	人数(人)	65	508	573
		比例(%)	11.3	88.7	100.0
合计		人数(人)	122	1263	1385
		比例(%)	8.8	91.2	100.0

由表6-3-17、6-3-18调查可知,少数民族大学生对"当面对当事人进行批评指责"表示"是"的文科类、理工类少数民族大学生分别占各自总人数的12.3%、13.1%,持否定态度的占总人数的87.4%;"以某种社会反抗方式进行发泄"表示"是"的男性、女性少数民族大学生分别占各自总人数的7.0%、11.3%,而持否定态度的占总人数的91.2%,说明少数民族大学生在"社会消极行为"倾向方面总体上没有文理科专业的差异,绝大部分少数民族大学生反

对采取过激的社会行为方式。

由上表可以看出，少数民族大学生不管是文科还是理工科，在冲突情境下，少数民族大学生社会主义核心价值体系认同与行为倾向之间存在相关性，不会采取个人消极与社会消极行为的比例很高，但采取个人积极行为、社会积极行为的比例较低，还需加强引导。

（三）不同年级少数民族大学生的行为倾向比较分析

表6-3-19

结果	选项		只忍受什么也不做		合计
			是	否	
年级	大一	人数（人）	23	449	472
		比例（％）	4.9	95.1	100.0
	大二	人数（人）	68	350	418
		比例（％）	16.3	83.7	100.0
	大三	人数（人）	50	442	492
		比例（％）	10.2	89.8	100.0
	大四	人数（人）	2	28	30
		比例（％）	6.7	93.3	100.0
合计		人数（人）	143	1269	1412
		比例（％）	10.1	89.9	100.0

表6-3-20

结果	选项		私下议论发牢骚		合计
			是	否	
年级	大一	人数（人）	71	401	472
		比例（％）	15.0	85.0	100.0
	大二	人数（人）	88	330	418
		比例（％）	21.1	78.9	100.0
	大三	人数（人）	67	425	492
		比例（％）	13.6	86.4	100.0
	大四	人数（人）	5	25	30
		比例（％）	16.7	83.3	100.0

续表

结果 \ 选项		私下议论发牢骚		合计
		是	否	
合计	人数（人）	231	1181	1412
	比例（%）	16.4	83.6	100.0

由表6-3-19、6-3-20中可以看出，在个人消极行为倾向方面，对"只忍受什么也不做"表示"否"的少数民族大学生中，大一、大二、大三、大四分别占各自总人数的95.1%、83.7%、89.8%、93.3%；对"私下议论发牢骚"表示"否"的少数民族大学生中，大一、大二、大三、大四分别占各自总人数的85.0%、78.9%、86.4%、83.3%。这说明从年级来看，少数民族大学生绝大部分不会采取个人消极行为倾向，但其中大一学生比例相对较高。

表6-3-21

结果 \ 选项			坚持主流价值观尽自己的能力进行引导和劝阻		合计
			是	否	
年级	大一	人数（人）	283	189	472
		比例（%）	60.0	40.0	100.0
	大二	人数（人）	234	184	418
		比例（%）	56.0	44.0	100.0
	大三	人数（人）	307	185	492
		比例（%）	62.4	37.6	100.0
	大四	人数（人）	18	12	30
		比例（%）	60.0	40.0	100.0
合计		人数（人）	842	570	1412
		比例（%）	59.6	40.4	100.0

表 6-3-22

结果		选项	通过写文章等方式提出建议或批评意见		合计
			是	否	
年级	大一	人数（人）	147	325	472
		比例（%）	31.1	68.9	100.0
	大二	人数（人）	130	288	418
		比例（%）	31.1	68.9	100.0
	大三	人数（人）	142	350	492
		比例（%）	28.9	71.1	100.0
	大四	人数（人）	9	21	30
		比例（%）	30.0	70.0	100.0
合计		人数（人）	428	984	1412
		比例（%）	30.3	69.7	100.0

从表 6-3-21、6-3-22 中可以看出，在个人积极行为倾向方面，少数民族大学生对"坚持主流价值观尽自己的能力进行引导和劝阻"表示"是"的大一、大二、大三、大四少数民族大学生分别占各自总人数的 60.0%、56.0%、62.4%、60.0%，持赞成态度占总人数的 59.6%；对"通过写文章等方式提出建议或批评意见"表示"是"的大一、大二、大三、大四少数民族大学生分别占各自总人数的 31.1%、31.1%、28.9%、30.0%，持赞成态度占总人数的 30.3%，这说明大一、大二、大三、大四学生在个人积极的行为倾向方面差异不大，但比例较低，应加强引导。

第六章 少数民族大学生社会主义核心价值体系认同与行为倾向分析 / 277

表6-3-23

<table>
<tr><th colspan="3">结果 \ 选项</th><th colspan="2">邀请一些人集体讨论并提出解决对策</th><th rowspan="2">合计</th></tr>
<tr><th></th><th></th><th></th><th>是</th><th>否</th></tr>
<tr><td rowspan="8">年级</td><td rowspan="2">大一</td><td>人数（人）</td><td>219</td><td>253</td><td>472</td></tr>
<tr><td>比例（%）</td><td>46.4</td><td>53.6</td><td>100.0</td></tr>
<tr><td rowspan="2">大二</td><td>人数（人）</td><td>152</td><td>265</td><td>417</td></tr>
<tr><td>比例（%）</td><td>36.5</td><td>63.5</td><td>100.0</td></tr>
<tr><td rowspan="2">大三</td><td>人数（人）</td><td>203</td><td>289</td><td>492</td></tr>
<tr><td>比例（%）</td><td>41.3</td><td>58.7</td><td>100.0</td></tr>
<tr><td rowspan="2">大四</td><td>人数（人）</td><td>9</td><td>21</td><td>30</td></tr>
<tr><td>比例（%）</td><td>30.0</td><td>70.0</td><td>100.0</td></tr>
<tr><td colspan="2">合计</td><td>人数（人）</td><td>583</td><td>828</td><td>1411</td></tr>
<tr><td colspan="2"></td><td>比例（%）</td><td>41.3</td><td>58.7</td><td>100.0</td></tr>
</table>

表6-3-24

<table>
<tr><th colspan="3">结果 \ 选项</th><th colspan="2">向学校等组织有关领导部门反映意见</th><th rowspan="2">合计</th></tr>
<tr><th></th><th></th><th></th><th>是</th><th>否</th></tr>
<tr><td rowspan="8">年级</td><td rowspan="2">大一</td><td>人数（人）</td><td>147</td><td>325</td><td>472</td></tr>
<tr><td>比例（%）</td><td>31.1</td><td>68.9</td><td>100.0</td></tr>
<tr><td rowspan="2">大二</td><td>人数（人）</td><td>130</td><td>288</td><td>418</td></tr>
<tr><td>比例（%）</td><td>31.1</td><td>68.9</td><td>100.0</td></tr>
<tr><td rowspan="2">大三</td><td>人数（人）</td><td>142</td><td>350</td><td>492</td></tr>
<tr><td>比例（%）</td><td>28.9</td><td>71.1</td><td>100.0</td></tr>
<tr><td rowspan="2">大四</td><td>人数（人）</td><td>9</td><td>21</td><td>30</td></tr>
<tr><td>比例（%）</td><td>30.0</td><td>70.0</td><td>100.0</td></tr>
<tr><td colspan="2">合计</td><td>人数（人）</td><td>428</td><td>984</td><td>1412</td></tr>
<tr><td colspan="2"></td><td>比例（%）</td><td>30.3</td><td>69.7</td><td>100.0</td></tr>
</table>

表6-3-25

结果	选项		寻求网络和媒体的支持与帮助		合计
			是	否	
年级	大一	人数（人）	202	269	471
		比例（%）	42.9	57.1	100.0
	大二	人数（人）	155	263	418
		比例（%）	37.1	62.9	100.0
	大三	人数（人）	188	303	491
		比例（%）	38.3	61.7	100.0
	大四	人数（人）	11	19	30
		比例（%）	36.7	63.3	100.0
合计		人数（人）	556	854	1410
		比例（%）	39.4	60.6	100.0

由表6-3-23、6-3-24和6-3-25调查可知，在社会积极行为倾向方面，大一、大二、大三、大四少数民族大学生对"邀请一些人集体讨论并提出解决对策"、"向学校等组织有关领导部门反映意见"、"寻求网络和媒体的支持与帮助"表示"是"的分别占各自总人数的41.3%、30.3%和39.4%，表明少数民族大学生采取社会积极行为倾向比例较低。这说明在采取"社会积极行为"方面，应加强对少数民族大学生的引导。

表6-3-26

结果	选项		当面对当事人进行批评指责		合计
			是	否	
年级	大一	人数（人）	49	423	472
		比例（%）	10.4	89.6	100.0
	大二	人数（人）	68	350	418
		比例（%）	16.3	83.7	100.0
	大三	人数（人）	55	436	491
		比例（%）	11.2	88.8	100.0
	大四	人数（人）	6	24	30
		比例（%）	20.0	80.0	100.0

第六章　少数民族大学生社会主义核心价值体系认同与行为倾向分析 / 279

续表

结果	选项	当面对当事人进行批评指责		合计
		是	否	
合计	人数（人）	178	1233	1411
	比例（％）	12.6	87.4	100.0

表 6-3-27

结果		选项	以某种社会反抗方式进行发泄		合计
			是	否	
年级	大一	人数（人）	37	435	472
		比例（％）	7.8	92.2	100.0
	大二	人数（人）	48	370	418
		比例（％）	11.5	88.5	100.0
	大三	人数（人）	37	454	491
		比例（％）	7.5	92.5	100.0
	大四	人数（人）	3	27	30
		比例（％）	10.0	90.0	100.0
合计		人数（人）	125	1286	1411
		比例（％）	8.9	91.1	100.0

从表 6-3-26、6-3-27 中可以看出，少数民族大学生对"当面对当事人进行批评指责"表示"否"的一、大二、大三、大四少数民族大学生分别占各自总人数的 89.6%、83.7%、88.8%、80.0%；"以某种社会反抗方式进行发泄"表示"否"的一、大二、大三、大四少数民族大学生分别占各自总人数的 92.2%、88.5%、92.5%、90.0%，说明绝大部分少数民族大学生反对采取过激的社会行为方式，但大一年级少数民族大学生反对采取过激社会行为方式的比例较高。

（四）不同地域少数民族大学生的行为倾向比较分析

表6-3-28

结果	选项		只忍受什么也不做		合计
			是	否	
来自	少数民族聚居区县城及以上城市	人数（人）	53	495	548
		比例（%）	9.7	90.3	100.0
	少数民族聚居区乡镇或农村	人数（人）	35	374	409
		比例（%）	8.6	91.4	100.0
	少数民族散杂居县城及以上城市	人数（人）	24	189	213
		比例（%）	11.3	88.7	100.0
	少数民族散杂居乡镇或农村	人数（人）	28	184	212
		比例（%）	13.2	86.8	100.0
合计		人数（人）	140	1242	1382
		比例（%）	10.1	89.9	100.0

表6-3-29

结果	选项		私下议论发牢骚		合计
			是	否	
来自	少数民族聚居区县城及以上城市	人数（人）	79	469	548
		比例（%）	14.4	85.6	100.0
	少数民族聚居区乡镇或农村	人数（人）	70	339	409
		比例（%）	17.1	82.9	100.0
	少数民族散杂居县城及以上城市	人数（人）	47	166	213
		比例（%）	22.1	77.9	100.0
	少数民族散杂居乡镇或农村	人数（人）	32	180	212
		比例（%）	15.1	84.9	100.0
合计		人数（人）	228	1154	1382
		比例（%）	16.5	83.5	100.0

由表6-3-28、6-3-29中可以看出，在个人消极行为倾向方面，对"只忍受什么也不做"、"私下议论发牢骚"表示"否"的少

数民族大学生分别占总人数的 89.9%、83.5%,表明无论是来自于少数民族聚居区县城及以上城市、乡镇或农村,还是来自于少数民族散杂居区县城及以上、乡镇或农村的少数民族大学生绝大部分都不会采取消极的行为应对方式。但通过对比发现,在价值体系认同冲突情境下,来自于少数民族聚居区县城及以上城市、乡镇或农村的少数民族大学生采取消极行为倾向的比例略低于来自于少数民族散杂居区县城及以上、乡镇或农村的少数民族大学生。

表 6-3-30

结果	选项		坚持主流价值观尽自己的能力进行引导和劝阻		合计
			是	否	
来自	少数民族聚居区县城及以上城市	人数(人)	344	204	548
		比例(%)	62.8	37.2	100.0
	少数民族聚居区乡镇或农村	人数(人)	238	171	409
		比例(%)	58.2	41.8	100.0
	少数民族散杂居县城及以上城市	人数(人)	121	92	213
		比例(%)	56.8	43.2	100.0
	少数民族散杂居乡镇或农村	人数(人)	122	90	212
		比例(%)	57.5	42.5	100.0
合计		人数(人)	825	557	1382
		比例(%)	59.7	40.3	100.0

表 6-3-31

结果	选项		通过写文章等方式提出建议或批评意见		合计
			是	否	
来自	少数民族聚居区县城及以上城市	人数(人)	160	388	548
		比例(%)	29.2	70.8	100.0
	少数民族聚居区乡镇或农村	人数(人)	118	291	409
		比例(%)	28.9	71.1	100.0
	少数民族散杂居县城及以上城市	人数(人)	75	138	213
		比例(%)	35.2	64.8	100.0
	少数民族散杂居乡镇或农村	人数(人)	64	148	212
		比例(%)	30.2	69.8	100.0

续表

结果 \ 选项		通过写文章等方式提出建议或批评意见		合计
		是	否	
合计	人数（人）	417	965	1382
	比例（%）	30.2	69.8	100.0

由表6-3-30、6-3-31调查中可以看出，在个人积极行为倾向方面，来自于少数民族聚居区、散杂居区县城及以上城市、乡镇或农村的少数民族大学生，对"坚持主流价值观尽自己的能力进行引导和劝阻"、"通过写文章等方式提出建议或批评意见"回答表示"是"的分别占总人数的59.7%、30.2%。在"个人积极行为"倾向方面，表明无论是来自少数民族聚居区，还是来自于少数民族散杂居区的少数民族大学生都需要加强引导。

表6-3-32

结果 \ 选项			邀请一些人集体讨论并提出解决对策		合计
			是	否	
来自	少数民族聚居区县城及以上城市	人数（人）	227	321	548
		比例（%）	41.4	58.6	100.0
	少数民族聚居区乡镇或农村	人数（人）	174	235	409
		比例（%）	42.5	57.5	100.0
	少数民族散杂居县城及以上城市	人数（人）	79	134	213
		比例（%）	37.1	62.9	100.0
	少数民族散杂居乡镇或农村	人数（人）	89	123	212
		比例（%）	42.0	58.0	100.0
合计		人数（人）	569	813	1382
		比例（%）	41.2	58.8	100.0

表 6-3-33

结果	选项		向学校等组织有关领导部门反映意见		合计
			是	否	
来自	少数民族聚居区县城及以上城市	人数（人）	190	358	548
		比例（%）	34.7	65.3	100.0
	少数民族聚居区乡镇或农村	人数（人）	162	247	409
		比例（%）	39.6	60.4	100.0
	少数民族散杂居县城及以上城市	人数（人）	72	140	212
		比例（%）	34.0	66.0	100.0
	少数民族散杂居乡镇或农村	人数（人）	70	142	212
		比例（%）	33.0	67.0	100.0
合计		人数（人）	494	887	1381
		比例（%）	35.8	64.2	100.0

表 6-3-34

结果	选项		寻求网络和媒体的支持与帮助		合计
			是	否	
来自	少数民族聚居区县城及以上城市	人数（人）	221	327	548
		比例（%）	40.3	59.7	100.0
	少数民族聚居区乡镇或农村	人数（人）	171	237	408
		比例（%）	41.9	58.1	100.0
	少数民族散杂居县城及以上城市	人数（人）	82	130	212
		比例（%）	38.7	61.3	100.0
	少数民族散杂居乡镇或农村	人数（人）	76	136	212
		比例（%）	35.8	64.2	100.0
合计		人数（人）	550	830	1380
		比例（%）	39.9	60.1	100.0

由表6-3-32、6-3-33和6-3-34调查可知，在社会积极行为倾向方面，无论是来自于少数民族聚居区县城及以上城市、乡镇或农村，还是来自于少数民族散杂居区县城及以上、乡镇或农村的少数民族大学生对"邀请一些人集体讨论并提出解决对策"、"向学校等

组织有关领导部门反映意见"、"寻求网络和媒体的支持与帮助"方面采取社会积极行为倾向比例较低，分别占总人数的41.2%、35.8%、39.9%。但总体而言，在价值体系认同冲突情境下，来自于少数民族聚居区县城及以上城市、乡镇或农村的少数民族大学生采取社会积极行为倾向的比例略高于来自于少数民族散杂居区县城及以上、乡镇或农村的少数民族大学生。

表6－3－35

结果	选项		当面对当事人进行批评指责		合计
			是	否	
来自	少数民族聚居区县城及以上城市	人数（人）	76	472	548
		比例（%）	13.9	86.1	100.0
	少数民族聚居区乡镇或农村	人数（人）	47	362	409
		比例（%）	11.5	88.5	100.0
	少数民族散杂居县城及以上城市	人数（人）	26	186	212
		比例（%）	12.3	87.7	100.0
	少数民族散杂居乡镇或农村	人数（人）	26	186	212
		比例（%）	12.3	87.7	100.0
合计		人数（人）	175	1206	1381
		比例（%）	12.7	87.3	100.0

表6－3－36

结果	选项		以某种社会反抗方式进行发泄		合计
			是	否	
来自	少数民族聚居区县城及以上城市	人数（人）	56	492	548
		比例（%）	10.2	89.8	100.0
	少数民族聚居区乡镇或农村	人数（人）	39	370	409
		比例（%）	9.5	90.5	100.0
	少数民族散杂居县城及以上城市	人数（人）	13	199	212
		比例（%）	6.1	93.9	100.0
	少数民族散杂居乡镇或农村	人数（人）	14	198	212
		比例（%）	6.6	93.4	100.0

续表

结果 \ 选项		以某种社会反抗方式进行发泄		合计
		是	否	
合计	人数（人）	122	1259	1381
	比例（%）	8.8	91.2	100.0

从表6-3-35、6-3-36中可以看出，在社会消极行为倾向方面，无论是来自于少数民族聚居区县城及以上城市、乡镇或农村，还是来自于少数民族散杂居区县城及以上城市、乡镇或农村的少数民族大学生对"当面对当事人进行批评指责"、"以某种社会反抗方式进行发泄"回答表示"否"的分别占总人数的87.3%、91.2%，说明绝大部分少数民族大学生反对采取过激的社会行为方式。但来自于少数民族聚居区的少数民族大学生与来自于少数民族散杂居区的少数民族大学生在"社会消极行为"倾向方面略有差异，来自于少数民族散杂居区的少数民族大学生反对采取过激的社会行为方式的比例略高于来自于少数民族聚居区的少数民族大学生。

由上表可以看出，不管是来自于少数民族聚居区县城及以上城市、乡镇或农村的少数民族大学生，还是来自于少数民族散杂居区县城及以上城市、乡镇或农村的少数民族大学生，在价值体系认同冲突情境下，不会采取个人消极与社会消极行为，但在个人积极行为、社会积极行为方面还需加强引导。

（五）不同院校少数民族大学生的行为倾向比较分析

表6-3-37

结果 \ 选项			只忍受什么也不做		合计
			是	否	
就读院校	民族大学	人数（人）	88	884	972
		比例（%）	9.1	90.9	100.0
	非民族大学	人数（人）	39	358	397
		比例（%）	9.8	90.2	100.0

续表

结果 \ 选项		只忍受什么也不做		合计
		是	否	
合计	人数（人）	127	1242	1369
	比例（%）	9.3	90.7	100.0

表6-3-38

结果 \ 选项		私下议论发牢骚		合计
		是	否	
就读院校	民族大学 人数（人）	160	812	972
	比例（%）	16.5	83.5	100.0
	非民族大学 人数（人）	61	336	397
	比例（%）	15.4	84.6	100.0
合计	人数（人）	221	1148	1369
	比例（%）	16.1	83.9	100.0

由表6-3-37、6-3-38中可以看出，在个人消极行为倾向方面，对"只忍受什么也不做"、"私下议论发牢骚"表示"否"的少数民族大学生分别占总人数的90.7%、83.9%，表明无论是就读于民族院校的少数民族大学生，还是就读于非民族院校的少数民族大学生绝大多数都不会采取消极的行为应对方式。

表6-3-39

结果 \ 选项		坚持主流价值观尽自己的能力进行引导和劝阻		合计
		是	否	
就读院校	民族大学 人数（人）	579	393	972
	比例（%）	59.6	40.4	100.0
	非民族大学 人数（人）	246	151	397
	比例（%）	62.0	38.0	100.0
合计	人数（人）	825	544	1369
	比例（%）	60.3	39.7	100.0

表6-3-40

结果	选项		通过写文章等方式提出建议或批评意见		合计
			是	否	
就读院校	民族大学	人数（人）	311	661	972
		比例（%）	32.0	68.0	100.0
	非民族大学	人数（人）	106	291	397
		比例（%）	26.7	73.3	100.0
合计		人数（人）	417	952	1369
		比例（%）	30.5	69.5	100.0

由表6-3-39、6-3-40调查中可以看出，在个人积极行为倾向方面，就读于民族院校与就读于非民族院校的少数民族大学生对"坚持主流价值观尽自己的能力进行引导和劝阻"回答表示"是"的分别占各自总人数的59.6%和62.0%；对"通过写文章等方式提出建议或批评意见"回答表示"是"的分别占各自总人数的32.0%、26.7%。总体来看，无论是就读于民族院校与就读于非民族院校的少数民族大学生在采取"个人积极行为"方面都需要加强引导。

表6-3-41

结果	选项		邀请一些人集体讨论并提出解决对策		合计
			是	否	
就读院校	民族大学	人数（人）	438	534	972
		比例（%）	45.1	54.9	100.0
	非民族大学	人数（人）	129	267	396
		比例（%）	32.6	67.4	100.0
合计		人数（人）	567	801	1368
		比例（%）	41.4	58.6	100.0

表6-3-42

结果	选项		向学校等组织有关领导部门反映意见		合计
			是	否	
就读院校	民族大学	人数（人）	357	615	972
		比例（%）	36.7	63.3	100.0
	非民族大学	人数（人）	128	268	396
		比例（%）	32.3	67.7	100.0
合计		人数（人）	485	883	1368
		比例（%）	35.5	64.5	100.0

表6-3-43

结果	选项		寻求网络和媒体的支持与帮助		合计
			是	否	
就读院校	民族大学	人数（人）	399	572	971
		比例（%）	41.1	58.9	100.0
	非民族大学	人数（人）	140	256	396
		比例（%）	35.4	64.6	100.0
合计		人数（人）	539	828	1367
		比例（%）	39.4	60.6	100.0

由表6-3-41、6-3-42和6-3-43调查可知，在社会积极行为倾向方面，无论是就读于民族院校，还是就读于非民族院校的少数民族大学生在"邀请一些人集体讨论并提出解决对策"、"向学校等组织有关领导部门反映意见"、"寻求网络和媒体的支持与帮助"方面采取社会积极行为倾向比例较低，分别占总人数的41.4%、35.5%、39.4%。但总体而言，在价值体系认同冲突情境下，就读于民族院校的少数民族大学生采取社会积极行为倾向的比例略高于就读于非民族院校的少数民族大学生。

表 6-3-44

结果	选项		当面对当事人进行批评指责		合计
			是	否	
就读院校	民族大学	人数（人）	124	848	972
		比例（%）	12.8	87.2	100.0
	非民族大学	人数（人）	49	347	396
		比例（%）	12.4	87.6	100.0
合计		人数（人）	173	1195	1368
		比例（%）	12.6	87.4	100.0

表 6-3-45

结果	选项		以某种社会反抗方式进行发泄		合计
			是	否	
就读院校	民族大学	人数（人）	89	883	972
		比例（%）	9.2	90.8	100.0
	非民族大学	人数（人）	31	365	396
		比例（%）	7.8	92.2	100.0
合计		人数（人）	120	1248	1368
		比例（%）	8.8	91.2	100.0

从表6-3-44、6-3-45中可以看出，在社会消极行为倾向方面，无论是就读于民族院校，还是就读于非民族院校的少数民族大学生对"当面对当事人进行批评指责"、"以某种社会反抗方式进行发泄"回答表示"否"的分别占总人数的87.4%、91.2%，说明绝大部分少数民族大学生反对采取过激的社会行为方式。但就读于民族院校与就读于非民族院校的少数民族大学生在采取"社会消极行为"倾向方面略有差异，就读于民族院校的少数民族大学生反对采取过激的社会行为方式的比例略低于就读于非民族院校的少数民族大学生。

可以看出，无论是就读于民族院校，还是就读于非民族院校的少数民族大学生，在价值体系认同冲突情境下，绝大部分不会采取个人消极与社会消极行为；就读于民族院校与就读于非民族院校的少数民族大学生在采取个人积极行为倾向方面没有明显差异,在采取社会积极行为方面略有差异,但都需加强教育与引导。

(六) 不同政治面貌少数民族大学生的行为倾向比较分析

表 6-3-46

结果	选项		只忍受什么也不做		合计
			是	否	
政治面貌	中共党员	人数(人)	8	112	120
		比例(%)	6.7	93.3	100.0
	共青团员	人数(人)	121	1109	1230
		比例(%)	9.8	90.2	100.0
	其他	人数(人)	11	37	48
		比例(%)	22.9	77.1	100.0
合计		人数(人)	140	1258	1398
		比例(%)	10.0	90.0	100.0

表 6-3-47

结果	选项		私下议论发牢骚		合计
			是	否	
政治面貌	中共党员	人数(人)	26	94	120
		比例(%)	21.7	78.3	100.0
	共青团员	人数(人)	194	1036	1230
		比例(%)	15.8	84.2	100.0
	其他	人数(人)	11	37	48
		比例(%)	22.9	77.1	100.0
合计		人数(人)	231	1167	1398
		比例(%)	16.5	83.5	100.0

由表 6-3-46、6-3-47 中可以看出,在个人消极行为倾向方面,对"只忍受什么也不做"表示"否"的少数民族大学生中,中

共党员、共青团员、其他分别占各自总人数的93.3%、90.2%、77.1%；对"私下议论发牢骚"表示"否"的少数民族大学生中，中共党员、共青团员、其他分别占各自总人数的78.3%、84.2%、77.1%。这说明少数民族大学生党团员绝大部分不会采取个人消极行为倾向，比例高于非党团员。

表6-3-48

结果	选项		坚持主流价值观尽自己的能力进行引导和劝阻		合计
			是	否	
政治面貌	中共党员	人数（人）	70	50	120
		比例（%）	58.3	41.7	100.0
	共青团员	人数（人）	749	481	1230
		比例（%）	60.9	39.1	100.0
	其他	人数（人）	16	32	48
		比例（%）	33.3	66.7	100.0
合计		人数（人）	835	563	1398
		比例（%）	59.7	40.3	100.0

表6-3-49

结果	选项		通过写文章等方式提出建议或批评意见		合计
			是	否	
政治面貌	中共党员	人数（人）	40	80	120
		比例（%）	33.3	66.7	100.0
	共青团员	人数（人）	371	859	1230
		比例（%）	30.2	69.8	100.0
	其他	人数（人）	12	36	48
		比例（%）	25.0	75.0	100.0
合计		人数（人）	423	975	1398
		比例（%）	30.3	69.7	100.0

从表 6-3-48、6-3-49 中可以看出，在个人积极行为倾向方面，在少数民族大学生中，对"坚持主流价值观尽自己的能力进行引导和劝阻"表示"是"的中共党员、共青团员、其他分别占各自总人数的 58.3%、60.9%，33.3%；"通过写文章等方式提出建议或批评意见"表示"是"的中共党员、共青团员、其他分别占各自总人数的 33.3%、30.2%，25.0%。整体而言，在"个人积极行为"倾向方面，少数民族大学生党团员与非党团员差距不大，没有充分体现出党团员的先锋模范作用。

表 6-3-50

结果		选项	邀请一些人集体讨论并提出解决对策		合计
			是	否	
政治面貌	中共党员	人数（人）	50	70	120
		比例（%）	41.7	58.3	100.0
	共青团员	人数（人）	510	719	1229
		比例（%）	41.5	58.5	100.0
	其他	人数（人）	19	29	48
		比例（%）	39.6	60.4	100.0
合计		人数（人）	579	818	1397
		比例（%）	41.4	58.6	100.0

表 6-3-51

结果		选项	向学校等组织有关领导部门反映意见		合计
			是	否	
政治面貌	中共党员	人数（人）	43	77	120
		比例（%）	35.8	64.2	100.0
	共青团员	人数（人）	443	786	1229
		比例（%）	36.0	64.0	100.0
	其他	人数（人）	13	35	48
		比例（%）	27.1	72.9	100.0
合计		人数（人）	499	898	1397
		比例（%）	35.7	64.3	100.0

表6-3-52

结果	选项		寻求网络和媒体的支持与帮助		合计
			是	否	
政治面貌	中共党员	人数（人）	47	73	120
		比例（%）	39.2	60.8	100.0
	共青团员	人数（人）	479	749	1228
		比例（%）	39.0	61.0	100.0
	其他	人数（人）	22	26	48
		比例（%）	45.8	54.2	100.0
合计		人数（人）	548	848	1396
		比例（%）	39.3	60.7	100.0

由表6-3-50、6-3-51和6-3-52调查可知，在社会积极行为倾向方面，少数民族大学生党团员对"邀请一些人集体讨论并提出解决对策"、"向学校等组织有关领导部门反映意见"、"寻求网络和媒体的支持与帮助"方面采取社会积极行为倾向比例较低，与非党团员没有什么差异。这说明在少数民族大学生党团员采取"社会积极行为"方面，应加强宣传和引导。

表6-3-53

结果	选项		当面对当事人进行批评指责		合计
			是	否	
政治面貌	中共党员	人数（人）	23	97	120
		比例（%）	19.2	80.8	100.0
	共青团员	人数（人）	142	1087	1229
		比例（%）	11.6	88.4	100.0
	其他	人数（人）	10	38	48
		比例（%）	20.8	79.2	100.0
合计		人数（人）	175	1222	1397
		比例（%）	12.5	87.5	100.0

表6-3-54

结果	选项		以某种社会反抗方式进行发泄		合计
			是	否	
政治面貌	中共党员	人数（人）	6	114	120
		比例（%）	5.0	95.0	100.0
	共青团员	人数（人）	110	1119	1229
		比例（%）	9.0	91.0	100.0
	其他	人数（人）	7	41	48
		比例（%）	14.6	85.4	100.0
合计		人数（人）	123	1274	1397
		比例（%）	8.8	91.2	100.0

从表6-3-53、6-3-54中可以看出，少数民族大学生对"当面对当事人进行批评指责"表示"否"的中共党员、共青团员、其他分别占各自总人数的80.8%、88.4%、79.2%；"以某种社会反抗方式进行发泄"表示"否"的中共党员、共青团员、其他分别占各自总人数的95.0%、91.0%、85.4%，说明绝大部分少数民族大学生反对采取过激的社会行为方式，但党团员与非党团员在"社会消极行为"倾向方面有一定的差异，党团员反对采取过激的社会行为方式的比例高于非党团员。

由上表可以看出，少数民族大学生不管是党团员还是非党团员，在冲突情境下不会采取个人消极与社会消极行为，但在个人积极行为、社会积极行为方面还需加强引导。

（七）不同毕业中学少数民族大学生的行为倾向比较分析

表6-3-55

结果	选项		只忍受什么也不做		合计
			是	否	
毕业中学	民族中学	人数（人）	44	353	397
		比例（%）	11.1	88.9	100.0
	普通中学	人数（人）	95	907	1002
		比例（%）	9.5	90.5	100.0

续表

结果 \ 选项		只忍受什么也不做		合计
		是	否	
合计	人数（人）	139	1260	1399
	比例（%）	9.9	90.1	100.0

表6-3-56

结果 \ 选项			私下议论发牢骚		合计
			是	否	
毕业中学	民族中学	人数（人）	60	337	397
		比例（%）	15.1	84.9	100.0
	普通中学	人数（人）	170	832	1002
		比例（%）	17.0	83.0	100.0
合计		人数（人）	230	1169	1399
		比例（%）	16.4	83.6	100.0

由表6-3-55、6-3-56中可以看出，在个人消极行为倾向方面，对"只忍受什么也不做"、"私下议论发牢骚"表示"否"的少数民族大学生分别占总人数的90.1%、83.6%，表明无论是毕业于民族中学的少数民族大学生，还是毕业于普通中学的少数民族大学生绝大部分都不会采取消极的行为应对方式。

表6-3-57

结果 \ 选项			坚持主流价值观尽自己的能力进行引导和劝阻		合计
			是	否	
毕业中学	民族中学	人数（人）	230	167	397
		比例（%）	57.9	42.1	100.0
	普通中学	人数（人）	609	393	1002
		比例（%）	60.8	39.2	100.0
合计		人数（人）	839	560	1399
		比例（%）	60.0	40.0	100.0

表6-3-58

结果	选项		通过写文章等方式提出建议或批评意见		合计
			是	否	
毕业中学	民族中学	人数（人）	121	276	397
		比例（%）	30.5	69.5	100.0
	普通中学	人数（人）	307	695	1002
		比例（%）	30.6	69.4	100.0
合计		人数（人）	428	971	1399
		比例（%）	30.6	69.4	100.0

由表6-3-57、6-3-58调查中可以看出，在个人积极行为倾向方面，来自于民族中学与普通中学的少数民族大学生对"坚持主流价值观尽自己的能力进行引导和劝阻"回答表示"是"的分别占各自总人数的57.9%和60.8%；对"通过写文章等方式提出建议或批评意见"回答表示"是"的分别占各自总人数的30.5%、30.6%。这表明，在价值体系认同冲突情境下，采取"个人积极行为"倾向方面，毕业于普通中学的少数民族大学生比例略高于毕业于民族中学的少数民族大学生。但总体来看，无论是毕业于民族中学，还是毕业于普通中学的少数民族大学生都需要加强引导。

表6-3-59

结果	选项		邀请一些人集体讨论并提出解决对策		合计
			是	否	
毕业中学	民族中学	人数（人）	181	216	397
		比例（%）	45.6	54.4	100.0
	普通中学	人数（人）	396	605	1001
		比例（%）	39.6	60.4	100.0
合计		人数（人）	577	821	1398
		比例（%）	41.3	58.7	100.0

表 6-3-60

结果	选项		向学校等组织有关领导部门反映意见		合计
			是	否	
毕业中学	民族中学	人数（人）	149	248	397
		比例（%）	37.5	62.5	100.0
	普通中学	人数（人）	350	651	1001
		比例（%）	35.0	65.0	100.0
合计		人数（人）	499	899	1398
		比例（%）	35.7	64.3	100.0

表 6-3-61

结果	选项		寻求网络和媒体的支持与帮助		合计
			是	否	
毕业中学	民族中学	人数（人）	169	227	396
		比例（%）	42.7	57.3	100.0
	普通中学	人数（人）	384	617	1001
		比例（%）	38.4	61.6	100.0
合计		人数（人）	553	844	1397
		比例（%）	39.6	60.4	100.0

由表 6-3-59、6-3-60 和 6-3-61 调查可知，在社会积极行为倾向方面，无论是毕业于民族中学，还是毕业于普通中学的少数民族大学生对"邀请一些人集体讨论并提出解决对策"、"向学校等组织有关领导部门反映意见"、"寻求网络和媒体的支持与帮助"方面采取社会积极行为倾向比例较低，分别占总人数的 41.3%、35.7%、39.6%。但总体而言，在价值体系认同冲突情境下，毕业于民族中学的少数民族大学生采取社会积极行为倾向的比例略高于毕业于普通中学的少数民族大学生。

表6-3-62

结果		选项	当面对当事人进行批评指责		合计
			是	否	
毕业中学	民族中学	人数（人）	63	334	397
		比例（%）	15.9	84.1	100.0
	普通中学	人数（人）	114	887	1001
		比例（%）	11.4	88.6	100.0
合计		人数（人）	177	1221	1398
		比例（%）	12.7	87.3	100.0

表6-3-63

结果		选项	以某种社会反抗方式进行发泄		合计
			是	否	
毕业中学	民族中学	人数（人）	45	352	397
		比例（%）	11.3	88.7	100.0
	普通中学	人数（人）	78	923	1001
		比例（%）	7.8	92.2	100.0
合计		人数（人）	123	1275	1398
		比例（%）	8.8	91.2	100.0

从表6-3-62、6-3-63中可以看出，在社会消极行为倾向方面，无论是毕业于民族中学，还是毕业于普通中学的少数民族大学生对"当面对当事人进行批评指责"、"以某种社会反抗方式进行发泄"回答表示"否"的分别占总人数的87.3%、91.2%，说明绝大部分少数民族大学生反对采取过激的社会行为方式。但毕业于民族中学与毕业于普通中学的少数民族大学生在采取"社会消极行为"倾向方面略有差异，毕业于普通中学的少数民族大学生反对采取过激的社会行为方式的比例略高于毕业于民族中学的少数民族大学生。

由以上表可以看出，无论是毕业于民族中学，还是毕业于普通中学的少数民族大学生，在价值体系认同冲突情境下，绝大部分不会采取个人消极与社会消极行为；毕业于民族中学与毕业于普通中学的少数民族大学生在采取个人积极行为、社会积极行为的比例方面略有差异，但都需加强教育与引导。

从性别、专业、年级、地域、就读院校、政治面貌、毕业中学等方面对少数民族大学生就社会主义核心价值体系的认同与行为倾向进行了比较分析，由以上分析可知，少数民族大学生社会主义核心价值体系的认同与行为倾向之间存在着一定的相关性，但这种相关性还受到一定情境的影响。从整体上来看，在价值冲突情境下，少数民族大学生对社会主义核心价值体系的认同状况与其可能采取的行为倾向方式由高到低依次为：社会积极行为、个人积极行为、个人消极行为、社会消极行为。说明大多数少数民族大学生在面对价值冲突情境时，行为适应状况较好，倾向于采用冷静、理性、积极的行为方式。但不可忽视的是，也有一定比例的少数民族大学生倾向于采取个人与社会消极行为。他们采取忍耐、逃避、否定等消极行为方式应对社会主义核心价值体系与非主流价值体系的冲突，可能会对社会稳定与秩序产生不良影响，必须予以重视。

第七章

少数民族大学生社会主义核心价值体系认同与践行的对策

少数民族大学生是推动民族地区和本民族经济社会发展的骨干力量，同时又是共筑中华民族灿烂文化的有力推动者，是实现中华民族伟大复兴"中国梦"的重要力量。因此，必须大力加强对少数民族大学生社会主义核心价值体系的教育，并在实践中推动其践行社会主义核心价值体系与社会主义核心价值观，从而不断增强少数民族大学生的"五个认同"和"四个自信"。本书在分析与掌握少数民族大学生社会主义核心价值体系认知现状、认同特点和规律的基础上，进一步分析了影响少数民族大学生社会主义核心价值体系认知认同及其践行的因素，提出了增强少数民族大学生社会主义核心价值体系认同教育与践行的主要路径。

一 影响少数民族大学生社会主义核心价值体系认同与行为倾向的因素

为了分析影响少数民族大学生社会主义核心价值体系认同与行为倾向的因素，课题组编制了"您认为在现实生活中，导致人与人之间价值观冲突的原因可能有哪些？"的开放式问卷。问卷调查的对象与少数民族大学生社会主义核心价值体系认同的被试者相同，其中随机抽取了少数民族大学生被试693人，对其回答主题进行统计分析，涉及"个人价值观"、"权利观"、"利益观"、"知识程度"、"政府形象"、

"社会舆论"、"社会风气"、"社会思潮"、"家居住地"、"家庭经济"、"家族文化"、"本民族文化"、"宗教文化"、"区域文化"、"媒体宣传"、"朋友圈"等，实际上可以归纳为社会、家庭和个人三个层面的因素。社会因素主要包括"政府形象"、"社会舆论"、"社会风气"、"社会思潮"、"民族文化"、"宗教文化"、"区域文化"、"媒体宣传"等因素；家庭因素主要包括"家居地"、"家庭经济收入"、"家族文化"；个人因素主要包括"个人价值观"、"权利观"、"利益观"、"知识水平"、"朋友圈"等因素。各个因素频次如下：

表7-1-1

社会因素	政府形象		社会舆论		社会风气		社会思潮		文化						媒体宣传	
									宗教文化		本民族文化		区域文化			
	频率	百分比(%)	频率	百分比(%)	频率	百分比(%)	频率	百分比(%)	频率	百分比(%)	频率	百分比(%)	频率	百分比(%)	频率	百分比(%)
	14	2.0	31	4.5	103	14.9	31	4.5	79	11.4	132	19.0	104	15.0	12	1.7

根据表7-1-1的调查中可以看出，从社会层面来看，影响少数民族大学生社会主义核心价值体系认同与行为倾向的因素主要为"政府形象"、"社会舆论"、"社会风气"、"社会思潮"、"宗教文化"、"本民族文化"、"区域文化"、"媒体宣传"等八个因素，分别占调查总人数的2.0%、4.5%、14.9%、4.5%、11.4%、19.0%、15.0%、1.7%。在这些因素中，本民族文化、区域文化、社会风气、宗教文化占比较大，表明社会文化尤其是本民族文化对少数民族大学生社会主义核心价值体系的认同冲突及其行为倾向影响较大。少数民族文化是中华文化宝库中一颗璀璨的明珠，资源丰富多彩。53个民族使用着100余种语言，22个民族使用着28种本民族文字；少数民族主要有藏传佛教、小乘佛教、道教、伊斯兰教、萨满教、毕摩、东巴教等宗教信仰；历代少数民族人民创造了浩如烟海的神话、传说、英雄史诗、叙事长诗、民间故事、民歌、小说、诗歌、戏曲等文学作

品；20个少数民族拥有本民族的戏曲剧种；以及不同少数民族形态丰富的民族音乐、特色鲜明的民族舞蹈、美术、服饰、饮食、建筑等等，这些本民族文化对不同少数民族社会的生活习惯、道德风尚、风俗观念及其社会价值观、人生观有着重要而深刻的影响。因此，在社会主义核心价值体系传播、认同与践行过程中，少数民族文化的丰富性、多样性使得不同少数民族大学生在价值认同态度上出现差异，在认同行为上采取不同方式。

在政府形象、社会舆论、媒体宣传、西方思潮等社会因素方面，少数民族大学生总体认为其在导致人与人之间价值观冲突的原因中所占比重较小，说明国家和政府在社会主义核心价值体系认同冲突及其行为倾向引导方面作出了较大的努力，取得了较好的效果。加强社会主义核心价值体系建设，是巩固全党全国各族人民团结奋斗共同思想道德基础、夺取中国特色社会主义新胜利、提高国家文化软实力的迫切需要。自党的十六届六中全会明确提出"建设社会主义核心价值体系"这一重大命题和战略任务、党的十七大报告进一步强调指出社会主义核心价值体系是社会主义意识形态的本质体现，强调"切实把社会主义核心价值体系融入国民教育和精神文明建设全过程，转化为人民的自觉追求"以来，在全社会掀起了学习与践行社会主义核心价值体系的热潮，在网上网下不断加强对社会主义核心价值体系建设的宣传教育与社会思潮、社会舆论的引导。尤其是作为传播知识、传承文化、研究学问、追求真理、创造思想、培养人才、服务社会的重要场所的高校，更成为了建设与践行社会主义核心价值体系的重要阵地。民族院校与民族地区的院校更是从国家认同、中华民族与中华文化认同的高度不断加强少数民族大学生社会主义核心价值体系认同的教育，将社会主义核心价值体系建设融入少数民族大学生的日常生活学习当中去。

表7-1-2

家庭因素	家居地		家庭经济收入		家族文化	
	频率	百分比（%）	频率	百分比（%）	频率	百分比（%）
	33	4.8	179	25.8	195	28.1

根据表 7-1-2 的调查中可以看出，从家庭层面来看，影响少数民族大学生社会主义核心价值体系认同与行为倾向的因素主要为"家居地"、"家庭经济收入"、"家族文化"等，分别占调查总人数的 4.8%、25.8%、28.1%。由此可以看出，"家庭经济收入"、"家族文化"对少数民族大学生社会主义核心价值体系认同与行为倾向的影响高于"家居地"。由前面的调查可以看出，少数民族大学生对社会主义核心价值体系的认同及其行为倾向与家庭经济收入呈一定的相关性，这也是导致少数民族大学生社会价值观认同冲突的原因之一。相比较于"家居地"、"家庭经济收入"而言，"家族文化"因素在导致人们社会价值观认同冲突中所占比重最大。家族与家庭的关系主要表现为群体与个体的关系，"家庭是个体，是基础，家族则是群体，是家庭的上一级的组织形式"①。家族对中国社会起着重要的作用，被认为是最小的行政管理单位。② 通常所谓的家族指的是同一男性祖先的子孙虽然已经分居、异财、各爨，成了许多个体家庭，但还世代相聚在一起，按照一定的规范，以血缘关系为纽带结合成的一种特殊的社会组织形式。③ 对族群本身而言，家族是保存且传承本民族文化的重要载体。少数民族家族以"劝"、"戒"、"禁"和"惩"等方式规范家族成员的思想、行为，提倡尊老爱幼、勤俭持家、互助互爱等善行，反对挥霍无度、骄奢淫逸、道德败坏等恶行，并且禁止嫖、赌、斗殴等。因此，在历史发展的进程中，不同的少数民族的家族由此形成了特定的家族文化与心理。家族文化通过对后代进行有关本民族历史族源、生活方式、价值信仰和风俗习惯等方面的教育，使幼体获得民族共同体意识，实现民族整合，传承民族文化。因此，在面对社会价值体系及其价值观的交流过程中，不免产生认同冲突及其践行差异。

---

① 徐扬杰：《中国家族制度史》，人民出版社 1992 年版，第 4 页。
② 马克斯·韦伯：《儒教与道教》，王容芬译，商务印书馆 1995 年版，第 140 页。
③ 徐扬杰：《中国家族制度史》，人民出版社 1992 年版，第 4 页。

表7-1-3

个人因素	个人价值观		权利观		利益观		知识水平		朋友圈	
	频率	百分比（%）	频率	百分比（%）	频率	百分比（%）	频率	百分比（%）	频率	百分比（%）
	384	55.4	78	11.3	167	24.1	383	55.3	293	42.3

根据表7-1-3的调查中可以看出，从个人层面来看，影响少数民族大学生社会主义核心价值体系认同冲突及其行为倾向的因素主要为"个人价值观"、"权利观"、"利益观"、"知识水平"、"朋友圈"等，分别占调查总人数的55.4%、11.3%、24.1%、55.3%、42.3%。在这五个影响因素当中，尤以"个人价值观"、"知识水平"、"朋友圈"三者对少数民族大学生的社会价值观认同及其行为产生重要影响。

价值认同是当今国内外社会变迁、文化演进以及东西方文明冲突研究中的一个备受人们关注的热点问题。当今世界格局仍然是一超多强，但依然存在霸权主义、强权政治，西方发达国家在全球尤其是发展中国家极力推崇所谓的"普世价值"。在我国社会转型的关键时期，随着我国现代社会的发展，思想多元化、社会生活方式多元化、价值观多元化、信息网络化成为一种新常态。社会思潮相互交流交锋，主流意识形态遭到冲击，道德滑坡、价值失守、信仰灭失，心灵没有家园，社会心理和社会行为出现失范。这些因素，使得个人价值观与中华民族传统的社会价值观出现了分化甚至异化。而个人价值观的多样性，在当前建设社会主义核心价值体系的进程中，必然会导致人们价值观认同之间的冲突。因此，如何增强我国大学生群体对社会主义核心价值体系的认同必然成为社会主义意识形态建设的一个重大战略问题。

知识可以分为陈述性知识、程序性知识、工具性知识、技能性知识抑或行为性知识等。冯友兰先生认为，高校有两类课：一类是使人作为人、成为人；另一类是使人成为某种人。专业课讲授的就是使人"成为某一类人"的知识的课，而哲学、人文社会科学讲授的是使人"作为人、成为人"的知识的课。相比较而言，哲学、人文社会科学知识对人们的世界观、价值观与人生观有着更为深刻的影响。

"蓬生麻中，不扶而直，白沙在涅，与之俱黑。"（《荀子·劝学》）作为处在青春期的大学生来讲，思想、心理、精神还处于未稳定性之中，容易受到各种社会环境的影响。在大学校园中，少数民族大学生更容易受到"朋友圈"尤其是朋辈群体对其的思想观念与行为产生重要影响。朋辈群体是由年龄、性别、志趣、职业、社会地位及行为方式大体相近的人所组成的一种非正式的群体。少数民族大学生朋辈群体通过相互间的价值认同、价值传播、价值整合与价值识别，从而相互影响价值观的形成与确立。"学校里的同学是比父母还好的教育者。因为在同辈群体中，没有等级分明的权威体系，群体成员的关系显得亲密、经常，而且主要是平等相处。"[①] 大学生同辈群体之间的互动在客观上存在时间、空间的便利性，主观上存在心理共融性、情感发展同期性和易发性，会很快地形成一种相互认同，并因为相互交流的加深、各类活动的频繁，而产生逐渐深厚的感情，以及在价值观上的相互影响。因此，必须加强对少数民族大学生朋辈群体尤其是其中的"核心人物"、"意见领袖"的引导。

二 加强少数民族大学生社会主义核心价值体系认同的教育对策

胡锦涛同志指出，一个有远见的民族，总是把关注的目光投向青年，一个有远见的政党，总是把青年看作推动历史发展和社会前进的重要力量。[②] 习近平在北京大学师生座谈会上的讲话中指出，我为什么要对青年讲社会主义核心价值观这个问题？是因为青年的价值取向决定了未来整个社会的价值取向，而青年又处在价值观形成和确立的时期，抓好这一时期的价值观养成十分重要。在本课题调查中，就"您认为自己是否已经确立了正确的社会主义核心价值观？"问题回

---

① 玛格丽特·米德：《文化与承诺》，河北人民出版社1988年版，第42页。
② 中央宣传部：《〈中共中央 国务院关于进一步加强和改进大学生思想政治教育的意见〉学习辅导百问》，中国人民大学出版社2005年版，第1页。

答上，少数民族大学生持"确立"和"基本确立"态度的分别占总人数的13.6%、56.4%，还有将近30%的学生没有确立。价值观如衣服的扣子，第一粒扣子扣错了，剩余的扣子都会扣错。积极推进少数民族大学生社会主义核心价值体系建设，使少数民族大学生真正确立起对社会主义核心价值体系的心理认同与行为认同，树立正确的国家观、民族观、历史观、宗教观与文化观，不断增进各民族大学生对祖国的认同，对中华民族的认同、对中华文化的认同，对中国共产党的认同、对中国特色社会主义道路的认同，这不仅影响着中国社会主义现代化事业的进程，更关系到少数民族和民族地区的社会安定与团结。因此，积极推进社会主义核心价值体系建设，高校负有神圣使命，担当重大责任。

（一）增强认同教育的紧迫意识

从本课题相关调查数据以及访谈来看，少数民族大学生对社会主义核心价值体系认知、认同整体状况良好，但不可忽视的是，少部分少数民族大学生对社会主义核心价值体系认知、认同较低，与社会、学校的期待还存在一定的差距。

其一，少部分少数民族大学生对社会主义核心价值体系认知认同度不高。少数民族大学生对社会主义核心价值体系基本内容的认知上，整体上表示"很了解"、"了解"占调查总人数的63.4%，而表示"不一定"、"不了解"和"很不了解"的也占到了调查总人数的36.7%；少数民族大学生对社会主义核心价值体系基本内容的认同上，整体上表示"很赞同"、"赞同"的占总人数的79.3%，而表示"不一定"、"不赞同"和"很不赞同"的也占到了调查总人数的20.7%。从社会主义核心价值体系内容构成的四个层面来作进一步考察，我们发现，在"马克思主义指导思想"方面，仍有15.1%的少数民族大学生对坚持马克思主义在意识形态领域的指导地位持"无所谓"态度，持"不赞同"、"很不赞同"的态度也近7.0%；在"中国特色社会主义共同理想"方面，对其是否应成为全国各族人民的共同追求，约有21.6%的少数民族大学生持"不一定"、"不赞同"和"很不赞同"的态度，仍然有35.8%的少数民族大学生觉得中国特色社会主义共同理想离自己"非常远"和"很远";在"以爱国主义为核心的民族精神和以改革创新为核心的时代精神"方面,仍有15.3%的少数民族大学生对"爱国主义应成为民族精神的主要内容"表示"说不清"、"不应该"和"很不应该"。对"中华民族是一个统一的大家庭各民族相互离不开"的回答中,也有14.2%的少数民族大学生表示"不一定"、"不赞同"和"很不赞同"。在民族精神与时代精神两者的关系方面,仍有16.6%的少数民族大学生表示"不一定"、"不赞同"和"很不赞同"。在"社会主义荣辱观"方面,仍有14.7%的少数民族大学生对"社会主义荣辱观是我国社会生活的主流价值观"表示"不一定"、"不赞同"和"很不赞同"。在访谈过程中,少数民族大学生对是否践行社会主义荣辱观,也表现出行为倾向的不稳定性。总体而言,少数民族大学生对以爱国主义为核心的民族精神与改革创新为核心的时代精神、社会主义荣辱观的认同度较高,但对马克思主义指导思想和中国特色社会主义共同理想的认同与党和国家的要求有一定的差距。这说明,高校还需进一步加强少数民族大学生社会主义核心价值体系认同的教育与引导。

其二,少数民族大学生对社会主义核心价值体系认知认同度差异化明显。一是从地域因素来看,来自于区域经济较发达地方的少数民族大学生对社会主义核心价值体系的认同要低于来自区域经济欠发达地区的少数民族大学生;来自于聚居地的少数民族大学生对社会主义核心价值体系的认同要高于来自于散杂居地的少数民族大学生;来自于乡村和镇的少数民族大学生对社会主义核心价值体系的认同要高于来自于县城及以上城市的少数民族大学生。因此,少数民族大学生地域来源与其对社会主义核心价值体系的认同呈较强相关性。二是从收入来看,来自于贫困收入家庭(人均年收入1000元以下)至低收入家庭(人均年收入1000—2500元)区间,少数民族大学生对社会主义核心价值体系的认同度呈上升趋势;来自于中等收入家庭(人均年收入2500—6000元)的少数民族大学生对社会主义核心价值体系认同度不高也不低,处于中间状态水平;来自于较高收入家庭(人均年收入6000—10000元)至高收入家庭(人均年收入10000元以上)区间的少数民族大学生对社会主义核心价值体系的认同度总体上呈下降趋势，而来自于中等收入家庭（人均年收入2500—6000元）至较高收入家庭（人均年收入6000—10000元）区间的少数民族大学生对社会主义核心价值体系的认同度总体上呈上升趋势。因此，来自于不同收入家庭的少数民族大学生对社会主义核心价值体系的认同呈明显差异。三是从文化因素来看，就不同院校类别而言，就读于民族院校的少数民族大学生对社会主义核心价值体系的认同要普遍高于就读于非民族院校的少数民族大学生；在不同学科背景下，有文科学习背景的少数民族大学生对社会主义核心价值体系的认同要普遍高于有理工科学习背景的少数民族大学生，且对社会主义核心价值体系的科学内涵和逻辑构成有更为深刻的认识；从是否毕业于民族中学来看，毕业于普通中学的少数民族大学生相对于毕业于民族中学的少数民族大学生对于社会主义核心价值体系的认同度更高；在年级差异上，少数民族大学生随着就读年级的增高对于社会主义核心价值体系的认同总体上呈现出弱化的趋势。因此，少数民族大学生出于本民族文化及文化知识结构的多样化，在文化上具有多样性，对社会主义核心价值体系的认同上呈现一定的差异。四是从其他因素差异上看，如在性别、政治面貌差异下，对社会主义核心价值体系的认同表现出一定的差别。性别差异上，少数民族大学生中的女生较于男生对社会主义核心价值体系的认同普遍要高，且在认同内容上，少数民族大学生中男生更趋向于对社会主义荣辱观的高度认同，而女生更趋向于对民族精神和时代精神的高度认同。在政治面貌上，少数民族大学生中的共青团员对社会主义核心价值体系的认同要普遍高于中共党员，二者均要高于其他政治面貌的少数民族大学生。在认同内容上，少数民族大学生中的中共党员和其他政治面貌的大学生在社会主义荣辱观的认同上认同度最高，共青团员对民族精神和时代精神的认同度最高。少数民族大学生自身的差异性，以及少数民族大学生对社会主义核心价值体系内容认同程度的差异性不容忽视，必须着力解决好这种不均衡性，进一步提升少数民族大学生对社会主义核心价值体系的认同度。

其三，少数民族大学生对社会主义核心价值体系的心理认同与行为认同之间还存在一定差距。认同，不仅是一种心理态度、精神态度的认同，更体现为一种行为认同。根据本课题调查数据发现，少数民族大学生对社会主义核心价值体系的心理认同与行为认同之间还存在一定差距,其对社会主义核心价值体系的心理认同明显高于对社会主义核心价值体系践行行为的认同。从总体上看,少数民族大学生对社会主义核心价值体系的认同度普遍较高。在社会主义核心价值体系的认知上,有8.7%的少数民族大学生表示对社会主义核心价值体系的内容"非常了解",有54.7%的少数民族大学生表示"了解",少数民族大学生对社会主义核心价值体系的了解度累计为63.4%。在社会主义核心价值体系的赞同上,有15.4%的少数民族大学生对社会主义核心价值体系表示"很赞同",对其表示"赞同"的有63.8%,少数民族大学生对社会主义核心价值体系的累计赞同度达79.3%。如在"社会主义核心价值体系是在中华民族几千年创造的优秀文化成果、马克思一百多年来所创立的社会主义价值观、中国共产党几十年来创立的社会主义核心价值体系的基本思想基础上所形成的"问题回答上,表示"很赞同"、"赞同"的占总人数的78.9%。在行为倾向调查研究方面,课题组将少数民族大学生对社会主义核心价值体系的行为认同分为个人积极行为、个人消极行为、社会积极行为和社会消极行为四个层面进行探测。研究表明,在九个行为倾向测试题目中,少数民族大学生在价值体系认同冲突情境下,相对于比较激烈的个人行为方式而言,少数民族大学生更愿意采取积极的社会行为方式,不愿意采取社会反抗的消极社会行为方式;绝大部分少数民族大学生会采取积极的个人行为倾向,但是采取积极的社会行为倾向不明显。

从宏观背景来看,西方资本主义国家尤其是发达的资本主义国家不断在全球尤其是发展中国家鼓吹"普世价值",力图把西方价值观念普遍化和全球化。加之宗教极端势力、民族分裂势力和国际恐怖势力等三股敌对势力不断利用民族与宗教问题,采取手段不断对我国进行渗透、分化、瓦解,以此达到破坏民族团结、分裂中国的阴谋。尤其是在少数民族大学生集中地民族地区和民族院校,利用经济科技的优势加紧与我争夺少数民族大学生青年一代,挑起民族仇恨、妄图制造民族分裂。随着经济全球化、网络信息化、文化多样化、价值观多元化的进一步发展的背景下,我国国内社会主义现代化建设事业步伐的加快,各种社会矛盾与利益相互交织,形势更加错综复杂,群体性事件、突发风险事件日益增多。这反映在高校领域，主要表现为学生管理问题、招生问题、就业问题等，破解这些困境，价值引领就成为一个极为迫切的、亟待解决的重大现实课题。由此可见，无论是从国际国内宏观形势来看，还是从学生个体来看，高校必须担负起国家意识形态安全教育与建设的重任，从立德树人、培养合格的社会主义建设者与接班人，以及维护社会稳定与国家统一的高度出发，进一步强化少数民族大学生社会主义核心价值体系认同教育的紧迫性意识。

（二）改进认同教育的方法

正如上文所指，在社会主义核心价值体系基本内容的认知上，少数民族大学生表示"很了解"、"了解"的占调查总人数的63.4%，而表示"不一定""不了解""很不了解"的占调查总人数的36.6%。这必然进一步影响到少数民族大学生对社会主义核心价值体系基本内容的认同。因此，高校必须发动力量，运用多种方式方法，加大对社会主义核心价值体系基本内容的宣传力度，加强对社会主义核心价值体系基本内容的阐释力，讲清讲细讲实，使当代大学生耳濡目染，易记易知。

在回答"从哪些渠道获得关于社会主义核心价值体系理论的知识？（可多选）"问题时，从本课题抽取的2075个样本中来看，少数民族大学生对社会主义核心价值体系基本内容、理论知识的了解、认知与认同，主要来源于"学校老师"课堂课下的讲授，占73.1%；其次是报纸、广播、电视、网络、手机等"媒体"的传播，占72.3%；再次是参加讲座等"相关活动"，占28.5%；最后是自己"查阅资料"与"其他"分别占23.1%和13.1%等。这说明，高校对社会主义核心价值体系在大学生群体间的传播与培育起到了良好的效果。

选项\结果	学校老师		媒体		相关活动		查阅资料		其他	
	人数（人）	比例（%）	人数（人）	比例（%）	人数（人）	比例（%）	人数（人）	比例（%）	人数（人）	比例（%）
是	1516	73.1	1500	72.3	591	28.5	480	23.1	271	13.1
否	559	26.9	575	27.7	1484	71.5	1595	76.9	1804	86.9
合计	2075	100.0	2075	100.0	2075	100.0	2075	100.0	2075	100.0

但从课题调查实际情况来看,少数民族大学生对社会主义核心价值体系的部分内容构成认知存在较大差异,某些内容认知度不高,认同度还需要进一步提升。因此,从实施方法的角度来讲,在社会主义核心价值体系认同教育过程中,就必须要从少数民族大学生群体特点、课堂主渠道、教育力量、舆论引领等方面,提升教育方法的有效性。

其一,在把握少数民族大学生群体特点的基础上,体现认同教育方法的情境性。情境是指事物或事件发生的来龙去脉,或者说是与事物发生相关的环境、与事件发生相关的背景。如《韦伯特词典》对"情境"的定义就是"与某一事件相关的整个情景、背景或环境"。1999年版的《辞海》(缩印本)认为,"情境"是指"一个人在进行某种行动时所处的社会环境,是人们社会行为产生的具体条件,包括机体本身和外界环境有关因素"①。情境是环境中的一部分,尤其是进入了个体意识范围内可感知的具体而微观的环境;是主客体的有机统一;对主体的认知、情感和行为具有激发、调控与促进功能。认同教育方法的情境性在本质上就是一种权变思想,就是具体问题具体分析。它内在要求以一种权变思维处理应对各种即时性的、不确定性的情形。如《孙子》认为:"兵无常势,水无常形",我们耳熟能详的历史典故如田忌赛马、赤壁之战,诸葛亮的空城计,孙膑的"减灶骄敌"等等,都是权变思想运用的成功典范。少数民族大学生来自于不同的地域,有着不同的地域文化,有着不同的民族文化与民族心理,受到中华文化与本民族文化的双重影响,在不同的时空场域下,基于不同民族的少数民族大学生,必然要求采取不同的教育方式方法,而不能整齐划一。

其二,在夯实认同教育理论灌输的同时,体现认同教育方法的多样性。从以上调查可知,少数民族大学生对社会主义核心价值体系的认知认同,更多的是来源于学校老师课堂上的传授,尤其是思想政治理论课作为公共必修课来开设,成为学习与传播社会主义核心价值体

---

① 夏征农:《辞海1999年版缩印本》(音序),上海辞书出版社2002年版,第1362页。

系的主渠道、主阵地。这种理论的灌输是需要的也是必要的，正如马克思在《〈黑格尔法哲学批判〉导言》中指出的，先进理论不会自发产生，共产党必须加强对工人阶级的思想理论灌输。列宁认为把社会主义思想和政治自觉灌输到无产阶级群众中去，是组成革命政党的必要条件，"工人本来也不可能有社会民主主义的意识。这种意识只能从外面灌输进去。各国的历史都证明：工人阶级单靠自己的力量，只能形成工联主义的意识"①。毛泽东提出："政治工作的基本任务是向农民群众不断地灌输社会主义思想，批判资本主义倾向"②。"没有进步的政治精神贯注于军队之中……就不能激发官兵最大限度的抗战热忱。"③ 但由于文化的多元化、社会生活方式的多样性、人的主体性张扬，在坚持社会主义核心价值体系主渠道灌输教育的同时，也要充分体现社会主义核心价值体系认同教育方法的多样性。从现实的教育方法到网络虚拟空间的教育方法，从一般的教育方法到特殊的教育方法，从理论教育的方法到实践教育的方法；从单个分散的教育方法到综合教育的方法等等。只有尊重个性、肯定差异，因材施教，才能充分调动少数民族大学生对社会主义核心价值体系学习、接受的积极性。

其三，在挖潜认同教育多维力量的基础上，提升认同教育方法的综合性。对少数民族大学生进行社会主义核心价值体系的教育，不仅仅是思想政治理论课老师、学生辅导员的事情，也不仅仅是高校党委、行政等工作部门的事情，少数民族大学生社会主义核心价值体系的认同教育是涉及党委、宣传、学工、管理部门、教师、工会、妇联多方力量综合协调，共同着力。因此，对少数民族大学生进行社会主义核心价值体系认同教育，就要不断提升认同教育方法的综合性。综合教育法是指教育主体在把握各种教育方法各自特点及共同取向或趋向的基础上，通过协调综合，形成为共同目标服务的统一性方法、是教育主体同时或先后运用多种方法进行教育的措施和手段。其本质思

---

① 《列宁选集》第1卷，人民出版社1972年版，第247页。
② 《毛泽东选集》第5卷，人民出版社1977年版，第244、245页。
③ 《毛泽东选集》第2卷，人民出版社1991年版，第511页。

想在以唯物辩证法关于全面的、联系的、发展的观点为指导，运用系统论的方法，把少数民族大学生社会主义核心价值体系认同教育的各个方面因素有机联系起来，使之成为具有最佳教育作用的教育整体。综合教育法不是一种具体的方法，它在本质上就是一种创造方法。综合教育法不是将各种方法简单地、机械地相加运用，而是在充分了解各种方法的实质和特点的基础上，将各种方法融会贯通、选择组合运用，这本身就是一种创造；另外，综合教育法的运用可以形成各种单个教育方法所不能取得的新的创造性的教育合力。

其四，在加强认同教育舆论造势的基础上，注重认同教育方法的正面性。在回答"践行社会主义核心价值体系与我无关，这是共产党的事"的问题上，10.0%的少数民族大学生表示"赞同"；在回答"社会主义核心价值观应限于适用党员干部，一般公民的核心价值观应是自由、平等和民主等"的问题上，14.5%的少数民族大学生表示"赞同"、"很赞同"；在回答"您是否认可'人生中最大的乐趣在于奉献'"的问题上，26.6%的少数民族大学生表示"不一定"，5.3%的表示"不赞同"、"很不赞同"；在回答"您认为是否应该继续坚持勤俭节约、艰苦朴素的优良传统？"的问题上，13.7%的少数民族大学生表示"不一定"，3.1%的表示"不赞同"、"很不赞同"；在回答"您是否愿意参加志愿服务活动？"的问题上，11.0%的少数民族大学生表示"不一定"，2.4%的表示"不愿意"、"很不愿意"；在回答"如果让你放弃在大城市的工作，去支援边远地区，您是怎样的态度？"的问题上，34.9%的少数民族大学生表示"不一定"，8.4%的表示"不赞同"、"很不赞同"。另外，有31.5%的学生"不一定关注"、"不关注"和"很不关注"社会主义核心价值体系的发展，在社会主义核心价值体系是我们目前应该坚持与追求的问题上，有14.7%的学生表示"不一定"……从这些调查数据来看，在少数民族大学生群体当中，还有部分学生荣辱不分，是非不清。胡锦涛总书记说，在我们的社会主义社会里，是非、善恶、美丑的界限绝对不能混淆，坚持什么、反对什么、倡导什么、抵制什么，都必须旗帜鲜明。高校也是社会的一个有机组成部分，社会上的一些假丑恶现象也反映到高校校园中来，影响少数民族大学生的思想观念，尤其是价值观。因此，高校要加强校园网上网下舆论文化的正面引导，注重认同教育方法的正面性，尤其是要注重榜样教育法、激励教育法与感染教育法等方法的运用。

（三）统合认同教育的载体

社会主义核心价值体系作为思想观念上的一种存在物，要想得到人们的普遍认同，转化为日常行为习惯，就必须依赖于教育及其践行的载体。载体是指储存、携带其他物体的事物，这种事物既可以是看得见的活动形式，也可以是无形的精神层面。教育载体是联系教育者与教育对象的桥梁和纽带。作为少数民族大学生社会主义核心价值体系认同教育过程中各要素的联结点，教育载体科学与否、完善与否以及是否有机统合，在某种程度上决定着各要素之间能否较好地相互作用，协调发展。如果载体选择得恰当，运用得合理，关系协调，就能促使各要素之间良性互动，使社会主义核心价值体系认同教育产生更好的效果；反之，则会使各要素相互掣肘，互动紊乱，阻碍其作用的发挥。从上文的调查数据可知，少数民族大学生对社会主义核心价值体系基本内容、理论知识的了解、认知与认同，主要来源于学校老师的讲授、参加相关活动，以及报纸、广播、电视、网络、手机等媒体的传播。因此，如何拓展与完善、优化与统合教育载体，就成为了少数民族大学生社会主义核心价值体系认同教育的关键环节。

拓展与完善认同教育的载体。从不同视角来划分，少数民族大学生社会主义核心价值体系认同教育的载体可以分为不同的类型。如从产生时间来分，可分为传统载体与现代载体；从表现样态来分，可以分为现实载体与虚拟载体；从不同运用主体来分，可分为教育载体与管理载体；从存在形式来分，可分为显性载体与隐性载体，等等。目前来看，一方面要继续坚持运用好、发挥好已有教育载体的特点与优势，继续发挥、挖潜传统载体如课堂、校园文化、报刊、广播、电视等的价值与功能。一是要坚持社会主义核心价值体系课堂教育的主渠道作用，尤其是要不断改进思想政治理论课的教学方式方法，使思想政治理论课成为传播与学习社会主义核心价值体系的主阵地。民族思想政治教育课程载体，是以课堂教学为载体，是教师利用课堂教学开展民族思想政治教育的载体形式,"课程载体是民族思想政治教育目的实现的中介,它是国家有目的、有计划地对社会成员进行一定的民族观教育的重要途径,也是社会成员认同民族、民族共同体和国家的重要渠道。"① 少数民族大学生思想政治教育课程载体主要包括两类形式:第一是思想政治理论课。它以马克思列宁主义、毛泽东思想和中国特色社会主义来引导少数民族大学生,帮助其树立正确的马克思主义国家观、民族观、宗教观、文化观和历史观。第二是专业课程和人文课程。各类专业课程、人文课程本身也蕴含民族思想政治教育资源,尤其是人文素质课程可以潜移默化地影响少数民族大学生的思想和意识,给其以体悟和启迪。二是要大力建设健康积极向上的与主流意识形态相一致的高校校园文化。《教育部共青团中央关于加强和改进高等学校校园文化建设的意见》(教社政〔2004〕16号)指出:"高等学校校园文化是社会主义先进文化的重要组成部分。加强校园文化建设对于推进高等教育改革发展、加强和改进大学生思想政治教育、全面提高大学生综合素质,具有十分重要的意义"②。高校校园文化是以学生为主体,以校园为主要空间,并涵盖院校领导、教职工,以育人为主要导向,以精神文化、环境文化、行为文化和制度文化建设等为主要内容,以校园精神文明为主要特征的一种群体文化。校园文化是学校所具有特定的精神环境和文化气氛,它包括校园建筑设计、校园景观、绿化美化这种物化形态的内容,也包括学校的传统、校风、学风、人际关系、集体舆论、心理氛围以及学校的各种规章制度和学校成员在共同活动交往中形成的非明文规范的行为准则。健康的校园文化,可以陶冶学生的情操、启迪学生心智,促进学生的全面发展。可以将社会主义核心价值体系的建设融入到校园文化建设中,使两者融为一体,相得益彰。三是要将社会主义核心价值体系教育融入社会实践教育活动中。从本质上来说,实践教育活动是一种体验式活动,学生通过对所处环境的感知和理解,产生与环境相连的情

---

① 徐柏才:《民族思想政治教育学导论》,民族出版社2011年版,第313页。
② 姚伶:《以社会主义核心价值体系引领高校校园文化建设》,《兰州学刊》2009年第7期。

感反应，并由此产生丰富的联想和领悟，它是以体验为中介促进青少年成长的一种教育手段。正如苏霍姆林斯基所说："道德准则，只有当它们被学生自己追求、获得和亲身体验过的时候，只有当它们变成学生独立的个人信念的时候，才能真正成为学生的精神财富……"①无论是杜威所言的教育即生活，还是陶行知提出的生活即教育，都从本质上揭示了教育的实践性特质。社会主义核心价值体系要真正为当代大学生所认知、认同，就必须从社会实践中去学习去感受去体悟；同理，只有通过在社会实践中的深刻体验之后，才能进一步加深对社会主义核心价值体系的认知、认同。

另一方面，要利用好新形势下出现的新的教育载体，结合少数民族大学生群体的身心特点及其社会主义核心价值体系的本质属性，使教育载体不断得到拓展与完善。一是要大力运用现代印刷载体进行社会主义核心价值体系教育。现代印刷载体是指以数字代码的方式承载、出版、复制、发行图文声像等信息的传播载体。如电子图书、电子期刊、电子报纸、数据库、光盘、软件出版物等等，这些现代印刷载体信息集成度高、表现力强的特点，可以增强社会主义核心价值体系教育的针对性与生动性。二是要大力运用电子载体。电子载体是指利用数字图像压缩技术、数字通信技术、计算机技术以及卫星技术等对广播影视节目进行编播、制作、储存和传输的电子载体形式，如网络电视、手机电视、手机广播、移动电视、数字卫星电视等，它们具有高效率、高质量、全方位的特点。运用这些电子载体，可以使社会主义核心价值体系教育就像空气一样无处不在、无时不有。三是大力运用网络载体。计算机网络与手机网络几乎综合了所有的现代信息技术、通信技术的研究成果，已成为人们获得信息、知识的最便捷的方式与手段。譬如新闻网站、资讯网站、论坛、博客、微博、微信等等，已经成为人们新型人际生活关系的存在样式。因此，大力拓展、彰显影响当代大学生学习、生活的新兴教育载体，是提升少数民族大学生社会主义核心价值体系认同教育质量的关键因素之一。高校应建

---

① 苏霍姆林斯基：《给教师的建议》，杜殿坤编译，教育科学出版社1988年版，第348页。

立健全新媒介管制机制，规范媒介舆论发布、宣传与管理；把握新媒介时代特点，弘扬社会主义核心价值体系的传播理念，坚持正面导向，主动适应少数民族大学生的心理特点、思想实际与利益诉求，满足他们的成长成才需要；通过必要的手段，畅通新媒介的舆情研判机制，坚决杜绝不良信息与腐朽思想渗透进校园，保证少数民族大学生社会主义核心价值体系教育的时效性与针对性。

优化与统合认同教育的载体。仅仅拓展和完善少数民族大学生社会主义核心价值体系认同教育的相关载体还只是基本条件之一，各教育载体由于自身的内在属性与特点，必然存在差异。因此，为使各教育载体之间衔接协调、功能互补，还存在一个优化与统合的问题。优化与统合实质上是一种创造，它不是将各种载体简单地、机械地相加运用，而是在充分了解各种载体的实质和特点的基础上，将各种载体融会贯通、选择组合运用，这本身就是一种创造，它可以形成各种单个教育载体所不能取得的新的创造性的教育合力。一是主从式统合方式与并列式统合方式。主从式统合方式就是单个教育载体各自保持相对独立性，各自在统合中发挥自己的作用。但各单个教育载体在统合体中的地位和作用是不同的，有的居于主导地位，起着主导作用，制约着另外教育载体的存在和发展；有的则居于从属地位，起着辅助作用。它们之间虽有主次之分，但又不能互相代替，只能依照主从关系，相互制约、相互促进；并列式统合方式就是指单个教育载体不仅各自保持独立性，而且在统合体的地位平等，作用难以分出主次，各单个教育载体只能在交互作用中协调、兼顾。二是协调式统合方式与交替式统合方式。协调统合方式是指各单个教育载体既不能各自为政、孤立进行，又不能互相推诿、不负责任，需要协调才能有效发挥作用。否则，就会发生矛盾，互相牵制，抵消力量，妨碍整体效果；交替式统合方式，即各个教育载体"轮番上阵"。在教育过程中同时或先后使用各种不同的教育载体，以达到最好教育效果的方式。三是渗透式统合方式与融合式统合方式。在渗透式统合方式中，各个教育载体保持了相对独立性，本质未发生变化，但各载体之间已经相互渗透，局部融合；在融合式综合方式中，各个教育载体相互结合之后，发生了质的变化,各教育载体之间的相互吸引,相互渗透,融为一体,产生了一种新的教育载体,例如校园文化建设。

(四) 优化认同教育的环境

环境可以分为自然环境与社会环境、主观环境与客观环境、宏观环境与微观环境等。马克思主义认为,人的思想、观念的形成是受外部客观环境影响的结果,"观念的东西不外是移入人的头脑并在人的头脑中改造过的物质的东西而已"①,同时,"人们的观念、观点和概念,一句话,人们的意识,随着人们的生活条件、人们的社会关系、人们的社会存在的改变而改变"②。因此,环境对于一个人的成长有着至关重要的作用。"在改变环境的同时也改变了自己"③,说明环境与人是既对立又统一的辩证关系,人能够改造环境,而在改造环境的同时改造自己。在"践行社会主义核心价值体系与我无关,这是共产党的事""社会主义核心价值观应限于适用党员干部,一般公民的核心价值观应是自由、平等和民主等""您是否关注社会主义核心价值体系的发展?""您认为推进社会主义核心价值体系大众化建设是否有必要?"和"您是否赞成社会主义核心价值体系是我们目前应该坚持与追求的?"等问题的回答上,少部分少数民族大学生还存在模糊认识甚至持否定态度,这说明,少数民族大学生所处的环境对他们的认知认同产生一定的影响。尤其是来自民族地区的少数民族大学生的思想观念、行为方式与价值取向无不受到各自本民族政治、经济和文化环境的影响。因此,优化少数民族大学生社会主义核心价值体系认同教育的宏观环境,从高校的角度来看,在各级政府大力加强党风廉政建设,弘扬社会正气,净化社会风气,尤其是各级党员领导干部带头加强社会主义核心价值体系建设的同时,高校可以通过自身的社会服务功能和文化建设优势,发挥社会主义精神文明建设的窗口作用和辐射功能,以及通过联合地方政府和学校周边社区,加强校外周边环

---

① 《马克思恩格斯选集》第 2 卷,人民出版社 1995 年版,第 112 页。
② 《马克思恩格斯选集》第 1 卷,人民出版社 1995 年版,第 291 页。
③ 《马克思恩格斯全集》第 3 卷,人民出版社 1960 年版,第 234 页。

境的综合治理，消除校园周边的安全隐患和社会不良现象等途径带动和促进校园外部环境的改善和建设，从而营造有利于少数民族大学生社会主义核心价值体系认同教育的良好精神氛围。但少数民族大学生社会主义核心价值体系认同教育的重点场所在学校，着力点在大学生，因此，必须进一步优化高校这个微观环境。高校的内部环境主要包括校园物质环境、精神环境、制度环境、心理环境和网络环境等，如学校外在的自然景观、文化设施以及内在的办学理念、规章制度、大学文化等因素，并鲜明地体现于学校的历史传统、校训、校风、师德、师风、教风、学风等方方面面，对学生的教育成长起着重要的感染、熏陶作用。

优化认同教育的校园物质环境。校园物质环境是指物化形态的校园建筑设计、景观布局、绿化美化、教学设施等，是师生进行学习、工作、生活、娱乐等活动所依赖的场所条件，是学校的基础环境或基础条件，反映着学校的物质面貌。著名教育家苏霍姆林斯基主张"让学校的每一面墙壁都会说话"，加拿大的著名学者斯蒂芬·利考克在《我见之牛津》中也认为"对学生真正有价值的东西，是他周围的生活和环境"①。校园建筑的规划、墙面廊壁的装饰、雕塑景观的设计、山水花木的美化、设备设施的配置虽只是校园环境建设中的一部分，但其体现出的作用和价值却非常重要，它是校园环境的外显张力，是凝聚学校精神文化，形成高品位、高质量的学校校园文化的重要载体，充分体现了校园环境的文化内蕴和育人作用。故此，人们将建筑称之为凝固的音乐、沉默的史诗、历史的教科书和社会发展的见证人。校园物质环境具有以下特点：一是潜隐性。校园物质环境是师生融入其中，看得见的一种客观实在。它虽然不能直接成为正式的教学课程，但其潜在地蕴含着一定的思想观念、价值取向、精神境界与行为规范。二是渗透性。校园物质环境是一种自然地流露与呈现，渗透于学校教育与生活的各个环节之中，对学生的知、情、意、信、行等诸方面起着"润物细无声"的作用。三是独特性。由于不同的办学

---

① 转引自王荣山、高占山《论高等学校校园景观规划设计的主要特色》，《沈阳农业大学学报》（社会科学版）2005年第4期。

理念、文化地域等，使得不同学校的房屋建筑风格、景观绿化呈现出各自特色，并世代传承。正是因为以上的特征，使得校园物质环境具有教育功能、导向功能、凝聚功能和激励功能等，其中所蕴含的价值观、精神风貌、工作生活方式，使生活学习其中的学生产生认同感与归属感，从而有利于塑造学生的高尚情操、完美人格。因此，在校园物质环境建设中，尤其要突出学校组织部门的主体地位作用，在进行校园物质环境建设和规划时必须考虑整体化、人性化、生活化、特色化与现代化，最大限度地征求教师群体、学生群体的意见和建议，并大力促进和发挥师生员工参与校园物质环境建设的积极性、主动性和创造性，从而为社会主义核心价值体系的彰显与认同打造良好的物质条件基础。

优化认同教育的校园精神环境。校园精神环境是指在一定时期内学校提出的办学理念、教育目标、指导思想、思想政治道德要求以及在校内形成的舆论、风气、时尚、潮流等。具体来讲，校园精神环境主要包含校园风气、校园舆论和校园历史文化传统等，它具有影响的广泛性、教育的持久性和历史的传承性等特征。在少数民族大学生对社会主义核心价值体系认同的过程中，除了打造一般意义上的校园物质环境，高校还应当特别注重在推动各少数民族大学生自身本体民族文化之间交流交融的基础上，最终促进中华文化与中华民族精神认同的校园精神环境。各民族大学生由于其风俗习惯、语言、生活环境和文化基础存在差异，尤其是离开家乡奔赴内地求学的少数民族大学生与汉族大学生在风俗习惯、语言、文化等方面存在较大差异，很容易产生心理上的陌生感和压力感。这种跨文化的适应过程如果不顺利，少数民族大学生就可能产生混乱、孤独、挫折、疏离、抑郁、敌意等多种负面情绪，这可能会对社会主义核心价值体系的认同带来阻滞。因此，如何构建一个各民族大学生共同认可的校园精神环境显得尤为重要。校园环境中，物质环境的某些因素可以是天然的，而精神环境的全部因素则是人工创造的。良好的精神环境，有利于少数民族大学生世界观、人生观、价值观的培养和形成、良好心理品质的塑造以及德智体全面发展。应当从以下几个方面着手：一是高校应把校园精神环境建设作为学校基本建设的一个重要方面，列入学校发展规划，投入必要的人力、物力、财力、精力，有组织、有步骤地进行建设，尤其要加强校园舆论媒体和文化设施的建设。二是合理构建各民族大学生文化适应模式。有学者把文化适应模式分为四种，即弱势文化群体中的个体只维持原有的母体文化而避免与主流文化群体互动的"分离"文化适应模式、个体不认同原有的母体文化而一味追求主流文化的"同化"文化适应模式、个体既不维持原有的母体文化，也不与主流文化群体积极互动的"边缘化"文化适应模式、个体既保持对原有母体文化的认同，又能与主流文化群体积极互动的"整合"文化适应模式。① 从这个观点来看，高校应当创建"整合"式的文化适应模式，使得少数民族大学生在保持对原有母体文化认同的同时，又能与主流文化群体积极互动，从而促进少数民族大学生对中华文化与中华民族精神的认同，而对中华文化与中华民族精神的认同又能有力地推进少数民族大学生对社会主义核心价值体系的认同。三是彰显节庆文化。如每年的国庆节、建党节、建军节、五四青年节、"一二·一"和"一二·九"运动纪念日等，以及各少数民族有代表性的传统节日如傣族的泼水节、回族的古尔邦节、彝族的火把节、傈僳族的刀杆节、纳西族的三多节、佤族的木鼓节、景颇族的目脑纵歌、藏族的草地藏民节、瑶族的歌堂节、壮族的对歌会等，这些节日活动如果组织得当，形成机制，不仅可以丰富大学生的校园文化生活，还可形成独特的民族文化景观，在潜移默化中大大提升少数民族大学生对社会主义核心价值体系的认同感。

优化认同教育的校园制度环境。制度是要求成员共同遵守的按一定程序办事的规程或行动准则。制度产生于一定的社会文化环境之中，植根于人类社会所创造的物质文明和精神文明的土壤之中。因此，制度环境是介于有形的物质环境和无形的精神文化环境之间的、物化了的心理和意识。它对主体的社会行为以及价值取向有重大影响，决定人们的行为选择和对事物的评判标准。校园制度环境是校园内各种具有科学性、思想性、教育性的规章制度的总和，以及通过规

---

① 王毅：《文化适应对少数民族大学生的心理影响及对策研究》，《改革与开放》2011年第5期。

章制度的贯彻、实施而产生于师生员工内心的制度意识①。前者主要是学校的各种规章制度包括领导体制、专业设置、教学制度和课外安排、社团活动等旨在实施教育思想、办学思想的组织程序以及非正式群体的活动制度和方式；后者包括制度在实施过程中对学校师生员工（特别是大学生）价值观、行为方式、舆论导向上所作的引导和师生对制度的心理体验。校园制度环境是共性与个性、强制性与自觉性、稳定性和变动性的统一，具有导向功能、教育功能、约束功能等。在校园制度环境建设与优化过程中应遵循以下原则：一是民主性原则。校园制度环境建设的主体不仅有上级领导部门和学校相关组织部门，也包括教师、学生和行政管理工作人员，因此要广泛征求意见。二是可操作性原则。制度要具体，能够量化、细化，具有一定的操作性，不能抽象笼统，甚至是模棱两可。三是稳定性原则。制度一旦产生，就要严格执行，不能朝令夕改，否则，就失掉了它的权威性与严肃性。四是科学性原则。校园制度环境的建设要符合国家政策方针，要避免相互矛盾，充分使制度与文化相融合。五是教育性原则。校园制度环境制订的立足点与出发点是立德树人，而不仅仅是为了管理，而是为培养社会主义接班人服务的，必须树立育人意识。只有形成了优良的校园制度环境，少数民族大学生对社会主义核心价值体系的认同才有了坚实的制度保障，才能形成培育与践行的长效机制。

优化认同教育的校园心理环境。心理是连接思想与行为的中介，认同的建立还交织着心理因素，社会主义核心价值观认同也是一种心理认同。要使少数民族大学生从内心接受和认同社会主义核心价值体系，还要根据其思想活动规律来进行。皮亚杰认为："认识的获得必须用一个将结构主义和建构主义紧密地联结起来的理论来说明，也就是说，每一个结构都是心理发生的结果，而心理发生就是从一个较初级的结构过渡到一个不那么初级的（或较复杂的）结构"② 在不同的场域，人的认知心理不同，认知结构随着认知心理的变化而变化。最

---

① 张绍平：《论校园制度文化》，《四川师范学院学报》（哲学社会科学版）1998年第1期。

② 皮亚杰：《发生认识原理》，商务印书馆1995年版，第15页。

早对心理环境作过描述的是格式塔心理学派的主要代表人物考夫卡（K. KQffka 1886—1941）和勒温（K. Lewin 1890—1947）等人。他们从"部分相加不等于全体"的基本观点出发，"把环境或个人看作是一种整体的存在，任何具体的心理和行为事件都在这个整体的制约下发展和变化"①。勒温把人的心理和行为视为一种场的现象，认为人的心理活动是在一种心理场或"生活空间"中发生的，人们的行为是由当前这个场决定的。因此，"要了解或预期心理行为（B），我们必须确定当时整个情境中的各种心理事件（动作、情绪、表现等等），即当时的完整结构和人（P）的状态以及心理环境（E）的状态"②。心理环境作为一种"对人的心理事件发生实际影响的环境"③，无疑是一种以观念形式表现出来的环境。它是通过主体对客观环境的内化、整合，在一定心理时空表现出来的、对主体心理行为产生实际影响的观念环境。校园心理环境则是指一切影响校园师生现实心理活动的各种因素，包括学校集体的目标与需要、人际关系，教职员工的态度与行为方式、校园舆论等等。校园心理环境既不同于客观的物质环境，也不单纯指学校成员个体对环境的心理感知，本质上是一种能动的环境，是共性与个性、自发性与可控性、稳定性与可变性的统一，具有教育引导、凝聚激励、纠偏预防等功能。少数民族大学生对社会主义核心价值体系的认同，首先是一种心理上的认同，然后才有可能产生情感认同与行为认同。因此，少数民族大学生对社会主义核心价值体系的心理认同，必须是建立在民族文化和社会环境熏陶的基础上而又超越对本民族的情感体认与对民族基本价值心理认同之上。因此，在社会主义核心价值体系教育过程中，必须处理好中华文化与少数民族文化之间的关系，深入研究少数民族大学生的心理，找准社会主义核心价值体系与少数民族大学生思想心理之间的共鸣点和切入点，以此来加强少数民族大学生的情感依附，从而提升社会主义核心价值体系认同的积极性与主动性。为此，高校要提升少数民族大学生

---

① 朱智贤：《心理学大词典》，北京师范大学出版社1989年版，第57页。
② 高觉敷：《西方近代心理学史》，人民教育出版社1982年版，第357页。
③ 朱智贤：《心理学大词典》，北京师范大学出版社1989年版，第763页。

社会主义核心价值体系的认同感，就必须进一步优化认同教育的校园心理环境。一是要进一步优化校园物质心理环境的建设。良好的校园物质环境陶冶性情，使人心旷神怡，这是对学生精神世界施加影响的有效手段，是培养学生的观点、信念和良好心理与习惯的主要方式。二是要进一步优化校园精神文化心理环境的建设。如校园的组织文化、校园的人际关系文化、校园的制度文化和校园的各种文化活动等协调共进，这是一种对学生的学习、生活、交往、成长产生心理影响的氛围。健康积极向上的校园精神文化心理环境将为学生提供健康、高雅的精神享受，使学生在参与校园活动中，不断净化心灵、陶冶情操和塑造良好的人格品质。三是要有针对性地加强少数民族大学生的心理健康教育。尤其是来自于"老、少、边、穷"地区的少数民族大学生，普遍存在着因学习、生活、交往、就业等实际问题而引发的心理障碍，如自卑、不合群、不愿交往交流等。因此，学校应给予更多的人文关怀，通过团体辅导与个体咨询、课内辅导与课外帮助、专题讲座与日常教育相结合等多渠道、多途径地进行心理疏导，不断提升心理健康水平，以增强其对学校的归属感和社会主义核心价值体系的亲近感。总之，良好的校园心理环境，有利于少数民族大学生对社会主义核心价值体系认同形成共同的心理基础，产生积极的心理体验，从而达到少数民族大学生对社会主义核心价值体系的心理认同。

优化认同教育的校园网络环境。高校校园网络环境是在网络信息高速发展的大背景下形成的一种新型的环境样态。新时期随着高校校园信息化程度的不断深入和扩展，高校校园网络环境建设逐渐成为高校校园文化构建的重要内容和有机组成部分。高校校园网络环境在推进少数民族大学生社会主义核心价值体系的认同中既发挥着不可替代的作用，同时又面临诸多挑战。一方面，校园网络文化拓展了大学生社会主义核心价值体系教育的途径与空间、增强了吸引力。网络突破了时空界限，可以通过电子邮件、QQ聊天、网上视频会议、博客、播客等形式了解有关社会主义核心价值体系的各种信息。因此，通过各种精美的图片、动听的声乐、精彩的视频等多种形式对社会主义核心价值体系具体内容、观点等进行展现和传播，具有较强的生动性、趣味性和灵活性，高校利用这些网络特性进行社会主义核心价值体系的宣传和教育，大大增强了吸引力和感染力。另一方面，由于网络还具有虚拟性、开放性、即时性等特点，网络上各种各样的思想、观点以及思想、观点背后的文化和价值观相互渗透、彼此影响。加之网络新技术的快速发展和一些政府部门监管缺失，也容易被敌对分子利用，散播非主流意识形态，使得部分少数民族大学生看过之后在价值取向上出现了摇摆或模糊，甚至会对我国的社会制度、党的政策、人民政府产生怀疑，进而淡化"五个认同"，不利于社会主义核心价值体系的教育。因此，在高校校园网络环境建设过程中，应坚持导向性、人本性、安全性等原则。具体而言，要以马克思主义中国化的最新理论成果指导高校校园网络环境建设。要运用马克思主义中国化最新理论成果的科学方法对错综复杂的网络文化加以区分、辨别和正确引导，营造一个健康向上、丰富多彩的校园网络环境；要不断提升思想政治教育者和少数民族大学生的网络素养，增强良好的网络应用能力。对于思想政治教育者而言，要适应网络时代思想政治工作发展的客观要求，利用微信、微博、飞信、BBS论坛、QQ等方式与学生交流，进行社会主义核心价值体系教育；要积极引导好、管理好、利用好网络平台，不断创设和优化网络环境。对大学生而言，应加强自身思想政治素质建设，提高自我意识、政治敏感度，学会正确取舍。习近平总书记指出，人在哪儿重点就应该在哪儿，阵地就应该在哪儿。要主动抢占网络新媒体新阵地，把握规律性、提高预见性、增强自觉性、注重实效性，充分发挥先进技术传播先进文化的优势，为积极推进社会主义核心价值体系相关理论的宣传和"身边的榜样"、"感动校园人物"等活动的开展提供有利条件。

三 推进少数民族大学生社会主义核心价值体系认同行为卷入的实践对策

提升少数民族大学生对社会主义核心价值体系的认同首先必须靠教育，但又不是仅仅靠教育，还得去体验、去实践。只有在践行中，才能获得进一步的感悟与升华，才能领会社会主义核心价值体系的内在本质，从而转化为一种自觉的外在行为。但在践行过程中，必须结合少数民族大学生群体的思想、心理与行为特点，在把握少数民族大学生所处文化背景的基础上，为他们践行社会主义核心价值体系提供合适、科学的践行渠道与践行模式。因此，只有将教育与践行紧密结合，才能增强少数民族大学生对社会主义核心价值体系认同的主动性与有效性。

（一）畅通立体化的践行渠道

社会主义核心价值体系认同是思想认同、情感认同和行为认同的高度统一。少数民族大学生对社会主义核心价值体系认同，必须体现在社会行为上，而其良好行为的养成，又必须通过校内外实践来塑造与培养。因此，必须有机结合大学生校内实践渠道、校外实践渠道和网络虚拟空间践行渠道来增强少数民族大学生对社会主义核心价值体系的认同与践行。三者相辅相成，互为补充，缺一不可。

一是校内践行渠道。少数民族大学生校内践行社会主义核心价值体系的渠道主要有思想政治理论课教学实践、专业教学实践、第二课堂活动实践等。思想政治理论课教学实践是指高校课堂教学之内的实践活动，例如师生之间的各种互动与对话，以及各种讨论、辩论、演讲等。高校思想政治教育理论课是对在校大学生进行思想政治教育的主阵地和主渠道，是在校大学生获得社会主义核心价值体系等主流意识形态知识，对其产生认知认同的重要途径。但课堂教学主要是理论的灌输，其教学活动展开受时空的局限，也缺乏亲身的感受体验，"体验乃是一种在场方式，也即一种存在方式。通过体验，显现着的意识本身入于其本己的在场寓于自身而在场。体验把意识聚集于它的本质的聚集之中。"[1] 体验是个体生命存在的基本方式，伽达摩尔认为"生命和体验的关系不是某个一般的东西与某个特殊的东西的关系，由其意向性内容所规定的体验统一体更多地存在于某种与生命的整体或总体的直接关系中。体验不仅是认识的基础，而且成为生命过程本身的要素……由于体验本身是存在于生命整体里，因此生命整体

---

[1] 马丁·海德格尔：《林中路》，上海译文出版社1997年版，第191页。

也存在于体验中"①。体验后的心理倾向认同一旦形成,将会深刻影响或者改变主体原有的观点和看法。因而,体验较之于感受或一般的课堂教学而言,更具有深刻性、目的性、强烈性、特定性和持久性。专业教学实践主要是指专业课堂教学之外且依托专业平台进行的相关实践活动。与思想政治理论课不同的是,专业教学具有专业性,主要以讲授各学科各专业理论知识为主。但在专业教学实践过程中,如参加校内企业、公司、工厂、实验室等的各种活动时,教师不仅仅是知识的传授者,也相应地承担了"传道"的工作。第二课堂活动实践是指基于校内教学之外的以培养学生人文素养为主的实践活动,如班级、党团、社团以及各种竞赛、文体活动。第二课堂活动实践的主体是学生,通过开展丰富多彩的课外主题活动,可以进一步提升少数民族大学生的精神境界和生命感悟,加强对"三个离不开"(汉族离不开少数民族,少数民族离不开汉族,各少数民族之间也相互离不开)、"五个认同"(对伟大祖国的认同、对中华民族的认同、对中华文化的认同、对中国共产党的认同、对中国特色社会主义的认同)与"五观"(马克思主义国家观、民族观、宗教观、历史观与文化观)的深刻理解,使他们形成健康向上的世界观、人生观和价值观。

　　二是社会践行渠道。马克思主义认识论认为,社会实践是人的正确思想形成发展的源泉,是人的思想发展的动力,也是思想认识的目的和检验思想的标准。"只有人们的社会实践,才是人们对于外界认识的真理性的标准。"② 只有社会实践,才能把主观同客观联系起来,才能把人的思想直接变为存在的现实。少数民族大学生践行社会主义核心价值体系的社会渠道较多,如生产劳动、社区工作、志愿者服务、毕业实习、社会考察等,这既是少数民族大学生进行社会主义核心价值体系践行的重要载体,也是强化大学生践行社会主义核心价值体系的重要途径,高校应根据校情,寻求社会支持,积极组织,广泛开展,并形成长效机制。

　　生产劳动。生产劳动是帮助大学生树立正确劳动观,培养热爱劳

---

① 伽达摩尔:《真理与方法》,上海译文出版社1994年版,第89页。
② 《毛泽东选集》第1卷,人民出版社1991年版,第284页。

动,热爱劳动人民的思想感情,是践行社会主义核心价值体系的重要途径。"马克思、恩格斯、列宁和毛泽东同志都非常重视教育与生产劳动的结合,认为在资本主义社会里这是改造社会的最强有力的手段之一;在无产阶级取得政权之后,这是培养理论与实际结合、学用一致、全面发展的新人的根本途径"①。只有通过辛勤的劳动,才能体会到"以辛勤劳动为荣,以好逸恶劳为耻"的真正内涵,树立正确的劳动态度,自觉抵制好逸恶劳、贪图享乐的腐朽残余思想。

志愿服务活动。志愿服务活动是服务者志愿参加的有组织、有目的、有计划的社会实践活动。少数民族大学生志愿者服务活动形式多样,如扶贫接力计划、西部支教计划、科技、文化、卫生"三下乡"、和谐社区志愿服务行动、大型经济、体育、文化活动及社会公共活动场所志愿服务等等。高校可以结合少数民族大学生的实际,在少数民族地区组织科技攻关小组,建立脱贫致富基地,帮助当地群众脱贫致富;结合少数民族地区的资源优势,帮助当地政府做好资源规划与开发;对基础教育薄弱的少数民族地区,组织义务支教;深入民族地区或民族社区,开展民族团结进步教育与创建活动等等。这些实践活动过程有助于培养少数民族大学生的奉献精神和责任感,从而更加深刻地感受社会主义核心价值体系的真理性。

社会调查。社会调查是一种有目的的观察、认识、研究社会现象,提高人的思想认识与解决社会问题能力的方法。社会调查的形式多样,如参观革命传统教育基地、走访革命英雄、劳动模范人物、组织重走长征路等历史专题考察,进行社会热点、难点、行业问题的调查,以及社会主义改革开放与现代化建设成就的考察等等,一方面能使少数民族大学生了解社会,认识国情,亲身体会到我国改革开放取得的巨大成就,从而提高其对社会主义核心价值体系的认同感。另一方面也能使少数民族大学生感受到我国的中、东、西部地区贫富差距依然存在,从而激发其投身民族地区,建设家乡,报效祖国的热情与使命感,从而成为社会主义核心价值体系的推动者和建设者。

三是网络虚拟空间践行渠道。虚拟空间并非是一种物理空间的组

---

① 《邓小平文选》第 2 卷,人民出版社 1994 年版,第 107 页。

织形态，而是由具有共同兴趣及需要的人们，利用网络传播的特性，通过网上社会互动满足自身需要而构筑的新型生存生活空间。"在网上的世界里，一个社区意味着人们生活、工作和娱乐的一个单位。"①网络虚拟空间具有交流性、仿真性、设计性与探索性的特点，而在网络虚拟空间进行的虚拟实践是人在现实空间实践活动的拓展与延伸，同样具有实践教育作用，如网上清明节扫墓，缅怀革命先烈，各高校大学生创建"红色网站"，宣传党的理论等。党的十八大报告提出，"牢牢掌握意识形态工作领导权和主导权，坚持正确导向，提高引导能力，壮大主流思想舆论"。高校应充分扬长避短，积极利用新媒介的有利优势，主动走进新媒介，弘扬主旋律，抢占舆论优势，遏制西方腐朽思想文化的渗透，拓宽主流意识形态的宣传阵地，从而引导高校大学生在网络虚拟空间自觉主动践行社会主义核心价值体系。

（二）构建常态化的践行制度机制

制度，通常是指社会制度，是指建立在一定社会生产力发展水平基础上，反映该社会的价值判断和价值取向，由行为主体（国家或国家机关）所建立的调整交往活动主体之间以及社会关系的具有正式形式和强制性的规范体系。"机制"一词最早源于希腊文，原指机器的构造和工作原理。把机制的本义引申到不同的领域，就产生了不同的含义。因此，理解机制这个概念，最主要的是要把握两点：一是事物各个部分的存在是机制存在的前提；二是协调各个部分之间的关系，这种关系的协调就表现为一种具体的运行方式。制度属于宏观层面，机制属于微观层面。机制离不开制度，又有助于制度的运行与实现。少数民族大学生对社会主义核心价值体系认同感的提升，既离不开科学的制度设计，也离不开有效的运行机制。制度是激励和约束实践行为的重要保障，带有根本性、长期性和稳定性。社会主义核心价值体系的践行是一个长期的过程，必须要有制度建设作为保障。高校是对大学生进行社会主义核心价值体系教育、指导大学生践行社会主义核心价值体系的领导者、组织者和实施者，因此，这里主要从高校角度

---

① 埃瑟·戴森：《2.0版数字化时代的生活设计》，海南出版社1998年版，第39页。

谈谈少数民族大学生社会主义核心价值体系践行制度机制问题。

从少数民族大学生践行社会主义核心价值体系的制度层面来看，最主要、最重要的是建立以下践行制度：

一是导向制度。社会主义核心价值体系是党的指导思想、价值目标和伦理精神的精髓，是社会主义制度的内在精神和生命之魂，是国家团结的精神纽带、发展的精神动力。社会主义核心价值体系不仅关系到办什么样的大学，如何办大学的问题，也深刻关涉到大学生的世界观、人生观与价值观的塑造，直接影响到主流意识形态与先进文化在少数民族大学生群体中的传播、培育和养成。因此，它决定着高校的办学方向与办学使命，贯穿于高校立德树人过程的始终，在高校教育、教学与管理中的价值取向中处于统摄和支配地位。高校要旗帜鲜明地将践行社会主义核心价值体系的要求与标准广泛地根植在高校建设与发展的方方面面，通过建立一系列相应的导向制度，加强正面引导，弘扬主旋律，铸牢主心骨。

二是组织制度。组织制度是指高校党委和行政要站在推进社会主义核心价值体系贯穿于高校教育教学全过程的高度上，总揽全局，健全各级组织，加强对社会主义核心价值体系践行与建设的统一部署，牢牢掌握社会主义核心价值体系建设的领导权和主动权。要形成学校党委统一领导，学校主要领导亲自负责，宣传、思想政治理论课教学部门、学生处、教务处、学生所在院（系）、团委、科研与财务等各职能部门协调配合的齐抓共管的组织领导制度与工作制度。组织制度的建立，就是为了明确在推进少数民族大学生践行社会主义核心价值体系过程中的主体责任，确保社会主义核心价值体系建设的正确方向，从而将践行社会主义核心价值体系落实、落细和落地。

三是监督制度。在推进少数民族大学生践行社会主义核心价值体系过程中应当建立相应的监督制度。监督是从制度、体制、机制上保证少数民族大学生社会主义核心价值体系践行真正落到实处的主要措施之一。在少数民族大学生践行社会主义核心价值体系过程中既要加强对学校相关领导、部门和教职员工的监督，也要加强对少数民族大学生这个践行群体的监督。要发挥学校与社会各方的监督监管作用，通过揭露、批评有悖社会主义核心价值体系的言行和消极现象，帮助少数民族大学生辨别是非、弘扬真善美、抵制假恶丑，从而引导其按照社会主义核心价值体系的要求，养成良好的行为习惯。其一，要建立执行督查制度。督查制度的建设是对督查事项的跟踪监督，明确各部门工作职责，增强全体师生员工对规章制度的执行力，尤其是学校党委与行政领导的执行力。其二，实行无为问责制度。"无为"即不作为，是指不履行或不正确、及时、有效地履行规定职责，导致工作延误、效率低下的行为。在少数民族大学生践行社会主义核心价值体系的过程中，对于学校来讲，必然存在责任主体，这个责任主体主要是学校领导层以及各职能部门主要负责人。对在少数民族大学生践行社会主义核心价值体系的过程中领导不力、履职不力、推进不力的应当采取相应的问责方式，以达到提高执行力的效果。

四是激励制度。激励制度是指通过一套理性化的制度，对践行社会主义核心价值体系的优秀者、先进分子、模范人物等积极向上的行为事迹给予赞扬、肯定、褒奖，以进一步鼓励、激发、调动广大师生员工的积极性。建立少数民族大学生社会主义核心价值体系践行的激励制度，通过建立相应的奖惩办法，发挥制度的目标导向、利益调节作用，从而激发少数民族大学生的积极性、主动性和创造性，促进他们自觉自愿地按照社会主义核心价值体系的要求践行，并形成良好的行为习惯。激励包括物质激励与精神激励，相应的就要建立物质激励制度与精神激励制度，二者互为补充、相辅相成，缺一不可。无论是物质激励还是精神激励，都要注意激励目标的设置、激励奖罚的适度和激励方式的运用。高校应旗帜鲜明、大张旗鼓地宣传和表彰具有鲜明时代特点、广泛群众基础的学生先进典型，为广大师生树立学习与践行社会主义核心价值体系的榜样，对背离社会主义核心价值体系的行为给予谴责并对行为主体给予相应的惩罚，从而激励上进，鞭策后进。

有了制度，还得实施与执行，这种实施与执行表现为一种"具体的运行方式"即机制。因此，加强和完善长效机制建设，是有效推进少数民族大学生社会主义核心价值体系践行的重要保障。从少数民族大学生践行社会主义核心价值体系的机制层面来看，最主要、最重要的是建立以下践行机制：

支持投入机制。少数民族大学生践行社会主义核心价值体系的支持投入机制主要包括组织支持、学校支持与社会支持三大类。组织支持是指高校上级领导组织部门的支持,学校支持是指学校内部相关领导部门的支持,社会支持是指除了上级组织与学校本身之外的所有支持。这些支持主要表现为理论支持、经费支持、人才支持与宣传支持等。从理论支持来看,就是要从学生普遍关心的现实问题出发,用党的创新理论科学回答他们关心的现实热点、难点与焦点问题,作出有针对性的理论解释,"理论只要说服人,就能掌握群众;而理论只要彻底,就能说服人。所谓彻底,就是抓住事物的根本"①。只有解决了理论上的问题,才能廓清学生思想认识上的误区。从经费支持来看,要建立高校思想政治教育专项经费预算制度,确保少数民族大学生践行社会主义核心价值体系过程中的各项必要经费落实到位。从人才支持来看,提高践行社会主义核心价值体系的科学性与实效性关键是人才,要造就一支精干高效而又政治坚定的"以党政干部和共青团干部为核心、以辅导员和班主任为骨干、以思想政治理论课教师和哲学社会科学课教师为主体的大学生思想政治教育工作队伍"②。从宣传支持来看,就是在少数民族大学生践行社会主义核心价值体系过程中,通过建立融报刊、广播、电视、网络等为一体的全方位、立体式的舆论宣传平台,将社会主义核心价值体系践行的内容与要求通俗化、具象化、大众化,唱响主旋律,打好主动仗。

文化渗透机制。培育和传播代表社会主义先进文化方向的大学校园文化是推进大学生社会主义核心价值体系践行的重要抓手。列宁说:"少来一些政治上的喧嚷,少发表一些为没有经验和不了解自己任务的共产党员所喜爱的一般议论和抽象口号,多做一些生产宣传,尤其是对实际经验多做一些实事求是的、巧妙的、适合群众水平的估计。"③ 不断提高大学生社会主义核心价值体系践行的实效性,就必须将日常践行与大学校园文化有机融合起来,要将社会主义核心

---

① 《马克思恩格斯选集》第1卷,人民出版社1995年版,第9页。
② 教育部思想政治工作司、教育部高等学校社会科学发展研究中心主编:《大学生思想政治教育"十个如何"研究》,高等教育出版社2007年版,第40页。
③ 《列宁全集》第32卷,人民出版社1958年版,第120页。

价值体系践行植根于先进校园文化沃土中，通过文化的渗透，为少数民族大学生践行社会主义核心价值体系提供共同的思想观念、价值取向与行为导向。为此，就要建立健全文化渗透机制，努力营造高雅、和谐、上进的校园文化氛围。通过营造良好的校园物质文化、精神文化、制度文化，进一步加强少数民族大学生的科学文化素质教育，丰富少数民族大学生的文化活动，努力形成立德树人的优良教风、笃信好学的优良学风、追求卓越的优良校风。故此，应不断改善大学校园文化产品体现社会主义核心价值体系践行的方式和方法，力求使社会主义核心价值体系在文化产品中得到生动、具体、鲜明的表达。当然，有少数民族大学生就读的高校，尤其是民族院校，存在着各民族文化整合的问题。因此，应当运用多元文化整合教育等理论①，整合多元文化，把不同文化背景的民族在特定的条件及意义下结合起来，形成文化意义上的共同群体。这种群体虽无共同的族源，但在文化意义上却有共同的意识、利益感及文化的归属感②。

过程合力机制。少数民族大学生践行社会主义核心价值体系是一项复杂的系统工程，涉及面广，工作难度大，是高校各部门的共同责任，须做到齐抓共管，要使教育、教学、管理、服务、文化建设活动充分体现社会主义核心价值体系践行的要求。"许多人协作，许多力量融合为一个总的力量，用马克思的话来说，就是造就'新的力量'，这种力量和它的一个个力量的总和有本质的差别。"③ "历史是这样创造的：最终的结果总是从许多单个的意志的相互冲突中产生出来的，而其中每一个意志，又是由于许多特殊的生活条件，才成为它所成为的那样。这样就有无数互相交错的力量，有无数个力的平行四边形，由此就产生出一个合力，即历史结果，而这个结果又可以看作一个作为整体的、不自觉地和不自主地起着作用的力量的产物。"④ 恩格斯在这里虽然主要是从人的个体性、能动性与一种社会、经济秩序及其整个人类历史规律的关系角度来阐述这一命题的，但这一思想

---

① 哈经雄、滕星：《民族教育学通论》，教育科学出版社2001年版，第580—581页。
② 郑晓云：《文化认同论》，中国社会科学出版社2008年版，第31页。
③ 《马克思恩格斯选集》第3卷，人民出版社1995年版，第469页。
④ 《马克思恩格斯选集》第4卷，人民出版社1995年版，第679页。

同样也适用于怎样认识少数民族大学生社会主义核心价值体系的践行问题。从高校内部自身来看，一是要夯实学校党委统一领导，学校主要领导亲自负责，宣传、思想政治理论课教学部门、学工部、教务处、学生所在院系、团委、科研与财务等各职能部门协调配合的齐抓共管的局面。二是要整合课堂、网络与实践渠道，通过加强课堂、网络新媒体和实践载体资源各自的整合这个内部合力与加强课堂、网络新媒体和实践载体资源之间的整合这个外部合力，共同推进少数民族大学生践行社会主义核心价值体系。三是要充分运用教学、科研、管理和服务四支队伍力量，形成各司其责、各司其职，并相互配合、相互协调、相互作用的合力机制，进一步提升少数民族大学生践行社会主义核心价值体系的主动性、针对性和有效性。从高校外部来看，少数民族大学生的认知、情感、思想、观念、行为的形成必然会受到周围各种环境条件因素的影响，因此，高校应当主动积极整合社会、学校、家庭的力量，使其相互衔接、相互渗透、相互融合，共同作用于少数民族大学生社会主义核心价值体系的践行。

考核评估机制。考核评估机制的核心是目标责任制。要把少数民族大学生社会主义核心价值体系践行作为高校思想政治工作的重要政治任务来抓，并将其作为对高校办学质量和办学水平评估的重要指标之一，纳入高校党的建设、教育教学和领导班子考核评估体系。构建完善的考核评估机制是少数民族大学生社会主义核心价值体系践行的一个基本环节，也是加强和改进少数民族大学生社会主义核心价值体系践行工作的重要途径。考核评估具有价值判断性特点。通过对践行的实效性评估，可以更加直观地了解少数民族大学生的价值取向以及价值引导成效。要使少数民族大学生践行社会主义核心价值体系体现到高校的制度设计、政策法规制定和日常管理之中，建立健全科学合理的考核评估机制，将静态评估与动态评估、过程评估与结果评估、日常评估与年终评估结合起来。要在教材编写、教学实施、学科建设、人才培养、队伍建设、教育质量、党团活动等各项测评体系中深刻体现践行社会主义核心价值体系的基本要求和价值取向。对少数民族大学生社会主义核心价值体系践行的状况进行考核与评估，在考核评估标准上，应注重将定性考核评估与定量考核评估相结合，将少数民族大学生对社会主义核心价值体系践行的广度、范围与践行的态度、效果结合起来；在考核评估内容上，既要注重对少数民族大学生践行社会主义核心价值体系的单项考核评估，又要注重综合考核评估；在考核评估方式上，过程考核评估与结果考核评估、态度考核评估与行为考核评估、群体考核评估与个体考核评估等相结合，以作出客观、全面、准确的评价。

（三）探索多样化的践行模式

"模式"一词源于拉丁文（Modus），意指与手有关的定型化的操作样式，一般通用为"方式"，后又从"方式"中剥离出来，意指某种方式中的具体定型化的活动方式或活动结构。《汉语大词典》将"模式"解释为"某种事物的标准形式或使人可以照着做的标准样式"。如宋人张邦基《墨庄漫录》卷八："闻先生文艺久矣，愿见笔法，以为模式"①。模式（pattern）即是"一个过程，一组实体或一种情境中的各个部分，尽管它们可以被一一区分开来，但却构成一种紧凑统一的，鲜明突出的结构性整体或完形，这个整体结构或完形就被称作是一种模式"②。因而，我们可以将少数民族大学生社会主义核心价值体系的践行模式理解为在高校思想政治工作过程中，综合各方面因素抽象出来的带有一般规律性的一种具体可操作的活动结构。少数民族大学生社会主义核心价值体系的践行是基于一个关于不同人物、事件、地点与时间纵横交错的境遇，其特定性与多变性的内在本质特征决定了少数民族大学生社会主义核心价值体系践行模式的多样性，而没有一劳永逸的固定模式，但这并不等于没有基本路径或框架可循。本书在借鉴相关理论的基础上，着重论述少数民族大学生社会主义核心价值体系践行的生活化模式。

什么是"生活"？《现代汉语词典》解释为："（1）人或生物为生存和发展而进行的各种活动。（2）进行各种活动。（3）生存、活着。（4）衣、食、住、行、文化娱乐等方面的情况。（5）［方］活儿

---

① 罗竹风：《汉语大词典》（第四卷），汉语大词典出版社1989年版，第1208页。
② 李伯黍等：《道德发展与德育模式》，华中师范大学出版社1999年版，第2页。

（主要指工业、农业、手工业方面的）"。① 有学者认为"生活"即是人的日常生活，也有学者认为"生活"是广义上的生活，不仅指人的日常生活，而且"是人的各种活动的总和。如：政治生活、文化生活"②。它包括"充斥个体从生到死（特别是个体）历程的系列活动"③。从相关学者已有的研究来看，"生活"概念内涵的界定可分为具象层面的经验性概念与哲学层面的分析性概念两个研究视角。本书主要从哲学层面，借用胡凯博士有关"生活"概念的内涵界定，即"是人在一定的社会历史条件下，通过与环境的相互作用，满足需要、创造意义的活动过程"④，具有人本性、社会性、现实性、整体性、过程性等特征，是主观与客观的有机统一。

与之相应的另一个概念即是何为"生活世界"？"生活世界"一词最早是由德国哲学大师胡塞尔提出的"一个科学批判的概念"，是相对于"科学世界"而言的，即对于与人生相关的科学被实证地简单化为纯粹事实的、与生活意义无关的批判与反思。胡塞尔在《生活世界和科学世界》一文开头就指出："我们永远处在生活世界中。"因此，"我们整个的生活活动和工作世界显然都处于那生活世界意义上的总体的存在界中，我们在个别的活动和工作中的真假问题是以那更宽广的生存范围内的存在与否、正确与否的问题为前提的"。⑤ 其后，海德格尔、维特根斯坦、列菲伏尔和赫勒、伽达默尔和哈贝马斯等分别提出"日常共在世界""生活形式""日常生活""生活世界"，都体现了共同的理论意旨。当然，海德格尔、列菲伏尔、科西克、赫勒等人对生活世界进行了无情的批判，生活世界具有重复性、自在性、封闭性等特征，是一种处于自在状态的个体性的日常活动。马克思在《1844年经济学哲学手稿》中认为，"生产生活本来就是类生活"⑥。在《关于费尔巴哈的提纲》和《德意志意识形态》中，马

---

① 中国社会科学院语言研究所词典编辑室编：《现代汉语词典》，商务印书馆1999年版，第1228页。
② 《辞海》，上海辞书出版社1999年版，第4651页。
③ *The Oxford English Diction*，Volume VIII. Oxford，1989，p. 912.
④ 胡凯：《思想政治教育生活化研究》，博士学位论文，复旦大学，2007年，第32页。
⑤ 《胡塞尔选集》下，上海三联书店1997年版，第1084页。
⑥ 马克思：《1844年经济学哲学手稿》，人民出版社1985年版，第53页。

克思分别指出,"全部社会生活在本质上是实践的"①,"不是意识决定生活,而是生活决定意识"②。在《哲学的贫困》中,马克思认为"经济学家的材料是人的生动活泼的生活;蒲鲁东先生的材料则是经济学家的教条"③。"在思辨终止的地方,在现实生活面前,正是描述人们实践活动和实际发展过程的真正的实证科学开始的地方。"④ 因此,马克思把生活看作是以实践为纽带的人的现实的、感性的活动与主观活动相统一的世界。生活世界就是"现实生活的生产和再生产",因此,"生活世界"就是人们日常生活直接面对和经验到的世界,也是人们表现自己的根本场域。"生活世界也就是人们对现实的直接在场,是人们与其感知觉到的生活环境之间互动的场所,是实现人的现实意义及价值的最原始和最根本的世界,同时也是日常生活得以正常运转的整体世界。"⑤ 人们所处的生活世界是人们身处其中的常态生活场域,各种形式的活动实践在这个基本场域生发、交织、渗透、变化、发展,是人们日常活动和科学活动的基础前提,同时又是超越日常活动和科学活动的载体。社会主体的思想意识在此生发,生活需要在此萌生,各种社会意识与需要交汇于此。因此,无论是对胡塞尔通过回到琐碎的、直观的、非确定性的、个人化的日常生活世界,最终回到"原始生活世界"的理性批判,还是哈贝马斯所断定的"生活世界"是一个充满前见的原发境域,是"灌木丛"(自然、社会、历史、当下、真假、善恶、美丑、是非等相互交织的整体),人们的思想意识世界总是与人们的生活世界尤其是日常生活世界难以剥离而形影相随的。在生活世界中,人寻找和创造他自己的生活方式,人在实现特定生活方式的过程中,也就在创造自己的经验世界的过程中实现对意义和价值的直接体验。生活世界是所有知识的根基和基础。所有知识不管其抽象或普遍,都是建立在人如何经验生活世界

---

① 《马克思恩格斯选集》第1卷,人民出版社1995年版,第56页。
② 《马克思恩格斯选集》第1卷,人民出版社1995年版,第73页。
③ 《马克思恩格斯选集》第1卷,人民出版社1995年版,第138页。
④ 《马克思恩格斯选集》第1卷,人民出版社1995年版,第73页。
⑤ 伍麟:《"生活世界"的心理学意义》,《光明日报》2007年4月9日。

基础之上的，人最终在相关于生活世界的起源上理解这种抽象或普遍。"① 从这个意义上来说，生活世界的本真在于其"生活性"，生活世界在本质上是知识世界、思想世界、科学世界、文化世界、教育世界互相融通的结合点。社会主义核心价值体系与大学生的生活有着本体性的关联，社会主义核心价值体系的践行离不开大学生存在于其中的现实生活场景，推动着大学生的思想活动和交往关系不断演化深入。

生活化是与理想化、知识化、工具化、形式化相对而言的。少数民族大学生社会主义核心价值体系践行生活化是指高校在推进少数民族大学生践行社会主义核心价值体系的过程中，应立足于少数民族大学生的现实生活世界，以人为本，尊重学生的主体性与现实需要，同时又高于学生现实生活，实现现实生活与意义生活的对接、互融。社会主义核心价值体系的认知、认同与践行是国家主流意识形态建设的内在需要，其中也寓含和指向着一定社会成员某些现实性的需要；大学生作为一个个鲜活的个体，有着自身的各种各样的现实性需要，但其生存、发展和完善也离不开国家主流意识形态的导引。两者应是和谐一致的。但在社会主义核心价值体系践行的进程中，社会主义核心价值体系与大学生的现实性需要之间却往往存在着"错位"的困境和"断裂"的尴尬。而将这两者紧密衔接、互融的重要有效途径之一就是大学生的现实生活世界。辩证唯物主义认为，人们的意识来源于生活，可以从人们的"现实生活中描绘出这一生活过程，在意识形态上的反射和反向的发展。甚至人们头脑中的模糊幻想也是他们的可以通过经验来确认，与物质前提相联系的物质生活过程的升华"。因此，"不是意识决定生活，而是生活决定意识"②。当今时代，文化多元化、思想多元化、价值观多元化并存，人的主体性意识不断凸显与张扬，社会主体正由政治一元化的需要逐步走向生活多样化的需要。"任何人如果不同时为了自己的某种需要和为了这种需要的器官做事，他就什么也不能做。社会主义核心价值体系的践行不能再仅仅以单一

---

① 伍麟：《"生活世界"的心理学意义》，《光明日报》2007年4月9日。
② 《马克思恩格斯选集》第1卷，人民出版社1995年版，第73页。

的话语体系，单一的思维方式，单一的衡量标准以及单一的行为方式来实现"一刀切"。社会主义核心价值体系也不可能是建立在远离个人生活实际的海市蜃楼，社会主义核心价值体系的践行须要彻底地摒弃形式主义倾向，要将触角伸向火热鲜活的大学生生活世界。

少数民族大学生社会主义核心价值体系践行的生活化模式作为一个完整的系统，有着自己的内在结构及其要素。一般而言，它主要由践行主体、践行客体、践行介体、践行情境等要素组成，这些要素之间相互制约、相互联系，在不同的时空场域下，呈现出不同的关系样态。践行主体是指代表教育者身份的高校和代表受教育者身份的少数民族大学生，是两者的有机统一。对于高校而言，它是少数民族大学生社会主义核心价值体系践行的生活化模式的操作者、承担者、创设者和实施者；对于少数民族大学生而言，它是践行社会主义核心价值体系的学习者、建构者与行动者。践行客体是指社会主义核心价值体系，是教育者与受教育者主体客体化实践活动的对象物。践行介体，是指在社会主义核心价值体系践行过程中所使用的人工制品或工具等。人类在认识和改造世界的实践活动中并不是直接的主体—客体式的活动，总是要通过借助中介载体实现，"一切都是经过中介，连成一体，通过过渡而联系的"，唯有如此，才有"整个世界（过程）的有规律的联系"。① 否则，"仅仅'相互作用'＝空洞无物，需要有中介（联系）"②。这些中介包括社会主义核心价值体系践行的目标、内容、载体与方法，等等。践行情境是指环境中的一部分，是进入了个体意识范围内可感知的具体而微观的环境；是主客体的有机统一；对人的认知、情感和行为具有激发、调控与促进功能。这四个要素在不同的情形下，基于社会主义核心价值体系教育不同的目的和要求，之间形成不同的纵向或横向结构关系，最终就会表现为不同的生活化践行模式。

习近平总书记指出："一种价值观要真正发挥作用，必须融入社会生活，让人们在实践中感知它、领悟它。要注意把我们所提倡的与

---

① 列宁：《哲学笔记》，中共中央党校出版社1990年版，第108页。
② 列宁：《哲学笔记》，中共中央党校出版社1990年版，第180页。

人们日常生活紧密联系起来，在落细、落小、落实上下功夫。"① 少数民族大学生社会主义核心价值体系践行生活化模式必须坚持一个根本原则，即解决思想问题与解决实际问题相结合。学业压力、求职压力、经济压力是压在少数民族大学生身上的三大问题，这些问题的存在及其解决得如何，对少数民族大学生社会主义核心价值体系的践行产生一定影响。"纲领宣布了，少数民族很高兴，在高兴的同时，就要问什么时候实行，如何实行。他们要求兑现，如果半年不兑现，一年还不兑现，他们就会不相信我们的政策。"② 因社会经济发展水平差异，少数民族和少数民族地区与内地大学生在学习基础、心理状态等方面有着一定的差距。"人们的意识，随着人们的生活条件、人们的社会关系、人们的社会存在的改变而改变"③，因此，在增强社会主义核心价值体系认同、践行过程中，必须切实解决少数民族大学生的实际问题或困难，高度重视少数民族大学生的贫困问题、专业学习以及就业等问题，进一步加大解决力度。"当身体被一种新的意义渗透，当身体同化一个新意义的核心时，身体就能理解，习惯就能被获得。"④ 只有将社会主义核心价值体系的内容融入少数民族大学生的日常生活，从细微处着手，在日常诉求、日常困惑中解决其存在的切身利益问题，才能增强社会主义核心价值体系的感召力，少数民族大学生对社会主义核心价值体系的认知才能发展为认同，然后逐渐转化为自觉的追求，并落实到日常行为，最终形成行为习惯。

---

① 《习近平在中共中央政治局第十三次集体学习时强调，把培育和弘扬社会主义核心价值观作为凝魂聚气强基固本的基础工程》，《人民日报》2014年2月26日。
② 《邓小平文选》第1卷，人民出版社1994年版，第124页。
③ 《马克思恩格斯选集》第1卷，人民出版社1995年版，第291页。
④ 梅洛·庞蒂：《知觉现象学》，姜志辉译，商务印书馆2001年版，第222页。

附 录

少数民族大学生
社会主义核心价值体系认同与
行为倾向调查问卷

亲爱的同学：

您好！本调查仅供学术研究之用，通过无记名方式进行，力求真实准确。你所提供的信息，将为了解当代少数民族大学生社会主义核心价值体系认同状况与行为倾向提供可靠的资料。我们将对调查对象和调查内容绝对保密，回答时请不要过多考虑，要反映出自己的第一想法，并在您所选答案题号上打"√"，每道题都要回答，请不要漏答。

谢谢您的合作！

"少数民族大学生社会主义核心价值体系认同与行为倾向研究"课题组

对于下列每项描述，请评价与您自己的感受相符合的程度，将相应的选项打上"√"。

1. 您的性别是：
①男　　　　　②女
2. 您的政治面貌是：
①中共党员　　②共青团员　　③其他
3. 您就读的专业是：
①文科类　　　②理工类

4. 您的民族是：_____

5. 您来自：

①少数民族聚居区县城及以上城市（少数民族聚居区指少数民族自治县、自治州、自治区）

②少数民族聚居区乡镇或农村

③少数民族散杂居县城及以上城市

④少数民族散杂居乡镇或农村

6. 您家庭的人均年收入是：

①1000 元以下　　②1000—2500 元　　③2500—6000 元

④6000—10000 元　　⑤10000 元以上

7. 您毕业于：

①民族中学　　②普通中学

8. 您现在就读的学校是否是民族大学？

①是　　　　②不是

9. 您是大学几年级同学：

①大一　②大二　③大三　④大四

10. 您了解社会主义核心价值体系的基本内容吗？

①非常了解　②了解　③不一定　④不了解　⑤很不了解

11. 您赞同社会主义核心价值体系的基本内容吗？

①很赞同　②赞同　③不一定　④不赞同　⑤很不赞同

12. 请问您从哪些渠道获得关于社会主义核心价值体系理论的知识？（可多选）

①学校老师　②媒体（报纸、广播、电视、网络、手机等）

③参加相关活动（讲座等）　　④自己查找资料　　⑤其他

13. 毫不动摇地坚持马克思主义在意识形态领域的指导地位。

①很赞同　②赞同　③无所谓　④不赞同　⑤很不赞同

14. 您赞成"马克思主义已经过时了"的观点吗？

①很赞同　②赞同　③不一定　④不赞同　⑤很不赞同

15. 您对"马克思主义对普通老百姓的生活是否有影响"的看法是：

①影响很大　②有影响　③一般　④没影响　⑤说不清

16. 您对"千年之交,英国 BBC 公司在全球范围进行网上评选千年最伟大思想家活动,结果得票高居榜首的是马克思"看法?

①很高兴　②高兴　③一般　④无所谓　⑤说不清

17. 建设有中国特色社会主义是当前中国各族人民的共同理想。

①很赞同　②赞同　③不一定　④不赞同　⑤很不赞同

18. 中国特色社会主义共同理想离自己远吗?

①非常远　②很远　③有些远　④不远　⑤说不清

19. 中国特色社会主义理论体系与马列主义和毛泽东思想是继承与发展的关系。

①很赞同　②赞同　③不一定　④不赞同　⑤很不赞同

20. 您对我国能否成功建设中国特色社会主义:

①很有信心　②有信心　③说不清　④没有信心　⑤很没有信心

21. 如果 0 代表完全不爱国,10 代表极其爱国,您觉得自己在 0 至 10 之间的哪个位置上:_____

22. 爱国主义是否应成为民族精神的主要内容?

①很应该　②应该　③不一定　④不应该　⑤很不应该

23. 中华民族是一个团结统一的大家庭,各民族应该团结互助,谁也离不开谁。

①很赞同　②赞同　③不一定　④不赞同　⑤很不赞同

24. 改革开放是否应该成为我们今天时代精神的主要内容?

①很应该　②应该　③不一定　④不应该　⑤很不应该

25. 必须妥善处理改革开放与社会发展和稳定的关系。

①很赞同　②赞同　③不一定　④不赞同　⑤很不赞同

26. 爱国主义的民族精神和改革开放的时代精神是和谐统一的。

①很赞同　②赞同　③不一定　④不赞同　⑤很不赞同

27. 社会主义荣辱观是我国社会生活的主流价值观念

①很赞同　②赞同　③不一定　④不赞同　⑤很不赞同

28. 人生中最大的乐趣在于奉献

①很赞同　②赞同　③不一定　④不赞同　⑤很不赞同

29. 应该继续坚持勤俭节约、艰苦朴素的优良传统
①很赞同 ②赞同 ③不一定 ④不赞同 ⑤很不赞同

30. 有钱就有一切，有权就掌握真理
①很不赞同 ②不赞同 ③不一定 ④赞同 ⑤非常赞同

31. 在公共汽车上应该主动给老、弱、病、残、孕让座
①很应该 ②应该 ③不一定 ④不应该 ⑤很不应该

32. 您对"社会主义核心价值体系是在中华民族几千年创造的优秀文化成果、马克思一百多年来所创立的社会主义价值观、中国共产党几十年来创立的社会主义核心价值体系的基本思想基础上所形成的"提法：
①很赞同 ②赞同 ③说不清 ④不赞同 ⑤很不赞同

33. 您赞同"践行社会主义核心价值体系与我无关，这是共产党的事"的说法吗？
①很不赞同 ②不赞同 ③不一定 ④赞同 ⑤很赞同

34. 您认为自己是否已经确立了正确的社会主义核心价值观？
①确立 ②基本确立 ③无所谓 ④没有 ⑤说不清

35. 对"社会主义核心价值观应限于适用党员干部，一般公民的核心价值观应是自由、平等和民主等"，您是：
①很不赞同 ②不赞同 ③不一定 ④赞同 ⑤很赞同

36. 您是否关注社会主义核心价值体系的发展？
①很关注 ②关注 ③不一定 ④不关注 ⑤很不关注

37. 您认为推进社会主义核心价值体系大众化建设是否有必要？
①很有必要 ②有必要 ③不一定 ④不必要 ⑤很不必要

38. 您赞同"各民主党派树立社会主义核心价值体系，就必须坚持中国特色社会主义理论体系，必须坚持中国共产党领导，必须继承和发扬民主党派与中国共产党团结合作的优良传统，必须加强参政党的建设"的说法吗？
①很赞同 ②赞同 ③不一定 ④不赞同 ⑤很不赞同

39. 中国共产党提出的社会主义核心价值体系的提法与当今社会发展相适应吗？
①很适应 ②适应 ③不一定 ④不适应 ⑤很不适应

40. 您是否赞成社会主义核心价值体系是我们目前应该坚持与追求的？

①很赞同　②赞同　③不一定　④不赞同　⑤很不赞同

41. 您认为树立和践行社会主义核心价值体系活动对我国文化强国事业的发展：

①作用非常大　②作用很大　③一般　④没有作用　⑤完全没有作用

价值观差异开放式调查

您认为在现实生活中，导致人与人之间价值观认同冲突的原因可能有哪些？

（1）＿＿＿＿＿＿＿＿＿＿＿＿＿＿＿＿＿＿＿＿＿＿＿＿＿＿

（2）＿＿＿＿＿＿＿＿＿＿＿＿＿＿＿＿＿＿＿＿＿＿＿＿＿＿

（3）＿＿＿＿＿＿＿＿＿＿＿＿＿＿＿＿＿＿＿＿＿＿＿＿＿＿

（4）＿＿＿＿＿＿＿＿＿＿＿＿＿＿＿＿＿＿＿＿＿＿＿＿＿＿

（5）＿＿＿＿＿＿＿＿＿＿＿＿＿＿＿＿＿＿＿＿＿＿＿＿＿＿

行为倾向问卷调查

假如在您的身边由于以上差异（见问卷2）发生了社会主义核心价值体系与非主流价值体系相冲突的现象或事件，您会怎么办？请从以下备选答案中选出您可能采取的行动（可多选）：

备选答案

①只忍受，什么也不做。

②私下议论，发牢骚。

③坚持主流价值观，并尽自己的能力进行引导和劝阻。

④通过写文章等方式提出建议或批评意见。
⑤邀请一些人集体讨论，并提出解决对策。
⑥向学校等组织有关领导部门反映意见。
⑦当面对当事人进行批评指责。
⑧以某种社会反抗方式进行发泄。
⑨寻求网络和媒体的支持与帮助。
⑩其他。

参考文献

一 经典文献

《马克思恩格斯选集》，人民出版社1995年版。
《马克思恩格斯全集》（第3卷），人民出版社1960年版。
马克思：《1844年经济学哲学手稿》，人民出版社1985年版。
列宁：《哲学笔记》，中共中央党校出版社1990年版。
《列宁选集》（第1卷），人民出版社1972年版。
《列宁全集》（第32卷），人民出版社1990年版。
《毛泽东选集》（第5卷），人民出版社1977年版。
《毛泽东选集》（第2卷），人民出版社1991年版。
《毛泽东选集》（第1卷），人民出版社1995年版。
《邓小平文选》（第1卷），人民出版社1994年版。
《邓小平文选》（第2卷），人民出版社1994年版。
《江泽民文选》（第1—3卷），人民出版社2006年版。

二 中文专著

车文博：《弗洛伊德主义原理选辑》，辽宁人民出版社1988年版。
方文：《学科制度和社会认同》，中国人民大学出版社2008年版。
高觉敷：《西方近代心理学史》，人民教育出版社1982年版。
哈经雄、滕星：《民族教育学通论》，教育科学出版社2001年版。
《胡塞尔选集》（下），上海三联书店1997年版。
黄平：《当代西方社会学·人类学新词典》，吉林人民出版社2003年版。

教育部思想政治工作司、教育部高等学校社会科学发展研究中心主编：《大学生思想政治教育"十个如何"研究》，高等教育出版社 2007 年版。

李伯黍等：《道德发展与德育模式》，华中师范大学出版社 1999 年版。

罗竹风：《汉语大词典》（第四卷），汉语大词典出版社 1989 年版。

沙莲香：《社会心理学》，中国人民大学出版社 2002 年版。

夏征农：《辞海 1999 年版缩印本》（音序），上海辞书出版社 2002 年版。

徐柏才：《民族思想政治教育学导论》，民族出版社 2011 年版。

徐扬杰：《中国家族制度史》，人民出版社 1992 年版。

张耀灿等：《思想政治教育学前沿》，人民出版社 2006 年版。

张耀灿等：《现代思想政治教育学》，人民出版社 2006 年版。

郑晓云：《文化认同论》，中国社会科学出版社 2008 年版。

郑永廷主编：《思想政治教育方法论》，高等教育出版社 1999 年版。

中国社会科学院语言研究所词典编辑室：《现代汉语词典》，商务印书馆 1999 年版。

中央宣传部：《〈中共中央 国务院关于进一步加强和改进大学生思想政治教育的意见〉学习辅导百问》，中国人民大学出版社 2005 年版。

朱智贤：《心理学大词典》，北京师范大学出版社 1989 年版。

三 中文论文

陈彩利：《少数民族大学生社会主义核心价值体系认同感研究——以贵州民族大学为例》，《焦作大学学报》2014 年第 2 期。

陈志勇：《民族地区高校大学生对社会主核心价值体系的价值认同探析——以宁夏高校为例》，《宁夏师范学院学报》（社会科学版）2013 年第 4 期。

贾英健：《认同的哲学意蕴与价值认同的本质》，《山东师范大学学报》（人文社科版）2006 年第 1 期。

李丰春、赵金元、张立辉：《民族地区高等院校大学生对社会主义核心价值体系认同的调查分析》，《西南民族大学学报》（人文社科版）2010 年第 9 期。

刘芳：《全球化时代的价值认同》，《甘肃理论学刊》2004 年第 5 期。

刘怀光、刘雅琪：《主流价值认同的现代价值困境》，《吉首大学学报》（社会科学版）2012 年第 1 期。

罗维萍：《论边疆民族大学生社会主义核心价值体系教育》，《边疆经济与文化》2009 年第 3 期。

皮家胜：《价值认同与社会主义市场经济的建立和发展》，《武汉大学学报》（社会科学版）2003 年第 2 期。

汪信砚：《全球化中的价值认同和价值观冲突》，《哲学研究》2002 年第 11 期。

王二平：《基于公众态度调查的社会预警系统》，《中国科学院院刊》2006 年第 2 期。

王葎：《建构现代中国社会的价值认同》，《探索》2006 年第 1 期。

王毅：《文化适应对少数民族大学生的心理影响及对策研究》，《改革与开放》2011 年第 5 期。

肖瑞仙、张洁：《多元文化对新疆大学生社会主义核心价值体系认同的影响》，《中共山西省直机关党校学报》2013 年第 2 期。

徐建军、欧旭理：《促进民族大学生社会主义核心价值体系认同的三大要务》，《中南大学学报》（社会科学版）2014 年第 5 期。

徐绍华：《西南边疆少数民族地区大学生社会主义核心价值体系认同的调查与思考》，《楚雄师范学院学报》2012 年第 8 期。

姚伶：《以社会主义核心价值体系引领高校校园文化建设》，《兰州学刊》2009 年第 7 期。

张红涛、王二平：《态度与行为关系研究现状及发展趋势》，《心理科学进展》2007 年第 1 期。

张锐：《少数民族大学生社会主义核心价值观认同路径探析》，《新疆师范大学学报》（哲学社会科学版）2015 年第 3 期。

张绍平：《论校园制度文化》，《四川师范学院学报》（哲学社会科学版）1998 年第 1 期。

张莹瑞、佐斌：《社会认同理论及其发展》，《心理科学进展》2006 年第 3 期。

赵玉芳、张庆林：《西部民众对西部大开发中社会问题应对策略的研究》，《心理科学》2005年第3期。

周晓虹：《认同理论：社会学与心理学的分析路径》，《社会科学》2008年第4期。

胡凯：《思想政治教育生活化研究》，博士学位论文，复旦大学，2007年。

史慧颖：《中国西南民族地区少数民族民族认同心理与行为适应研究》，博士学位论文，西南大学，2007年。

王俭：《基于价值尊重与价值认同的教育评价研究》，博士学位论文，华东师范大学，2007年。

伍麟：《"生活世界"的心理学意义》，《光明日报》2007年4月9日。

杨筱：《认同与国际关系：一种文化理论》，博士学位论文，中国社会科学院，2000年。

四 译著

［德］阿克塞尔·霍耐特：《为承认而斗争》，上海世纪出版集团2005年版。

［德］伽达摩尔：《真理与方法》，上海译文出版社1994年版。

［德］马丁·海德格尔：《林中路》，上海译文出版社1997年版。

［德］马克斯·韦伯：《儒教与道教》，王容芬译，商务印书馆1995年版。

［法］梅洛·庞蒂：《知觉现象学》，姜志辉译，商务印书馆2001年版。

［法］涂尔干·埃米尔：《社会分工论》，生活·读书·新知三联书店2000年版。

［美］阿尔文·托夫勒：《未来的冲击》，孟广均译，新华出版社1996年版。

［美］埃瑟·戴森：《2.0版数字化时代的生活设计》，海南出版社1998年版。

［美］安德森：《想象的共同体》，上海人民出版社2003年版。

［美］玛格丽特·米德：《文化与承诺》，河北人民出版社1988年版。

［瑞士］皮亚杰:《发生认识原理》,商务印书馆1995年版。

［苏］苏霍姆林斯基:《给教师的建议》,杜殿坤编译,教育科学出版社1988年版。

［英］安东尼·吉登斯:《现代性与自我认同》,生活·读书·新知三联书店1998年版。

五 外文文献

Amiot Catherine E. , Bourhis, Richard Y. , "Reconceptualizing Team Identification: New Dimensions and Their Relationship to Intergroup Bias", *Group Dynamics: Theory, Research, & Practice*, 2005, 9（2）.

Berkowitz L. A. , *Survey of Social Psychology*. 3th ed. /CBS College publishing, 1986.

Elliott M. A. , Armitage C. J. , Baughan C. J. , "Drivers' Compliance With Speed Limits: An Application of the Theory of Planned Behavior", *Journal of Applied Psychology*, 2003, 88（5）.

Gibb B. E. , Andover M. S. , "Beach S R H. Suicidal Ideation and Attitudes Toward Suicide", *Suicide & Life-Threatening Behavior*, 2006, 36（1）.

Greene S. , "Social Identity Theory and Party Identification", *Social Science Quarterly*, 2004, 85（1）.

Henri Tajfel et al, "Social Categorization and Intergroup Behavior", *European Journal of Social Psychology*, Vol. 1, 1971.

Henri Tajfel, "Social Psychology of Intergroup Relations", *Annual Reviewof Psychology*, 1982, 33.

Hirose Y. , Taresawa Y, Okuda T. , "Collective Action and Subordinate Group Identity in a Simulated Society Game", *Japanese Psychological Research*, 2005, 47（1）.

Kelly C. , Breinlinger S. , *The Social Psychology of Collective Action: Identity, Injustice and Gender*, London: Taylor & Francis, 1996.

Liss M. , Crawford M. , Popp D. , "Predictors and Correlates of Collective Action", *Sex Roles*, 2004, 50（11 - 12）.

Michael A. Hogg, Deborah J. Terry, Katherine M. White, "A Tale of Two Theories: ACritical Comparison of Identity Theory with Social Identity Theory", *Social Psychology Quarterly*, Vol. 58, No. 4, 1995.

Michael A. Hogg, Deborah J. Terry, KatherineM. White, "A Tale of Two Theories: A Critical Comparison of Identity Theory with Social Identity Theory", *Social Psychology Quarterly*, Vol. 58, No. 4, 1995.

Ng Sik-hung, Chiu Cy, Cn Candlin, 2004, "Communication, Culture and Identity: Overview and Synthesis", in Ng, Sik-hung, Chiu Cy, Cn Candlin et al. (eds.), *Language Matters: Communication, Culture and Identity*, Hong Kong: City University of Hong Kong Press, 2004. Sheldon Stryker, Richard T. Serpe, "Commitment, Identity Salience, and Role Behavior", in W. Ickes, E. S. Knowles (eds.), *Personality, Roles, and Social Behavior*, New York: Springer-Verlag, 1982.

Tajfel H., Turner J. C., "The Social Identity Theory of Intergroup Behavior", In: Worchel S., Austin W (eds), *Psychology of Intergroup Relations*, Chicago: Nelson Hall, 1986.

The Oxford English Diction, Volume Vlll. Oxford, 1989.

后 记

本课题研究是在教育部社科基金的资助下完成的。

在研究路径的取向上，本课题主要以实证研究为主。根据民族高校与普通高校相结合、民族地区院校与普通地方高校相结合、发达地区高校与欠发达地区高校相结合的原则，确定了13个省、自治区、直辖市的24所不同类型的高校作为样本来源地，历时四年对少数民族大学生社会主义核心价值体系的认知认同现状及其行为倾向进行了抽样调查。调查主要采取问卷形式，涉及12所民族高校、10所民族地区高校及2所教育部直属的综合性高校，共计抽取2652人作为样本，采取实地发放，现场回收有效问卷2507份，有效回收率为96.2%。在问卷调查的组织实施上，由课题负责人召集课题组成员、中南民族大学马克思主义学院的思想政治教育专业研究生、本科生进行培训，提出相关要求，然后与样本选取的高校相关负责人或学生进行联系，由其全权负责问卷的发放、回收与邮寄。

本课题研究和写作由课题负责人总体设计和规划，并最后统稿。课题组成员刘启春教授、赵继伟副教授、张涛华副教授、覃小林副教授、徐昌文副教授、宫丽副教授等对课题的研究做了大量工作。思想政治教育专业硕士研究生何昕垚、陈运鹏、姜昱洲、马鑫鑫以及中国社会科学院大学硕士研究生汪伟平撰写了部分章节。思想政治教育专业本科生董芮轶、潘柳全、张文婷、阮幸琳、叶林等对回收问卷数据进行集中整理、编号、输入。

本课题从2012年立项，到2016年结项，再到2018年反复修改，直至2019年出版面世，前后历经了7年时间，不由感慨课题研究的艰辛！但此时此刻，充满内心的既有一种如释重负后的轻松感，也有一种柳暗花明后的获得感！不过让人深感愧疚的是，由于时间和精力的原因，本课题中还有许多值得去深化研究的方面而还没有涉足，这将在我的国家社科基金项目中持续展开研究。

本课题研究得到了湖北省人文社科重点研究基地"少数民族大学生思想教育研究中心"主任徐柏才教授、中南民族大学李资源教授和杨金洲教授、华中师范大学万美容教授、武汉理工大学朱喆教授的大力指导与支持。中国社会科学出版社编辑田文老师对著作的出版给予了细心、热忱的帮助，在此一并表示感谢！

由于学力未逮，书中缺憾在所难免，恭请学界前辈和同仁雅正。文中引用了众多学者专家的研究成果，注释如有遗漏，恳请谅解！

董 杰

2018年12月于武昌南湖